读墓

南宋的墓葬与礼俗

郑嘉励 著

浙江人民出版社

图书在版编目（CIP）数据

读墓：南宋的墓葬与礼俗 / 郑嘉励著. — 杭州：
浙江人民出版社，2022.10
ISBN 978-7-213-10782-5

Ⅰ.①读… Ⅱ.①郑… Ⅲ.①葬礼-研究-中国-南
宋 Ⅳ.①K892.22

中国版本图书馆CIP数据核字(2022)第170284号

读墓：南宋的墓葬与礼俗

郑嘉励 著

出版发行：浙江人民出版社(杭州市体育场路347号　邮编　310006)
　　　　　市场部电话：(0571)85061682　85176516

责任编辑：吴玲霞

营销编辑：陈雯怡　陈芊如　张紫懿

责任校对：姚建国

责任印务：程　琳

封面设计：毛勇梅　希　溪

电脑制版：杭州天一图文制作有限公司

印　　刷：杭州丰源印刷有限公司

开　　本：880毫米×1230毫米　1/32　　印　　张：10.125

字　　数：232千字　　　　　　　　　　插　　页：6

版　　次：2022年10月第1版　　　　　印　　次：2022年10月第1次印刷

书　　号：ISBN 978-7-213-10782-5

定　　价：78.00元

目 录

前　言

　　宋代是中国历史上的重要时期，在政治、经济、文化领域内的系列变革，影响既深且远。宋室南渡后，江浙成为全国性的政治、经济、文化中心。南宋于浙江区域历史的意义尤其重大，史学家刘子健先生认为："中国近八百年来的历史，是以南宋为领导的模式，江浙一带为重点的模式。"（刘子健：《略论南宋的重要性》，《南宋史研究论集·代序》，台湾新文丰出版公司1985年版）南宋以后，江南仍为全国性的经济、文化中心，但不复为政治中心。南宋的重要性，对于浙江而言，是此前的汉唐或稍后的明清时期所无法比拟的。

　　南宋墓葬，从皇陵、勋臣贵族到一般士庶，无论地下墓室、随葬品、墓园和墓地形态，均较汉唐五代时期有巨大变化，并由此奠定明清乃至近代墓葬的制度和文化基调。若将刘子健先生对南宋重要性的整体性论述，移用于墓葬领域，亦无不妥。

　　墓葬，作为安放死者遗骸的人造空间，既维护了往生者的安宁，也寄托着生者的意图和现实需求。在"形而上"的层面，因为连接着生与死、存在与虚无，以及潜藏其中的生死悲欢和观念世界，墓葬是个极具思想张力的意象；在"形而下"的层面，如棺椁的结构营造、随葬品的种类组合、墓园的平面布局、墓地的形势卜址、家族墓地的规划理念，墓葬既是建筑营造、器物生产等技艺演进的展示空间，更是丧葬礼俗、堪舆术数、宗教信仰、家族伦理等思想观念竞逐的舞台。前述墓葬内涵构成的多维面向，既有"百里不同俗"的区域性因素，也有"与时俱进"的历时性特征。空间与时间的交织，加上复杂而幽微的人性，墓葬因而成为国家（区域）社会政治、经济发展、技术演进、思想和宗教观念变革等因素综合作用的结果，凡此种种，构成墓葬考古学研究的全部对象。

20世纪中叶以来，浙江及其附近地区清理的两宋墓葬，尤其是南宋墓葬，数目众多。但是，宋墓的系统整理和综合性研究并不为学术界所重视。近20年来，宋墓的考古发掘工作日趋规范，随着一些重要考古资料的披露，宋墓的研究状况始略有改观。

南宋墓葬，长期不为世人所重，原因是真实而复杂的，要言之：一是南宋历史年代晚近，文献史料存世较多，不成体系的考古工作，在史学研究中价值甚微；二是浙江宋墓的地下墓室多为土坑墓、砖椁券顶墓或砖（石）椁石板顶墓等几种简单的结构形式，既无石雕、壁画等壁面装饰，甚至缺少精美的随葬品，无法引起偏重于图像分析的艺术史家的关注；三是由于陵谷变迁、人为盗毁，宋墓的地表遗迹多已无存，而且考古工作多出于仓促，大量考古发掘简报仅涉及简单的地下墓室，历史信息有限。曾几何时，南宋墓葬给人的印象似乎一直如此：长方形竖穴墓室，体量不大，若无新奇的随葬品或重要历史人物的墓志出土，几乎别无可述。

事实果真如此吗？南宋墓葬的学术意义何在，易言之，我们应该如何发现并赋予宋明墓葬以稍成体系的学术价值，这是对浙江考古工作者的学识和智力的一大挑战。

宋元明考古作为历史时期考古最晚段的门类，与早期很大的区别在于文献记载的发达，考古工作涉及的对象，在正史、方志和文人笔记中，或多或少有所记载；纵然无直接记载，对文献的充分掌握，也构成考古资料解读必要的历史背景，以规避考古阐释中极容易出现的脱离具体历史脉络的危险。如何处理文献与考古的关系，是历史时期考古重大的理论问题。文献与考古不是同一语境下的材料，有矛盾，有冲突，是其常态，固然不必事事牵合。但是，考古与文献同为历史的片段和侧面，只有将两者结合起来才更有机会接近历史的局部真相——如果我们默认考古学属于历史学范畴的话。从事历史晚段墓葬的具体研究，文献准备是基本要求，算是"大处着眼"；在具体个案中，保持考古材料的独立性，并尽量从考古材料出发，算是"小处入手"。

考古学的逻辑起点是实物遗存，它可能比一般的历史学更具有"克己"的美德，但实物本身的碎片化和考古发现的局限性，又决定了考古学的研究都是相对的、局部的和阶段性的。许多更有学术和思辨魅力的历史领域因为不会留下实物，我们只能敬而远之；即使有遗物留存的墓葬考古研究，也依然不同于一般的丧葬史研究，这必然会限制我们思想火花的激发，但同时也更有机会远离虚妄与玄学。在考古学的现实制约与历史学的高蹈理想之间，我们都是戴镣铐的舞者。然而，以实物结合文献始终不失为有效的历史复原法，但愿我们尚不至于全然放弃或泯灭想象力的权利和天赋。

社会持续的世俗化和扁平化发展趋势，使宋代物质文化呈现出与此前不同的面向和趣味。传统考古学的地层学、类型学、等级制度等研究方法，在江南地区的宋元明考古实践中的重要性有所降低。无妨这么说吧，宋元明考古应该有与早期考古不同的方法和问题意识。如果只是在配合基本建设中的偶然发现、随工清理古代城市、墓地的冰山一角，而无长远、周密的规划和目标，宋元明考古资料的"碎片化"特征较之先秦考古尤其明显，除了罗列考古材料，稍加阐释，几乎无法提出具有引领性的历史学议题——这种学科焦虑倒逼我们必须在田野中尝试将墓葬物质形态的完整性复原到极致，在书斋里尽量结合更多更妥帖的历史文献，勉力回应学术界和公众关于墓葬的所有疑问，以"问题意识"将材料串联起来，从而使材料和议题呈现出整体性的特征。

窃以为，唯有如此才能不断拓展南宋墓葬考古的边界，并赋予其较为重要且成体系的学术性。但知易行难，这本以《读墓：南宋的墓葬与礼俗》为题的小书能否达到前文声称的目标，则是我毫无把握并深以为惶恐的。

但无论如何，我得介绍一下本书的研究对象、时空界定、框架结构和主要观点或者说是学术创新点。

本书的研究对象是古墓葬及其相关问题，即具有一定物质形态或有可能留下物质遗存的与墓葬或丧葬礼俗有关的对象。

时间范围，则以南宋为中心，个别材料和问题的讨论，向前可追溯至五代吴越国和北宋时期，向后则迄于元明时期，因为只有在较长时段的历史发展脉络中，才能把握并揭示墓葬制度、社会礼俗、思想观念的变化与不变。

空间范围，以两浙地区（南宋两浙西路、东路）为中心，即以今浙江省境域为主体，兼顾苏南、上海的材料，因为长江下游的江南地区本属同一政区。北宋太平兴国三年（978）吴越国归宋后，以吴越旧地置两浙东北路，治杭州，领杭州、越州（绍兴）、苏州、常州、润州（镇江）、湖州、婺州（金华）、明州（宁波）、温州、台州、处州（丽水）、衢州、睦州（严州）、秀州（嘉兴）等十四州（《元丰九域志》卷五《两浙路》）；雍熙二年（985），以两浙西南路为福建路，两浙东北路遂简称两浙路，辖区并无变化。熙宁九年（1076），两浙路分为两浙西路、东路，次年又合并为一路。南宋绍兴元年（1131），以临安府为行在，将两浙路分为东、西两路，遂为南宋定制。鉴于福建路的东北部与两浙地缘接近，又是朱熹的家乡及其重要活动区域，本书也会涉及福建路建宁府、福州、兴化军三州的材料；由于许多问题的讨论，必须与以今河南、关中为中心的北方中原地区进行比较研究，故又需涉及中原地区的墓葬和文献材料，中原与江南作为两宋时期最重要的区域，实在无法割裂讨论。概而言之，本书界定的空间范围，是以今浙江为中心的南宋时期两浙东、西路杭州、苏州、常州、润州、湖州、秀州、越州、婺州、明州、温州、台州、处州、衢州、睦州等十四州，加上福建路建宁府、福州、兴化军，共十七州区域。为论述方便，有时将这十七州区域径称为"江南"。江南是南宋政治、经济和文化的中心，本书以《读墓：南宋的墓葬与礼俗》为名，虽略有以偏概全之嫌，但仍大体可通。

关于"礼俗"概念的界定。随着视角下移、聚焦大众生活的社会史、文化史研究的兴起，礼俗逐渐成为史学研究关注的对象。所谓"以礼化俗"，狭义的礼俗，指在礼制的规范或影响下所形成的社会风俗。礼俗是国家礼仪在民众生活中的投射，连接着国家与民众之间的上下两端——国家在儒教观念指导下形成的礼制和民间宗教信仰、丧葬习俗等风俗交迭的部分，构成了礼俗的内容。先秦儒家认为"礼不下庶人"，很少有涉及庶人的礼仪规范，然而，"以礼化俗"是历代儒家士大夫的施政理念，唐宋以来，儒家礼仪观念逐渐向民间生活渗透。北宋徽宗修成的《政和五礼新仪》，第一次在国家礼典中较系统地增加了面向庶民阶层的礼仪规范，完成了"礼下庶人"的历史转变。司马光《书仪》、朱熹《朱子家礼》均为平民拟定了从祠堂、衣冠服饰到冠婚丧祭等方面需要遵循的礼仪准则。南宋时期，礼俗更加广泛地涉及了国家和儒教礼制中这些与民众日常生活相关的部分，但像郊坛、宗庙祭祀等只属于国家礼制而与民众生活无关的内容，就不能归入礼俗的范畴。风俗是民众的乡土生活习惯，在宋代"一道德，同风俗"成为国家和士人共同的目标之后，民间习俗中越来越多地渗入儒教思想的影响，但处于礼制约束范围之外的内容，例如重阳登高、七夕乞巧等，都只能算风俗，不能列入礼俗。（张佳《新天下之化：明初礼俗改革研究·导言》，复旦大学出版社，2014年）在中国的礼仪传统中，丧葬礼以及与丧葬密切相关的祭礼是两类最重要的礼仪，也是礼俗研究的核心内容之一。不言而喻，本书所讨论和研究的礼俗，通常是与墓葬或丧葬直接相关的部分。

本书共分为四章。第一章"南宋墓葬的形态与制度"，旨在复原地下墓室、随葬品、墓园、坟寺、坟庵、风水择址等，尝试将一座南宋墓葬理论上的完整形态，尽量复原到极致。在"无使土亲肤"观念对墓室结构、营造工艺的影响，随葬品的世俗化和平民化特征，包括墓阙、墓祠在内的墓园制度的考古学复原研究，多层次墓祭在墓地中共存，形法墓地、五音墓地概念的辨析以及堪舆风水术对中原、江南墓地形态不同的影响等方面，可能稍具新意。

第二章"合葬与族葬"，在许曼、刘未等学者研究的基础上，系统论述夫妻合葬的左、右位次排列和妻妾合葬问题；"昭穆葬"概念的辨析，以及对"昭穆启穴""添穴合葬"等合葬行为模式的分析；从一代人、二代人合葬，到三代人、多代人合葬，"族葬"概念界定的递进式研究；江南地区族葬墓地的形态类型；江南与中原族葬墓地的差异及其成因。在以上方面，或间有创见。

第三章"从中原到江南"，聚焦于宋室南渡的背景下，不同阶层的南渡中原移民，在自然条件、人文传统迥异的江南地区，在丧葬活动中采取何种程度的在地化策略；武义明招山吕祖谦家族墓地的形态与规划，以民国《（鄞县）木阜吕氏宗谱》为据对北宋东莱吕氏在新郑神崧里家族墓地的复原研究；对南宋六陵从五音墓地向形法墓地演变的历时性剖析；"昭穆葬"的宋元明转型。篇章之间，既多新材料的披露，更有新方法的实践。

第四章"南宋的志墓碑刻"，首先辨析圹志、墓志铭、神道碑、墓上小碑的异同，并将其还原到具体的墓地中，指出墓志铭与神道碑合流、圹志的盛行是丧葬习俗领域持续世俗化、平民化的表征；对浙江出土南宋墓志的综述和墓志物质化信息的讨论，既公布了若干新资料，亦尝试为南宋墓志碑刻研究开辟一新路径。

以上是我自以为可能存在的学术创新点，读者诸君在阅读全书以前，且姑妄听之。

第一章 南宋墓葬的形态与制度

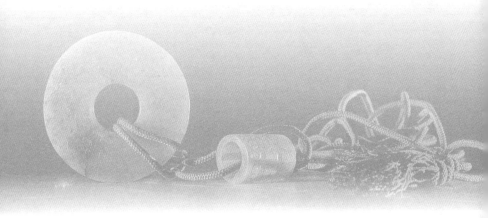

　　一座南宋墓葬完整的物质形态，在理论上，包括地下墓室、随葬品、地上墓园、坟庵和坟寺，以及体现择址观念的山水环境等基本要素。现从地下墓室说起，自下而上，由小至大，逐层推进，最后至于墓葬的风水择址。

第一节　地下墓室

　　南宋墓葬的地下墓室，主要有四种类型：土坑墓、砖室券顶墓、砖（石）椁石板顶墓（含浇浆墓在内），还有一类，是在砖（石）椁石板顶墓的石板盖顶上加筑一层砖券顶，姑且称为"砖石合筑双层顶墓"。

一、土坑墓

　　土坑墓，是从地面竖直向下挖掘出的长方形竖穴墓坑，埋入死者后，继而填土，并在其上覆盖封土[1]。在浙江，距今约9000年的

1.所谓"坟墓"，坟，本指高丘，即墓圹之上隆起的起标识作用的封土；墓，是埋葬的地下空间，即墓坑、墓穴、墓圹。

义乌桥头上山文化遗址中已出现土坑墓[1]。土坑墓历代有之，至宋代仍为平民或底层民众所习用。兹举三例，1986年发掘的杭州老和山M114，土坑长2.16米、宽0.7米、残高0.34米，随葬青瓷碗、影青碗、韩瓶、铜钱等[2]；1984年萧山县城南乡溪头黄M75、M76两座长方形竖穴土坑墓，墓坑长2米余、宽约0.7米，随葬品除陶瓶（韩瓶）、铜钱各一，别无长物[3]；萧山黄家河墓群M215，长方形竖穴土坑墓，先于山体内开凿墓圹，然后下葬，填土为五花土，墓壁修治不甚规整，墓坑底部有4块垫砖，仅有1件陶瓶随葬（图1-1）[4]。

图1-1　萧山黄家河墓群M215土坑墓

1.张枫林、黄美燕：《上山文化的重要新发现》，《中国文物报》2019年8月23日。

2.浙江省文物考古研究所：《杭州老和山唐、宋墓》，《浙江省文物考古研究所学刊——建所十周年纪念（1980—1990）》，科学出版社1993年版。

3.杭州市文物考古研究所：《杭州萧山溪头黄东晋南朝、唐宋墓发掘报告》，《东方博物（第六十六辑）》。从随葬品判断，应为北宋末至南宋初期墓葬。

4.杨金东、崔太金：《杭州市萧山区黄家河墓群考古发掘重要收获》，《东方博物（第七十七辑）》。

土坑墓与砖室券顶墓、砖（石）椁石板顶墓等其他墓葬形式并存，并无年代早晚的发展关系，只是阶层贫富、丧葬观念差异的反映。古人普遍认为，让泥土、地下水直接接触棺木或死者之肌肤，是对死者不敬的不孝行为，故于棺木之外，需有木椁、砖椁或石椁作多重包裹，以隔绝泥土、地下水与尸骸的接触，即所谓"无使土亲肤"[1]。这是悠久的埋葬观念，土坑墓因有薄待其亲之嫌，故多为贫乏之家采用。

二、砖室券顶墓

砖室券顶墓，即先在地面挖掘长方形竖穴土坑（土圹），继而沿土坑内壁包砌砖室（砖椁），其上设置断面呈半圆形的拱券顶。在浙江，砖室墓滥觞于新莽时期，东汉中期后盛行，为六朝、隋唐时期的主流墓室，宋明时期仍大量采用。

北宋墓葬以承袭唐五代以来的砖室券顶墓为主，多见"船形墓"形式。船形墓，因为砖室两侧壁向侧方外弧，略呈船形，故名。船形墓出现于晋代，唐代因之，如临安吴越国王钱镠父母钱宽、水丘氏墓，即为晚唐的船形墓。海宁东山北宋墓可能是浙江年代最晚的船形墓实例，或已至北宋晚期（图1-2）[2]。

船形墓，墓壁外鼓，在结构上能有效提升砖室的抗压性和稳固性，但妨碍两个或两个以上墓室之间的并穴合葬。钱宽、水丘氏墓采用异穴合葬形式，夫妻墓室之间相隔约有6米；临安青柯村吴越

---

1. "无使土亲肤"，以棺椁（木椁、砖椁、石椁）隔绝亲人尸骸与外界泥土、地下水的接触，这是悠久而朴素的观念，语出《孟子·公孙丑下》。从棺椁制度的考古发现来考察，"无使土亲肤"观念的起源至晚可以追溯至新石器时期。
2. 海宁县博物馆：《浙江省海宁县东山宋墓清理简报》，《文物》1983年第8期。

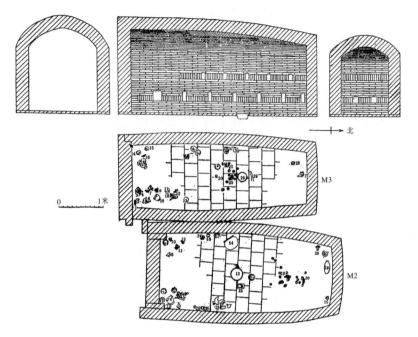

图1-2　海宁东山M2、M3平、剖面图

国童莹之（M1）、骆氏（M2）夫妻合葬墓，坐北朝南，两室相距3.7米，也是墓室分离的异穴合葬。当然，更多的船形墓以单室墓的形式存在。北宋晚期以后，随着夫妻并穴合葬习俗的流行，船形墓逐渐消亡[1]。

南宋的砖室券顶墓均为长方形，墓壁笔直，适宜作两穴并列处理。南宋的双室或多室并列合葬远多于北宋以前，固然主要是丧葬观念变迁使然，但表现于墓室形态上的技术性改变，与夫妻合葬的观念性改变正相匹配。

1.王征宇：《礼制与葬俗：吴越国相关问题研究》，浙江大学硕士学位论文，2014年。

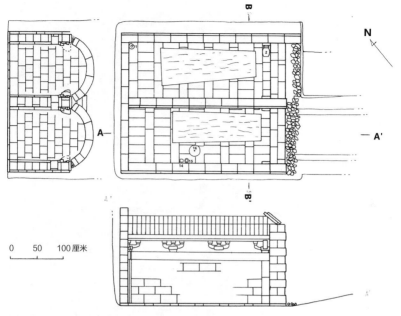

图1-3　浦江民生村南宋砖室券顶墓平、剖面图

　　金华浦江县民生村南宋墓，系土圹、长方形双室并列的砖室券顶墓，应为夫妻合葬墓。墓室前设有斜坡状墓道，在墓道西部有两条与墓道同方向且并列的"浅沟"，宽约10厘米、深3—5厘米，间距80厘米，推测其为筑墓或埋葬时留下的车辙痕迹。在下葬时，砖室券顶墓采用自前而后、临时拆卸或封闭墓室前壁（封门）的进棺形式[1]（图1-3）。而后文介绍的砖（石）椁石板顶墓，则采用

1.浙江省文物考古研究所、浦江县文物保护管理所：《浦江民生村南宋墓发掘简报》，《东方博物（第四十六辑）》。该墓出土有韩瓶、"大定通宝"铜钱等，为南宋墓无疑。东侧墓室封门有二次打开、封砌的痕迹，推测其埋葬的时间可能早于西侧墓室，即妻子早先入埋，待其丈夫入葬时，曾再次打开，最终一并封填。

自上而下的垂直下棺
形式。

北宋晚期至南宋
前期，金华兰溪、浦
江和温州等地砖室
墓，偶有简单题材的
壁面装饰。例如，兰
溪市柏社乡胡联村壁
画墓系双穴并列的砖
室券顶墓，墓壁绘有
仿木结构"一斗三
升"的转角、补间铺
作，两朵铺作之间点
缀以卷花纹，铺作下
方的砖砌阑额上绘

图1-4 兰溪胡联村夫妻合葬墓右穴后壁壁画（作者
拍摄）

"七朱八白"，转角铺作下砌出仿木的柱子和柱础，以模拟居室的形
态（图1-4）[1]。

砖室券顶墓并非南宋主流的墓室形式。砖椁的弊端，在于不
够密封、坚固，更不利于深葬，下葬时自前而后，沿墓道进棺，
圹愈深，则墓道愈长，既加大工程量，又增加地下水渗漏的
风险。

北宋中期以后，出现了密封性更好、更宜深埋的砖（石）椁
石板顶墓和灰隔浇浆墓，在数量上逐渐赶超砖室券顶墓。北宋中

_____

1.2020年6月浙江省文物考古研究所发掘资料，该壁画墓已搬迁至兰溪博物馆。

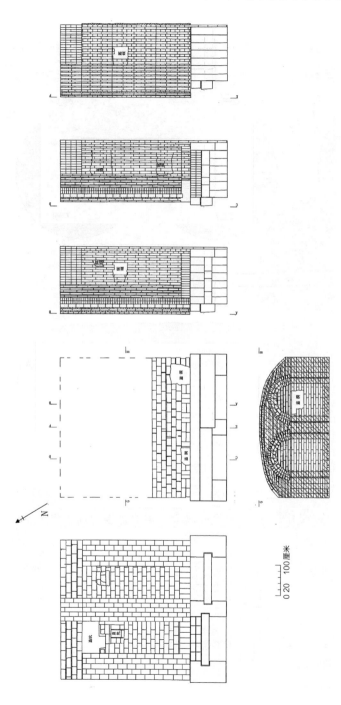

图 1-5　临安洪起畏夫妇合葬墓室平、剖面图

图1-6　金华郑刚中夫妇合葬墓在券顶上加铺盖顶

期江休复《江邻几杂志》曰："钱君倚学士说：'江南王公大人墓，莫不为村人所发，取其砖以卖者，是砖为累也。'近日江南有识之家，不用砖葬，唯以石灰和筛土筑实，其坚如石，此言甚中理。"[1]江南大家为杜绝民众盗掘墓砖之虞，弃用砖室而改用"唯以石灰和筛土筑实"的三合土的浇浆墓。这可能是作者一时一地的见闻，砖（石）椁石板顶墓、灰隔浇浆墓取代砖室券顶墓的史实，不能简单归因于规避盗掘的风险，主要是因为前者更加密封、坚固。

南宋砖室券顶墓在追求墓室密封、坚固的技术上，较此前也大有改进。临安洪起畏夫妇合葬墓，左、右双室券顶之间形成的凹陷

1.〔宋〕江休复：《江邻几杂志》，《贾氏谭录（及其他三种）》，丛书集成初编本，中华书局1991年版。

处，用平砖垒砌，填以三合土，形成中间高、两侧低的弧形，并在其上加筑砖砌大券顶，从而加强砖室墓的密闭性（图1-5）[1]。金华郑刚中夫妇合葬墓也有类似做法，其砖砌墓顶共分三层，又在券顶之上加铺盖顶，中间填以三合土（图1-6）[2]。

追求墓室的密封和坚固，以实现"无使土亲肤"，这是墓室技术改进的主旋律。

三、砖（石）椁石板顶墓（灰隔墓附）

北宋中期以后，墓葬摆脱晚唐五代的影响，逐渐形成时代特色，主要表现为砖椁石板顶墓的出现，并在数量上赶超砖室券顶墓[3]。北宋晚期后，砖椁石板顶墓、石椁石板顶墓和灰隔墓逐日增多，终于在南宋时期成为地下墓室之主流形态。

（一）砖椁石板顶墓与石椁石板顶墓

砖（石）椁石板顶墓，指先在长方形竖穴土坑内壁砌筑砖室，或以条石砌筑石室，埋入棺木后，其上覆盖以数段石盖板（盖板与盖板之间，或盖板与墓壁之间多以榫卯形式咬合），形成平顶。平顶的砖（石）椁墓一改此前半圆拱顶的形态，整体呈长方形匣

1.杭州市文物考古研究所等：《临安洪起畏夫妇合葬墓》，文物出版社2015年版。

2.浙江省文物考古研究所编著：《浙江宋墓·金华南宋郑刚中墓》，科学出版社2009年版。

3.上海嘉定县北宋仁宗嘉祐七年（1062）赵铸夫妇合葬，两墓相距1米，应属"同坟而异葬"，赵铸墓室为砖椁石板顶墓室，赵铸妻墓室用纸包糯米浆灰砖砌墓壁，并以石板盖顶，已是石板顶墓的成熟形态。参见上海博物馆编著：《上海唐宋元墓·嘉定北宋嘉祐七年乐善居士赵铸夫妇墓》，科学出版社2014年版。

盒状[1]。

砖（石）椁石板顶墓的密封性更强，适宜深埋，匣盒状的形态更宜于并穴排列。兹以武义徐谓礼夫妇合葬墓为例，该墓系双穴（室）并列的砖椁石板顶墓，盖顶为8块条石（左、右室各4块）铺盖，每块条石长1.55米、宽0.75米、厚0.48米；并列的两穴，东西通长3.02米，南北通宽3.1米，左穴为徐谓礼，右穴为徐谓礼妻林氏，中间以隔墙分隔，形成两个各自独立的封闭空间（图1-7）。徐谓礼墓室，内壁长2.34米、宽0.9米、高0.96米，墓底及四壁均为砖筑，墓室正中安置棺木，棺木与墓壁、盖板之间的空隙内，填充以三合土；徐谓礼妻林氏墓室，规格与工艺，同于徐谓礼墓室（图1-8）[2]。

又如湖州埭溪风车口M1，系双室并列的石椁石板顶墓，两室通宽412厘米、长410厘米、高约245厘米，墓底距今地表深约250厘米。墓壁用太湖石材质的石板砌筑，每块长96厘米、宽76厘米、厚30厘米，重约2吨；墓底以5块石板满铺；墓顶为5块以子母口咬合的石板横铺，顶板长176厘米、宽76厘米、厚26厘米，因遭后世破坏而坍塌。左、右室相邻的隔墙内，开有壶门状小窗相通，壶门高28厘米。隔墙底部向前通出一条排水暗沟，以砖砌排水管

1.李蜀蕾认为，五代吴越国贵族墓葬前后发生过重大变化：一是材质由砖改石，即由早期的砖室墓改为石椁；二是墓形由船形墓改为长方形墓；三是由多耳室墓改为无耳室墓；四是墓顶结构由券顶改为平顶。这些北宋后期日益流行的现象，在吴越国后期已见端倪，见李蜀蕾：《十国墓葬初步研究》，吉林大学硕士学位论文。

2.李晖达、郑嘉励：《武义南宋徐谓礼墓的发掘》，包伟民、郑嘉励：《武义南宋徐谓礼文书》，中华书局2012年版。

图1-7　徐谓礼夫妻墓室

图1-8　徐谓礼夫妻墓室开启前的石板盖顶（1为徐谓礼墓室，2为徐谓礼妻林氏墓室）

（图1-9）[1]。

与砖室墓沿墓道、自前而后进棺入圹的方式不同，石板顶墓采用垂直下棺的形式，即司马光《书仪》所谓"有穿地直下为圹，而悬棺以窆者"[2]。《朱子家礼·丧礼》载："（下棺）先用木杠横于灰隔之上，乃用索四条穿柩底

图1-9　湖州风车口M1石椁石板顶墓

镮，不结而下之。"[3]考古发掘的宋墓，墓底时见分布于棺木痕迹四周的铁棺钉、棺环，盖为下棺时用以穿索的底镮，如龙游县寺底袁M33南宋墓，棺木已朽，而铁棺环仍存原位[4]（图1-10）。

砖（石）椁石板顶墓是南宋最流行的典型墓室。朱熹为长子朱塾治丧："其圹用石，上盖厚一尺许，五六段横凑之，两旁及底五

1.浙江省文物考古研究所编著：《浙江宋墓·湖州风车口南宋墓地》，科学出版社2009年版。

2.〔宋〕司马光：《书仪》卷七《穿圹》，景印文渊阁四库全书本。后文征引同书，若无必要，不再出注。

3.〔宋〕朱熹撰、吾妻重二汇校：《朱子家礼宋本汇校》第四《丧礼》，上海古籍出版社2020年版。后文征引该书，简称《朱子家礼》或《家礼》。

4.浙江省文物考古研究所编著：《浙江宋墓·龙游寺底袁宋代墓地》。

图1-10 龙游寺底袁M33墓底留存的棺钉

寸许。内外皆用石灰、杂炭末、细沙、黄泥筑之。"[1]即为此种墓室。

砖（石）椁墓室不追求大体量，止容棺即可。《朱子语类》载朱熹与弟子问答，以为"墓圹仅可容椁"，可免盗掘之灾[2]。

石板顶墓极力追求深埋、坚固、密封与防腐之效，正是"无使土亲肤"的需要。北宋大儒程颐《记葬用柏棺事》："古人之葬，欲比化不使土亲肤，今奇玩之物，尚保藏固密，以防损污，况亲之遗骨，当何如哉！……地中之患有二：惟虫与水而已，所谓毋使土亲肤，不惟以土为污，有土则有虫，虫之侵骨，甚可畏也。世人墓中多置铁以辟土兽，希有之物尚

1.〔宋〕黎靖德编、王星贤点校：《朱子语类》卷八十九《礼六·冠昏丧》，中华书局1986年版。后文征引《朱子语类》卷八十九《丧礼》的相关内容，若无必要，不再出注。
2.《朱子语类》卷八十九《礼六》。

知备之，虫为必有，而不知备，何也？"[1]地下的虫、水之患，如此可怖，故须求棺椁之坚固、密封。在朱熹看来，"毋使土亲肤"几乎是丧葬的首要原则，《朱子语类》云："古人圹中置物甚多，以某观之，礼文之义太备，则防患之意反不足。要之，只当防虑久远，'毋使土亲肤'而已，其他礼文皆可略也。"

关于"毋使土亲肤"，程颐、朱熹观点一致。至于"深葬"与否，二人则看法分歧。程颐、司马光主张深葬，"穿地宜狭而深，狭则不崩损，深则盗难入也"。在《朱子家礼》中，朱熹转述司马光《书仪》穿地宜深的主张。然而，朱熹是南方人，南方水浅土薄，地下水位高，深埋与防水的矛盾难以调和，故又主张"浅葬"。《朱子语类》记朱熹与李守约的对话，李说："（坟墓）盖凡发掘，皆以浅葬之故。若深一二丈，自无此患。古礼葬亦许深。"但朱熹对此不认同："不然，深葬有水。尝见兴化、漳、泉间坟墓甚高。问之，则曰，棺只浮在土上，深者仅有一半入地，半在地上，所以不得不高其封。后来见福州人举移旧墓，稍深者无不有水，方知兴化、漳、泉浅葬者，盖防水尔。北方地土深厚，深葬不妨。岂可同也！"

深埋的好处，在北方中原地区至为明显，而南方浅土之乡，则不宜照搬中原模式。朱熹的态度相当务实，浅葬固然有易盗、易遭洪涝、犁耕毁坏诸弊，但防地下水更加必需。浙江的南宋砖（石）椁石板顶墓，只要自然条件允许，以追求深埋为主，但有的墓葬本身坐落于较为高亢的山地，则并不一味求深，例如丽水云和县正屏

1.《河南先生文集》卷十《伊川先生文六·礼》，《二程集》，王孝鱼点校，中华书局1981年版。

山南宋墓，为双室并列的石椁石板顶墓，但墓坑埋藏较浅，正如朱熹所谓"一半入地，半在地上"者。[1]

既要深埋，又要防水，更要隔绝地下无所不在的水虫之患，鱼和熊掌如欲得兼，则墓室务求密封。

（二）浇浆墓与灰隔墓

墓室如何求得密封？

墓室不大，置入棺椁后，墓室内所余空隙有限。在空隙中注入黏土、石灰、细沙，拌以松香、糯米汁等，把墓室整体浇灌于地下，即今所谓三合土墓。三合土，亦称灰土，类似于混凝土，一经板结，墓室遂与外界完全隔绝，非但防水，而且防腐。1966年发掘的兰溪南宋潘慈明夫妻合葬墓，出土了棉毯、潘慈明妻高氏"告身"文书和纺织品文物等[2]，黄岩赵伯澐墓、武义徐谓礼墓、福州黄昇墓，棺木、随葬品完好如新，出土大量衣裳和有机质文物，皆拜三合土（灰土）技术所赐。

以上均为砖石与三合土混筑的墓葬，三合土浇灌在棺木与砖（石）椁之间的上下四周的空间内。同时，宋代也有不用砖石纯用灰土的浇浆墓，即朱熹所称"灰隔"。《朱子家礼·葬礼》"作灰隔"条："穿圹既毕，先布炭末与圹底，筑实，厚二三寸，然后布石灰、

1.浙江省文物考古研究所编著：《浙江宋墓·云和正屏山南宋墓》。浙江南宋石板顶墓以深埋为主，如正屏山南宋墓采用半地穴浅葬形式，在当时并不普遍；明清墓葬，随着灰隔技术的普及，则以浅葬占主流，墓室通常三分之一入土，三分之二高出地面。

2.汪济英：《兰溪南宋墓出土的棉毯及其他》，《文物》1975年第6期。据兰溪博物馆藏清宣统三年（1911）《古溪潘氏宗谱》卷二徐畸撰《恭人高氏墓志》，潘慈明妻高氏系鄞县高闶之女，嘉定二年（1209）卒，享年81岁，同年"祔葬于兰溪武昌乡宝翰院密山佛迹岩之侧"。该墓出土的拉绒棉毯，长251厘米，正面的铜钱锈痕，组成连绵的方胜纹样，正好共计81枚铜铁。

细沙、黄土拌匀者于其上，灰三分，二者各一可也。……又炭御木根，辟水蚁，石灰得沙而实，得土则黏，岁久结为全石，蝼蚁盗贼皆不能进也。"

江苏江阴夏港北宋至和二年（1055）"瑞昌县君"孙四娘子墓，是迄今所知最早的浇浆（灰隔）墓例，单穴墓室，内置棺木，墓室内出土木俑、供桌椅等，棺内随葬《金刚般若波罗蜜经》《般若波罗蜜多心经》《佛说北斗七星延命经》《太上老君说常清静经》等经共11卷[1]。前引江休复《江邻几杂志》"近江南有识之家，不用砖葬，唯以石灰和筛土筑实，其坚如石"，正是北宋中期以降江南部分地区放弃砖室而改用纯灰土之浇浆墓的证据。

纯用灰土的浇浆墓，即《朱子家礼》所谓"灰隔墓"，并不多见，南宋墓葬中更常见的还是以砖石、灰土混筑的砖（石）椁石板顶墓。浇浆墓在元明以后的江南地区逐渐增多，嘉兴、上海地区多有其例，例如海宁袁花元至正十年（1350）贾椿墓，浇浆墓室，有机质文物保存完好[2]。

纯灰土的浇浆墓和砖石、灰土混筑的石板顶墓，材料有别，《朱子家礼》所谓"灰隔"，特指浇浆墓而并未包括后者。但两者同为密封保护棺骸的技术手段，在今天则不妨笼统称为"灰隔墓"，有学者就将一切使用三合土的葬法统称为灰隔法[3]。

1.苏州博物馆等：《江阴北宋"瑞昌县君"孙四娘子墓》，《文物》1982年第12期。

2.海宁县博物馆：《浙江海宁元代贾椿墓》，《文物》1982年第2期；上海市文物管理委员会：《上海明墓》，文物出版社2000年版，是书多有明代浇浆墓例。

3.霍巍：《关于宋元明墓葬中尸体防腐的几个问题》，《四川大学学报》1987年第4期。"所谓'灰隔'，又称为'灰椁'，它是用'三合土'（通常用石灰、砂子、黄土三种成分混合而成）或者石灰糯米汁浇浆灌注、覆盖包裹整个椁和墓圹，形成坚固严密的保护层。"

灰隔墓，除了防水，更能防腐。防腐与保存死者尸骸的想法，古已有之，可能与"孝亲"观念有关，儒家经典有"古不墓祭"之说，但墓祭事实上长期存在，赋予祖先遗骸所藏的坟墓以与宗庙、祠堂一般的祭祀、纪念功能，成为维系家族延续的载体和象征，符合普通人的日常理性和期待；保存尸骸，也与魂魄观念有关，魂是精神，魄为肉体。密封坚固的墓室，确保逝者魂魄安宁，方能庇佑子孙。先人的精魂可以干预人间的生活，坟墓不只为死者而设，更为生者之福利。

南宋宝祐二年（1254）武义徐谓礼墓出土的告身、敕牒、印纸等纸质文书，历经八百年，宛若新造。以此为例，具体说明南宋人对防腐考虑之周详。据盗墓者供称以及考古发掘的遗迹推断，徐谓礼文书原卷成一轴，装于一金属容器内，外表整体蜡封，入殓时，随同其他随葬品置于灌有水银的棺木内。然后，盖上棺板，棺盖和棺身用卯榫咬合，继而整体髹漆。墓室体量不大，棺木和墓壁之间有限的空间内，浇灌以三合土。然后，盖上石板顶，再将墓志倒扣在盖板上。最后，填筑封土。如此多重关防，可谓固若金汤，文书、尸骸和棺木与外界环境完全隔绝，若不遭盗掘，再经百年千载，恐怕亦不会腐朽。

上海朱行乡南宋嘉定七年（1214）张珪夫妻合葬墓，系并穴石板顶砖椁墓，但双层结构，颇为奇特，男室上层葬棺木一具及墓志一通，下层墓室置圆雕石坐像、浮雕人物砖屏风一具等，屏风背刻"石若烂，人来换"双行六字[1]。可能是入葬时在预建的寿冢之上新

1.上海博物馆编著：《闵行朱行南宋嘉定七年承信郎张珪墓》，《上海唐宋元墓》，科学出版社2014年版，第53页。

建墓室所产生的特例，在此附带说明。

四、砖石合筑双层顶墓

严格说来，砖石合筑的双层顶墓（后文简称"双顶墓"）并非独立的墓室形态门类，只是在砖（石）椁石板顶墓的石板平顶上加设一重砖券顶，遂形成上、下双层的墓顶结构。在砖券的外观下，埋藏的实为石板顶墓。

此种墓室在南宋时较为多见，试举数例：江苏江浦张同之夫妇墓，张下葬于庆元三年（1197），墓室以条石封顶，石顶上另行用楔形砖砌成高0.54米的券顶[1]；兰溪灵洞乡费垄口村南宋墓地M33，墓室石板顶上以青砖包裹，其上覆以石拱顶[2]；黄岩赵伯澐墓，石板顶上亦覆盖有拱券顶（图1-11）；湖州风车口M1、M2也采用此形式，唯砖券已坍塌；嵊州市杨港路南宋周汝士夫妇墓，周下葬于淳熙十一年（1184），为砖椁石板顶双室墓，其上再砌砖券顶[3]；湖州白龙山宋墓，为双穴并列的砖室石板顶墓，其上覆盖由4块楔形砖圈成的拱顶，砖拱与石板顶之间的空隙内，填塞以碎砖加固，考古报告推测其为平民墓（图1-12）[4]。这是不分士庶采用的墓室。

---

1. 南京市博物馆：《江浦黄悦岭南宋张同之夫妇墓》，《文物》1973年第4期。张同之葬于庆元三年（1197），其妻叶氏葬于嘉泰二年（1202）。
2. 兰溪市博物馆：《浙江兰溪市南宋墓》，《考古》1991年第7期。按，M33出土"及斋"铭抄手砚、笔山、玉璧、铜鼎式炉等，应为南宋后期墓。该墓出土有金鱼袋饰实物，墓主人应为四品以上的高级品官。见浙江省博物馆编：《中兴纪胜：南宋风物观止》，中国书店2015年版，第138页。
3. 孙金玲：《宋故太常寺簿周公墓》，《东方博物（第六十六辑）》。
4. 闵泉：《湖州白龙山宋墓》，《东方博物（第四十三辑）》。据出土文物判断，应为北宋晚期至南宋早期墓葬。

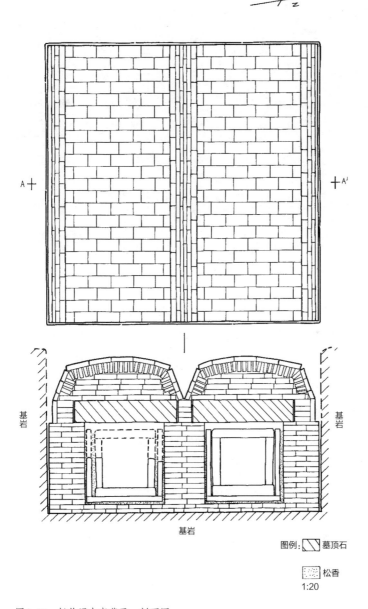

图1-11 赵伯澐夫妻墓平、剖面图

图1-12　湖州白龙山宋墓的双层墓顶

　　鄞县（今宁波市鄞州区）穆家岭南宋大儒袁燮墓，在晚清时期，袁氏后裔袁世恒父子重修祖墓时曾经发掘。徐时栋《烟屿楼笔记》记其情形甚详："墓中有男乔所撰圹志，墓上有杨公简所撰墓志，父子大喜，按其丈尺掘之，见砖结小桥，发之，得慈湖（杨简）墓志，遂录其文而还置之，结砖如旧而封之。……后闻袁氏修正献公（袁燮）墓，墓上得杨慈湖所作墓志，而后知圹志在穴中，墓志则在椁上，又结砖如桥以覆之，而后封土者也。按此法甚善，盖年久之墓，夷为平地，误掘者必自上而下，一见墓志，即知古墓，可无开圹之患矣。"[1]袁燮之子袁乔所撰圹志随葬圹内，而杨简所撰墓志铭则扣在墓椁石板顶上，其上又加筑一层状如小桥的砖顶，显然是砖石合筑的双顶墓，徐时栋称"此法甚善"。

1.〔清〕徐时栋：《烟屿楼笔记》卷三，续四库全书本，上海古籍出版社2002年版。

其实，砖（石）椁石板顶已足够密封、坚固，其上加筑一道折边拱券，架床叠屋，在结构功能上并无必要。《江浦黄悦岭南宋张同之夫妇墓》发掘简报引《宋史·礼志》"诸葬不得以石为棺椁及石室"的记载，认为石室上覆盖以"形同虚设"的砖券，将石室包裹其内，造成砖室墓的外观，不仅使墓室更加安全，也可掩盖其"以石为棺

图1-13　胡紘妻吴氏墓室砖顶

椁"的违禁行为。这种解释并无直接证据，聊备一说。

除了在石板平顶上加筑折边拱的方式，也有在平顶上平铺一层或多层墓砖，将石板顶整体包裹其内的做法，例如龙游寺龙口M34；庆元胡紘妻吴氏墓室（图1-13），先在石盖板上填筑一层木炭，其上再铺砖[1]，从行为模式看，倒似真有将石室包藏其内以刻意营造砖椁外观的意图。

南宋一代，石椁石板顶墓与砖椁石板顶墓，始终并存，似以后

1.浙江省文物考古研究所等：《浙江庆元会溪南宋胡紘夫妇合葬墓发掘简报》，《文物》2015年第7期。

者更多见，且不分贵贱通用。如龙游县灵山乡石角村周村余端礼墓，余端礼在宁宗朝官至观文殿大学士、左丞相，其墓采用砖椁石板顶[1]；而开化县苏庄镇龙坦村宋墓，墓主人为平民，亦用砖椁石板顶。纯属石构的石椁墓也无明确的等级界限，例如云和正屏山南宋墓采用石椁，墓主身份或为品官，然其品级无论如何不可与余端礼比肩。既然砖椁或石椁均无明显的等级性，那么在石板顶上加筑砖拱以营造内外材质视差的“掩盖违令说”，逻辑不通，恐怕更多还是区域性的丧葬传统习俗的力量使然。

《天圣令》卷二九《丧葬令》：“诸葬，不得以石为棺椁及石室。其棺椁皆不得雕镂彩画、施方牖栏槛，棺内又不得有金宝珠玉”，此乃北宋承袭唐令的规定[2]。但不能据此认为南方流行的石椁墓就是民间普遍存在的违反丧葬令的僭越行为。

臣子不得用石室、石椁，固然有一定的约束力，实际操作中却多有变通。司马光《书仪》卷七《穿圹》载：“葬有二法，有穿地直下为圹置柩，以土实之者；有先凿埏道，旁穿土室，撺柩于其中者，临时从宜。凡穿地，宜狭而深，圹中宜穿。……今疏土之乡，亦直下为圹，或以石、或以砖为藏，仅令容柩，以石盖之。每布土盈尺，实蹑之。稍增至五尺以上，然后用杵筑之，恐土浅，震动石藏故也。自是布土，每尺筑之，至于地平，乃筑坟于其上。《丧葬令》‘葬不得以石为棺椁及石室’，谓其侈靡如桓司马者。此但以石

1.余端礼墓，1997年经浙江省文物考古研究所发掘，资料藏浙江省文物考古研究所档案室。

2.王静：《唐墓石室规制及相关丧葬制度研究——复原唐〈丧葬令〉第25条令文释证》，《唐研究》第14卷，北京大学出版社2008年版。

御土耳，非违令也。"[1]

以石为椁，在司马光看来，只是取其"以石御土"的功能，出于孝子营墓力求"无使土亲肤"的正常需求，而非违令。问题是砖椁、石椁皆可"御土"，为何偏要选择有违令之嫌的石椁呢？这才是司马光真正需要回应的问题，也许是因为石椁的坚固性和"御土"性能好于砖椁吧。

但在北宋时期，石藏（石椁墓）在中原出现之初，在国家礼制层面，确实具有明确而神圣的等级标识意义。石椁墓始见于北宋熙宁八年（1075）韩琦墓特诏建筑石藏，此后，只有帝后陵墓和少数地位极其尊崇的亲王、宰执才有享用石藏的特权，安阳韩琦墓、元丰六年（1083）洛阳富弼墓、绍圣四年（1097）陪葬永厚陵的燕王赵颢墓，其石藏均为以石条、石顶板构筑的方形石椁，上层再覆以圆形穹窿砖顶[2]。南宋石椁在平顶之上加盖砖拱的双顶墓，同样形成"砖石合筑"的形态，盖师其遗意耶？

石椁墓密封性佳，具有砖椁墓所不及的优越性，一经出现，上行下效，在使用范围上就逐渐扩大化。江南卑湿之地，对墓椁密闭性的要求更高，何况早在五代，吴越国贵族已有营造石椁的传统，吴越国王钱元瓘、马王后康陵，钱镠之子钱元玩墓（临M20普光大师墓），均采用外壁包砖的石椁，即"砖石合筑墓"。钱俶生母吴汉月墓则纯用石椁[3]。但直到北宋晚期后，石椁才在江南地区真正流行起来，使用的阶层持续扩大。

1.〔宋〕司马光：《书仪》卷七，景印文渊阁四库全书本。

2.刘未：《宋代的石藏葬制》，《故宫博物院院刊》2009年第6期。

3.王征宇：《礼制与葬俗：吴越国墓葬相关问题研究》，浙江大学硕士学位论文。

朱熹《答廖子晦》描述筑石椁法："但于穴底先铺炭屑，筑之厚一寸许。……筑之既平，然后安石椁于其上。……但法中不许用石椁，故此不敢用全石，只以数片合成，庶几不戾法意耳。"[1] 臣僚私家的丧葬行为，本就灵活权变，至于民间丧葬，尤其难以规范，南宋时期石椁不分阶层的流行，是为各地考古发现已证明的事实。但朱熹仍有"法中不许用石椁，故此不敢用全石，只以数片合成，庶几不戾法意"的顾虑，唐代《丧葬令》规定的等级制度对普通民众几无影响，但对部分士人仍有观念上的约束力。对法令心存敬畏之人，总量想必不会太少，这大概可以解释南宋一朝砖椁石板顶墓始终多于石椁石板顶墓的现象，甚至也可部分解释砖石合筑双顶墓流行之由。

第二节　随葬品

20世纪初，日本学者内藤湖南所倡"唐宋变革说"，固然不能作极端化理解，历史既有变革的一面，也有因循的一面。但是，唐宋之间确实发生了深刻的变化，不同领域的学者会列举出不同领域的事例。关于宋代文化区别于唐代的整体性特征，邓小南认为："如果从总括的角度、从整体的趋势来讲，或许可以用'平民化、

1.〔宋〕朱熹：《晦庵集》卷四五，朱杰人等主编：《朱子全书》，上海古籍出版社2002年版。

世俗化、人文化'对它进行大致的概括。"[1]

平民化、世俗化、人文化，指文化重心从庙堂下移至平民阶层、从宗教性生活转移至现世日常生活的倾向。这种关注普通人的日常、世俗生活状态的倾向，一言以蔽之，就是世俗化。南宋墓葬的世俗化倾向，首先表现于随葬品上。

一、日用器物随葬

由于砖（石）椁石板顶墓室的小型化，随葬空间相对于唐五代时期大为压缩，随葬品的体量与数量，亦相应缩减。

随葬品主要有两大类：一是日用器物，一是明器（冥器）。这里先说前者。

日用随葬品主要是墓主人生前的日用器物和玩好，如衣衾饰件、金银或陶瓷日用器皿（尤多茶、酒器具）、文房雅玩、书籍、铜镜、钱币等；器用玩好类，男性多文房用具，女性多妆奁用品，直接体现他们生前的生活方式、趣味与价值追求。

赵伯澐系宋太祖七世孙，南宋初，其父赵子英徙居台州黄岩，遂为邑人。赵伯澐生于绍兴二十五年（1155），卒于嘉定九年（1216），赠通议大夫。其墓保存完好，入殓时上身、下身各着八重衣物，尸骸与棺木之间塞满衣物，有衣、裤、袜、鞋、靴、饰品等，其中衣有圆领衫、对襟衫、交领衫、抹胸等（图1-14），裤有合裆裤、开裆裤、胫衣、裙裤等；饰品有帽、腰带等，织品包括绢、罗、纱、縠、绫、刺绣等，将棺木充塞紧实，正如《朱子家

1.邓小南：《忧患与繁荣——宋代历史再认识》，国家图书馆、北京大学历史学系编：《稽古·贯通·启新》，北京大学出版社2019年版。

图1-14　赵伯澐墓随葬的衣物

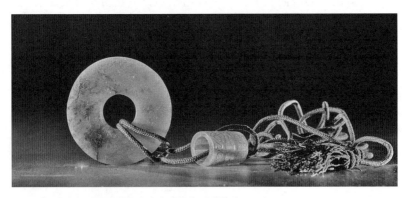

图1-15　南宋赵伯澐墓出土南唐李昇投龙玉璧挂件

礼·丧礼》"大敛"所称，"共举尸纳于棺中，……又揣其空缺处，卷衣塞之，务令充实，不可摇动"。另有随身的玉璧、水晶璧挂件和一面带柄铜镜等随葬品。玉璧系南唐皇帝李昇投龙玉璧（图1-15），铭曰："大唐皇帝昇谨于东都内庭修金箓道场，设醮谢土，上仰玄泽，修斋事毕，谨以金龙玉璧，投诣西山洞府。昇元四年（940）十月日告闻。"此件南唐玉璧在传世近300年后，作为赵伯澐生前雅玩得以随葬[1]。

江西星子县陶桂一墓，墓主人生前从学于"朱文公（熹）门人弘斋李文定公燔"之门，淳祐七年（1247）中进士第，曾任庐山白鹿洞书院山长。棺内遗骸为衣物层层包裹，并随葬有北宋邵雍《邵尧夫先生诗全集》刊本，应为其生前喜爱的读物，除此别无长物。据墓志称，陶桂一安贫乐道，"其生也，衣董京之衣；其死也，卧黔娄之衾；其敛也，随平生服用，外覆以深衣而已"[2]，一派醇儒气象。

武义徐谓礼墓，墓主人为徐邦宪第三子，卒于淳祐六年（1246），官至朝散大夫。出土告身、敕黄、印纸等录白文书，另有毛笔、砚台、镇纸、印章等物。文房用品、印章等物，是其日常生活的写照，也是文人合理的生活方式，而以官文书随葬，著其毕生仕宦履历，更是文官的身份标识和价值追求[3]。南宋前期，随葬文

1.2016年浙江省文物考古研究所发掘资料。参见张良：《宋服之冠：黄岩赵伯澐墓文物解读》，中国文史出版社2017年版。赵伯澐、徐谓礼等人的葬具均为呈长方体、两头齐平的髹朱漆木棺。据浙江考古发现，良渚文化、先秦古越国时期，棺具多以整圆木对剖的独木棺为主；战国至两汉时期的土坑木椁墓，流行厢式棺椁，始有由底板、侧板、盖板组装而成的长方体木棺；东汉至两晋的棺具尚未见考古实例，形制不详，但砖室墓内时见棺钉，推测有棺具随葬；隋唐以后，始出现前高后低的木棺。但在唐代中晚期，土坑独木棺墓依然流行于衢州及其余邻近地区。

2.吴圣林：《星子县横塘宋墓》，《江西历史文物》1986年第1期。

3.南宋文人士大夫墓中，出土文房用品或能够代表其身份、趣味的文物，其例极多。如新昌淳熙元年（1174）卢渊墓，出土端砚、镇纸等，见潘表惠：《浙江新昌南宋墓发掘简报》，《南方文物》1994年第4期；平阳淳熙五年黄石墓，出土仿古铜鼎、铜壶、玉质印章及文房用品，见叶红：《浙江平阳县宋墓》，《考古》1983年第1期；诸暨嘉泰元年（1201）董康嗣墓，出土石雕犀牛镇纸、石雕笔山、端砚、石雕水盂等，见方志良：《浙江诸暨南宋董康嗣夫妇墓》，《文物》1988年第11期；兰溪南宋墓，出土"及斋"铭抄手砚、笔山、玉璧、铜鼎式炉等，见兰溪市博物馆：《浙江兰溪市南宋墓》，《考古》1991年第7期；衢州咸淳十年（1274）史绳祖墓，出土玉兔镇纸、水晶笔架、青玉笔架、玉兽钮印等，见衢州市文管会：《浙江衢州南宋墓出土器物》，《考古》1983年第11期。

具种类较五代与北宋中前期显著增多，多出土砚台、印章、墨、笔等成套用具，南宋中后期，出现制作精美、赏玩意味更加明显的文房用具，如镇纸、笔山、水盂、花瓶等[1]。咸淳十年（1274）衢州史绳祖墓，墓主人是理学家，有《学斋佔毕》等著作传世，随葬观音瓷像、八卦纹铜镜、八卦纹银碗、鬲式铜炉、鼎形铜镜，俨然是"三教合流"的缩影，时人倡导儒、佛、道三教融汇，宗教生活也日趋世俗化。

随葬品固然可以反映墓主人生前的生活、趣味与信仰，但正如许曼等人所指出的，随葬品可能是墓主人过世后由其配偶或孝子挑选入葬的，一方面反映墓主人的生活趣味，另一方面可能代表了家族成员对死者的人格期待，例如毛笔、镇纸、砚台、墨块等具有文化身份象征意义的随葬品，通常只出现在男性墓室中，而受过教育的精英女性，文具必然是她们闺阃中的日用品，但绝不出现在女性墓室中，只能说明为她们安排葬礼的男性亲属认为文具和文词不符合对女德的期待，不允许此类物品随葬[2]。许曼的研究具有启发性，说明随葬品包含有性别区隔和形象塑造的意义。如为学者周知的，唐宋时期的北方地区墓葬，剪刀、熨斗、尺的随葬品组合或壁画中的图像组合，多出现于女性墓中，显然与"女工"的意涵相关。

凡此种种，均可从北宋以来社会整体趋向世俗化的背景下作考察。需要指出的是，在文人士大夫和平民墓葬中，衣衾总是最重要的随葬品，只因难以保存，后人误以为衣衾并非首要。受限于保存

1.沈如春：《长江下游地区五代两宋墓葬研究》，北京大学硕士学位论文。

2.许曼：《跨越门闾：宋代福建女性的日常生活》，上海古籍出版社2019年版，第293页。

条件，许多南宋墓葬出土的随葬品很少，甚至为空墓，若无圹志或墓志铭出土，极容易误判墓主人的身份，假如赵伯澐墓的棺木、衣衾全朽，只存两件玉石挂件和一面铜镜，发掘者至多推测其为富裕的有闲阶层，殊不知其为官至通议大夫的中高级官员；假如陶桂一墓全朽，则近乎空墓，殊不知其为进士出身的士大夫。这就说明，随葬品可以反映墓主人或丧家的生活趣味和价值观，但通常不能准确反映其身份等级。

至于随葬品中的陶瓷器、金银器皿、金银首饰甚至铜镜、砚台等，均有专门的研究论著。现代的古器物研究，一向重视墓葬出土材料，多已成为专门学问，本书从略[1]。

二、明器

第二类是专为葬礼制作的明器（冥器），例如陶俑、铁牛、堆塑魂瓶、龙虎瓶等，有的明器是实用器物的模拟缩小版，例如陶瓷制作的桌椅、屏风等；有的是世俗生活场景的模拟，例如仆从、车马出行俑；有的是"入墓神杀"，例如十二时神、当圹、当野、仰观、伏听之类，作为此岸世界与彼岸世界的连接媒介。整体而言，南宋士人或富民阶层的墓葬，较少使用上述明器。

《宋史·礼志》引《会要》云："勋戚大臣薨卒，多命诏葬，遣

1.宋代金银首饰，可参见扬之水：《奢华之色：宋元明金银器研究》，中华书局2011年版。宋代铜镜，可参见梅丛笑：《浙江宋代铜镜的流行特征》，浙江省博物馆编：《浙江省博物馆论文特辑（2010—2019）》，浙江人民美术出版社2019年版；沈如春：《湖州镜及两宋官民铸镜业的互动》，《东方博物》2009年第1期。宋代砚台研究，可参考钟凤文：《百砚千姿话砚史》，浙江省博物馆编：《浙江省博物馆论文特辑（2010—2019）》，浙江人民美术出版社2019年版。至于墓葬出土数量众多的龙泉窑、景德镇窑、定窑陶瓷器皿，更是专门学问，恕不列举。

中使监护，官给其费，以表一时之恩。凡凶仪皆有买道、方相、引魂车，香、盖、纸钱、鹅毛、影舆，锦绣虚车，大舆，铭旌；仪棺，行幕，各一；挽歌十六。其明器、床帐、衣舆、结彩床皆不定数。坟所有石羊虎、望柱各二，三品以上加石人二人。入坟有当圹、当野、祖思、祖名、地轴、十二时神、志石、券石、铁券各一。"[1]

这是宋代官员葬制的主要记载，与随葬相关的神杀俑有"当圹、当野、祖思、祖名、地轴、十二时神、志石、券石、铁券"等，在官方丧葬系统中，例用明器神杀俑随葬。

在民间丧葬中，明器也不为士人所禁止或反对。《朱子家礼·丧礼》"造明器"条，列举有"刻木为车马、仆从、侍女，各执奉养之物，象平生而小"等明器。但在现今所见两浙地区南宋士大夫墓葬中，非但不用神杀俑，甚至连车马、仆从、侍女类俑亦罕见。1953年，杭州西湖区老和山东麓清理4座砖室券顶墓，编号第201号墓，墓室四角有铁牛，用石灰粘牢在砖上，共发现24件木俑，"棺木四侧、棺盖上、小龛内都有发现""都是在刻好初形后用墨笔涂绘幞头和五官，然后再上油料"，根据"壬午临安府符家真实上牢"朱书漆器，可判断为绍兴三十二年（1162）稍后之墓葬[2]。或以为当时多有以木、纸质明器随葬的习俗，唯其速朽，后人无从知晓罢了。但可以明确的是，明器随葬习俗存在地区差异。北宋以来的墓葬中，在墓室四角放置铁牛（或将铁牛置于四角的壁龛内），以铁牛"压胜"

1.《宋史》卷一二四《礼志》二七《凶礼》三《诸臣丧葬等仪》。

2.蒋缵初：《谈杭州老和山宋墓出土的漆器》，《文物》1957年第7期；华东地区文物工作队：《浙江省杭州市老和山第201号宋墓的清理》，《浙江省文物考古研究所学刊（第七辑）》，杭州出版社2005年版。

图1-16　桐庐象山桥南宋墓左室地龛内随葬的蒿里老人与地轴

的做法，多流行于苏南、上海、浙西的湖州、杭州等地[1]。但在钱塘江以南的浙东地区则罕见以铁牛或木俑随葬，鉴于铁牛难以彻底腐尽，这就可见两浙东路丧葬习俗中区别于浙西的一面。

江西、四川、福建等地宋墓，尤其是富民阶层墓葬，随葬神杀俑像甚众，作为地方习俗不足为奇。而江浙宋墓中，则绝少发现，目前所见的考古材料，只有桐庐象山桥南宋墓为特例，其中、左墓室各出陶俑一组，于东、西两侧壁龛中置十二时神，于地龛中置蒿里老人和地轴（双人首蛇身俑）。该墓在浙江尚为孤例，与本土葬俗缺乏关联，应当纳入《宋史·礼志》二七《诸臣丧葬等仪》所描述的官方葬制系统中予以理解[1]（图1-16）。

至于以韩瓶（陶酒瓶）、粮瓶等"以盛酒脯醢"随葬，《朱子家礼》更认为"然实非有用之物，且脯肉腐败生虫聚蚁，尤为非便，虽不用可也"。

浙南处州龙泉、庆元等县，北宋中晚期多随葬五管瓶，南宋多随葬成对的龙虎瓶；婺州武义、永康、金华县与衢州龙游等地常见随葬堆塑瓶（图1-17、图1-18、图1-19）。龙虎瓶，恐怕是受江西、闽北地区民间丧葬文化影响的结果，使用者多为当地的富裕平民[2]。有学者认为，各类堆塑瓶大多为"粮罂""五谷仓""谷仓罐"的性质[3]。但在杭嘉湖、宁绍、温台地区，既无神杀俑、车马侍从俑，亦不随葬龙虎瓶、堆塑瓶等，则可知该种民间丧葬文化影响主要存在于闽浙赣交界区域，而未波及浙江腹地。

处州、衢州、婺州等地多见堆塑瓶，但此类明器通常只为平民阶层采纳，武义县平民墓多随葬堆塑瓶，今武义博物馆收藏有大量当地出土的同类器物，但武义明招山吕祖谦家族墓，武义城

---

1. 浙江省文物考古研究所编著：《浙江宋墓·桐庐象山桥宋墓》；该段论述参见刘未：《鸡冠壶：历史考古札记·入墓神杀》，上海古籍出版社2019年版。按，吴越国贵族墓，例如钱宽墓、水丘氏墓、钱元瓘墓、马王后康陵、吴汉月墓，墓壁陈设四神十二时，是为固定制度，也应该是受中原唐代贵族墓影响的结果，而非本土传统。

2. 龙泉窑五管瓶、龙虎瓶，婺州窑堆塑瓶，造型复杂多样，尤其是南宋龙泉窑龙虎瓶，釉色莹润，在今天通常被视为精品瓷器，为公私收藏家所青睐。但在当时只是平民阶层的随葬明器而已，为士大夫阶层所不屑。龙泉青瓷博物馆、武义博物馆、遂昌博物馆、缙云博物馆藏有较多的此类器物，唯多非科学发掘出土。龙游东郊马报桥村寺底袁自然村编号2015LSM56南宋墓，出土一对堆塑瓶，成对并列置于墓底前部的棺床外（参见浙江省文物考古研究所等：《龙游寺底袁宋墓发掘简报》，《东方博物（第五十六辑）》，可知堆塑瓶、龙虎瓶多成对随葬。

3. 王铭：《唐宋时期的明器五谷仓和粮罂》，《考古》2014年第5期。

图1-17　金华婺城区金华山南宋墓封门前出土的堆塑瓶（金华市文物保护考古所徐峥晨供图）

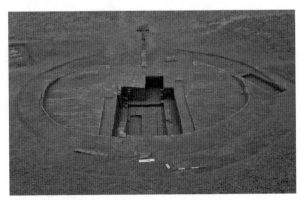

图1-18　龙游寺底袁M56出土的堆塑瓶（左）
图1-19　龙游寺底袁M56墓园和墓室（右）

郊徐邦宪、徐谓礼父子等品官或士大夫墓葬，则不会随葬这类明器。这就可见士大夫阶层相对于平民阶层更能坚守儒家丧葬的价值观，不轻易为"巫风"所惑。

砖（石）椁石板顶墓室仅能容棺，内部空间有限，随葬品以及随身物件多置于棺木之内，只有墓志等少数器物置于棺木之外，这与北宋以前砖室券顶墓的随葬品多数置于棺床范围以外很不相同。南宋墓室空间普遍缩小，无法容纳更多的随葬品，例如常山赵鼎之子赵洙夫妻合葬墓，夫妻墓室两侧各开辟一个"器物坑"，其内随葬圹志、韩瓶、瓷罐和玉璧等[1]；汪大猷夫妻合葬墓在墓室后方另辟一间"明器室"，集中放置碗碟之类的陶质明器。这种在墓侧添建的小室，用以扩大随葬品和明器陈列的空间，可能就是文献记载的"便房"。司马光《书仪》卷八"下棺"条载，在下棺并封闭圹门后，"掌事者设志石、藏明器，下帐、苞、筲、醓醢、酒于便房，以版塞其门，遂实土，亲戚一人监视之，至于成坟"。

不同区域的明器生产和组合，以及为墓室竣工或成坟时所举行的仪式，正是这些在今天已经难以完整复原的"地方性葬俗"，决定了不同区域墓葬的不同形态。

圹志、墓志铭，记载墓主人身份、生平和卒葬信息，也是重要的随葬品，详见本书第四章。

三、地下世界等级制度的消弭

墓葬的世俗化，除了表现在随葬品的日常化、生活化、理性化，更体现在地下世界等级制度的模糊化。

1.2019年浙江省文物考古研究所发掘资料。

考古学家研究古墓葬，有两大传统课题，一是分期编年，一是等级制度分析。中原商周大墓，墓室的规格大小、墓道的形制和数量，以及随葬品的多寡丰俭，具有明确的身份标识意义；汉代，天子、王、侯陵墓的形制规格与随葬品，均有明确的等级规律可循。此为研究中国古代墓葬制度者之常识。

隋唐墓葬，等级依然森严。长安、洛阳等地的典型墓葬，为带长坡墓道的土洞墓或砖室墓，尤其是关中地区的土洞墓，依墓室和天井数量、规格大小、葬具材质、构筑形式，分为六种类型：（1）双室砖墓，四天井以上，长50米以上，前后两墓室，有石门、石棺、石椁等石葬具，随葬品丰富，封土高大，系皇室、勋臣或一品以上官员墓；（2）巨型单室砖墓和双室土洞墓，形式与前者相同，只是少了前室，全长40米，使用石葬具，多为一品官员；（3）大型单室砖墓和土洞墓，20米以上，砖棺床，或用石门，但无石棺椁，系三品以上官员墓；（4）中型单室墓及土洞墓，10米以上，为多数品官采用；（5）全长10米以下的小型单室土洞墓，这类墓葬数量最多，或砖棺床，或土棺床，或无棺床，葬具为木棺，墓主人身份比较复杂，从三品高级官员到九品低级官员，以及个别富裕平民，均有采用；（6）竖穴土坑墓，一般距地表深1米左右，全长2—2.5米，木棺葬具，为平民墓[1]。

五代吴越国贵族墓葬也有明确的等级性。据陈元甫研究[2]：第一等级，系国王与王后墓，使用三室石椁，如第二代国王钱元瓘墓

1.张学锋编著：《中国墓葬史·隋唐墓葬》，广陵书社2009年版。
2.陈元甫：《五代吴越王室贵族墓葬形制等级制度研究探析》，《东南文化》2013年第4期；王征宇：《礼制与葬俗：吴越国墓葬相关问题研究》，浙江大学硕士学位论文。

和马王后康陵；第二等级，为分封和镇守巨镇的郡王（王子）墓，例如苏州七子山三室砖椁墓，推测墓主人为中吴节度使钱元璙[1]；第三等级，系王子、王妃等王室成员墓，采用二室石椁，如钱俶生母吴汉月墓；第四等级，为臣僚或高级官员墓葬，使用双室砖墓，如临安青柯五代吴越国童莹之夫妻合葬墓[2]；第五等级，为普通单室砖室或土坑墓，系平民墓。

吴越国贵族墓葬数量有限，前述等级划分未必是定论，但墓室的数量、规模、是否采用石室、有无壁画、是否随葬金银珠玉等，具有等级标识意义，绝无疑问。

讨论浙江宋墓，将视野前溯至晚唐吴越国是必要的，只有较长时段的比较研究，才能揭示历史脉络的演变轨迹。吴越国墓葬是中原唐墓等级制度传统在江南的体现，但到北宋中期以后，尤其是南宋，地下墓室的等级制度几乎完全模糊了，墓室的规格大小、随葬品的丰薄，甚至采用石椁或砖椁，都只能反映丧家的财富状况和孝子对待丧葬的态度，而与身份等级并无必然联系。从吴越国纳土归宋至两宋之交，虽不过一二百年，但墓葬制度之巨变，可谓翻天覆地。内藤湖南"唐宋变革论"，在政治、经济、文化等其他领域，

1.钱镠诸子中，虽由钱元瓘继承王位，但钱镠第六子、镇守苏州的中吴节度使钱元璙地位特殊，其重要性几与钱元瓘相当（参见何勇强：《钱氏吴越国史论稿》，浙江大学出版社2002年版，第151—161页），卒后"葬以王礼"，故可推测苏州七子山三室墓主人为钱元璙。

2.浙江省文物考古研究所等：《临安青柯五代墓发掘报告》，见《晚唐钱宽夫妇墓》，文物出版社2012年版。据出土墓志，墓主人童府君，字莹之，其妻骆氏出身豪族。据"丙戌"铭墓砖推断，童莹之下葬于926年前后，童氏结衔中有"金紫光禄大夫、检校尚书、左仆射"等辞，官随使左押东南面巡检都知兵马使，当为钱镠故旧。其第三女，嫁给钱镠某子。严格说来，已为吴越国王室的姻亲之族。

笔者不敢妄议，但从浙江墓葬地下世界等级制度的消弭这一角度考察，是可以成立的。问题是，我们看到了这一二百年间墓葬等级制度崩坏的结果，却不知崩坏的过程，易言之，北宋早中期的墓葬形态、丧葬观念、等级制度究竟发生了怎样的具体转变，尚有待更多的考古资料来揭示、验证。

南宋以后，地下世界进一步向世俗化、平民化方向发展，墓室的等级差异几乎完全消弭。余端礼在宁宗朝官至左丞相，龙游县余端礼墓，为砖椁石板顶墓室，壁面无装饰，长约2米，宽约1米；王淮在孝宗朝后期担任宰相长达8年，金华王淮墓同为砖椁石板顶墓室。而民间豪强，只要财力雄厚，子孝孙贤，则完全可以将墓室营造得更大、更坚固，而尊贵如余端礼、王淮者，不过仅可周身的砖椁而已。

我们通常认为地下的考古发现，例如墓葬，不同于古代文人夹杂着个人动机的文本，是一种纯客观的物质史料，可以借助它还原真实的历史。其实，这种笼统的说法充满了认知上的陷阱。姑且不论考古材料阐释中的主观因素，也只能说地下墓室是承载着古代丧葬观念的客观材料，而其反映的日常生活、人情世故通常是"变形"的，并非墓主人生前真实生活状态的再现。墓室规格不能体现墓主人的贵贱，随葬品与其说是墓主人自身趣味的写照，不如说更多折射着他人对其人格的期待。等而下之，墓葬壁画、明器组合、墓志铭的体例格套，无一不是真实生活在地下世界"变形"的镜像。

第三节　地表墓园

墓室与随葬品，存在于墓葬的地下世界。肉眼不见的地下部分，更多体现不同区域的葬俗差异，而并不体现等级差异和观瞻的需求。南宋墓葬的完整物质形态，更包括地表的墓园设施、墓仪石刻等，此乃观瞻所系，更多体现制度性差异。

南宋终究是等级社会，尊卑贵贱，各有等差。所谓等级制度"模糊化"毕竟有其限度，仅限于地下墓室部分。从文献记载看，墓葬的等级制度主要系于墓表，墓地面积、封土高度、石像仪刻、神道碑的数量与配伍，无不体现等级差异。北宋政和三年（1113）颁布的《政和五礼新仪》对此有详细规定：

> 墓：一品，方九十步；二品，方八十步；三品，方七十步；四品，方六十步；五品，方五十步；六品，方四十步；七品以下，方二十步；庶人，方十八步。
>
> 坟：一品，高一丈八尺；二品，高一丈六尺；三品，高一丈四尺；四品，高一丈二尺；五品，高一丈；六品以下，高八尺；庶人，高六尺。
>
> 墓域门及四隅：四品以上筑阙；六品以上立侯（堠）；七品以下（庶人同）封茔。
>
> 碑：螭首趺上高九尺；碣，圭首方趺上高四尺。

　　兽：四品以上，六；六品以上，四。[1]

　　《政和五礼新仪》首次列出"庶人丧仪"等针对平民的礼仪条文，一度在地方强制推行，因扰民太切，北宋宣和元年（1119）即下令废除。但"制礼"和推行新仪的过程，必对民间丧葬观念产生影响，唯其对不同地区的影响程度无法具体评估。

　　由于岁月迁延，墓域范围、墓园建筑、墓仪石刻多已残缺不全或荡然无存，而配合生产建设的抢救性考古发掘任务出于临时，发掘者多以掘取墓坑为务，而无暇顾及墓园遗迹，致使大量历史信息遗漏。考古遗迹和资料本身的不完整性，亦导致无法与文献做全面对应的实证研究。但考古工作者的当务之急，是尽可能完整地复原墓园制度。

一、墓园制度

　　南宋墓园的基本模式，是呈"以中轴线分布、多级台地逐级抬升、主要建筑设施位于中轴线上、墓室居于中轴线末端"的平面格局。以云和县正屏山南宋墓为例，墓葬建于山麓地带，利用山体自然走向与地势高差，将墓地修整成为二级或多级台地，墓室位于中轴线末端的最高一级台地上，其上覆以馒首状封土；墓前设有祠堂，以供奉墓主人的神位；祠堂前方，可能还有一级台地，有道路通往山下或前方（图1-20）。坟墓依山而建，朝向多不能取正，每

1.〔宋〕郑居中等撰：《政和五礼新仪》卷二十四，文渊阁四库全书本。政和三年（1113）颁布的《政和五礼新仪》，推行不久，即告中止，司马光《书仪》又过于繁复不切实用，但民间需要具有普适性的简明礼书，故后有《朱子家礼》等私家殡葬礼书的出现。

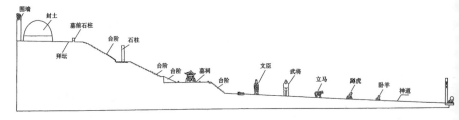

图1-20　鄞县东钱湖南宋史渐墓剖面示意图（采自浙江省文物考古研究所编著《浙江宋墓》）

随山势有所偏斜，但以偏东南方向为多见。

墓地周边，可能还有墓庐、坟庵、坟寺、坟田等设施，构成相对完整的墓园。

（1）封土

墓园的平面布局，大体呈中轴线对称分布，主要建筑设施位于中轴线上。墓室位于中轴线的末端，墓上覆以馒首状封土，封土平面多呈正圆形或3/4、1/2的圆形，如云和正屏山南宋墓；有的封土基座平面呈八边形或多边形，其上则仍为馒首状，如衢州常山赵鼎墓、金华郑刚中墓，郑刚中墓的封土围作八边形台状结构，台身作须弥座状，束腰部分以花板圈砌[1]（图1-21）。

平面呈半圆形或方形、多边形的封土，其正立面多作须弥座式样的装饰，如绍兴兰若寺南宋墓的石砌须弥座，极其精致（图1-22）[2]。个别南宋墓葬的石砌须弥座，至今仍保存在地面上[3]。

1.浙江省文物考古研究所编著：《浙江宋墓·金华南宋郑刚中墓》。

2.浙江省文物考古研究所2019年发掘资料，资料系罗汝鹏先生提供。

3.新昌宋董功健墓，封土基座作须弥座式样，"墓面石"上錾刻真书"宋故武功大夫汝州团练使董公福国夫人吴氏之墓"，落款为"宋嘉定壬午年（1222）□□□甲申重修"。董功健卒于北宋末年，然墓面书嘉定年号，盖为南宋重修之物。参见绍兴市文物管理局编：《绍兴文物志》，中华书局2006年版，第32页。

图1-21　郑刚中墓的封土基座呈八边形的须弥座样式

图1-22　绍兴兰若寺南宋墓的封土须弥座

（2）围墙

封土外围通常环绕以圆形的围墙，围墙多以石砌或砖砌。围墙与封土之间，形成一周可供人绕行的环道。《朱子家礼》卷五《墓祭》载："厥明，洒扫。主人深衣，帅执事者诣墓所，再拜，奉行茔域内外，环绕哀省三周。其有草棘，即用刀斧锄斩芟夷。洒扫讫，复位再拜。又除地于墓左，以祭后土。"所谓"奉行茔域内外，环绕哀省三周"，应该就在围绕封土的环道。

规格稍高的墓葬，在圆形围墙外，再围以一周平面呈方形的围墙，如南宋徐谓礼墓（图1-23、图1-24）。高级品官墓地，在方形围墙四角建有仿木结构的角阙，例如龙游余端礼墓、常山赵鼎墓、金华郑刚中墓、绍兴兰若寺墓等[1]（图1-25）。

图1-23　徐谓礼墓园的围墙及其他遗迹全景

1.金华郑刚中墓、常山赵鼎墓和绍兴兰若寺南宋墓的围墙四角，均有明确的角阙基址，基址附近有倒塌的砖构阙楼遗物；龙游余端礼墓地出土若干仿木构的砖质斗拱、毬纹花板等构件，亦可推知设有仿木构模型建筑，即角阙。

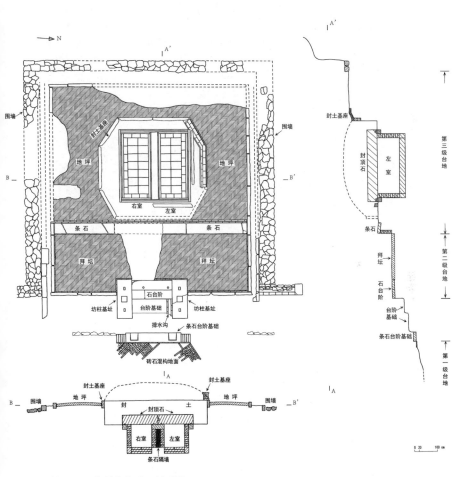

图1-24 徐谓礼墓平、剖面图

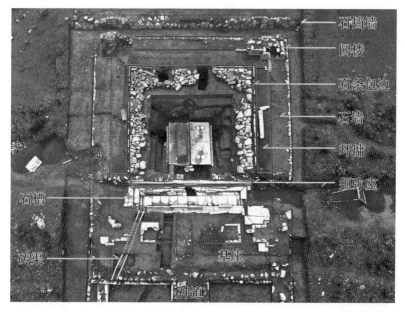

图1-25　绍兴兰若寺南宋墓围墙、墓室、墓阙（阙楼）等遗迹（浙江省文物考古研究所罗汝鹏供图）

（3）拜坛

封土正前方留有一片平坦的旷地，作为墓祭时的拜坛。明清时期的墓葬，拜坛上通常设有陈设碗碟时馔的供桌，但不知南宋是否有此制度。

比较简单的墓园，在拜坛前方就直接承以神道，通往墓地以外。但营造考究的墓葬，为造就崇高、气派的观瞻，墓地呈多级台地的形式逐级升高。墓室、拜坛居于最高一级台地上，拜坛前则设有踏道台阶，与下一级台地（坟坛）或多级台地连接，如龙游寺底袁墓地M35、云和正屏山南宋墓等（图1-26）。然后，在最低一级的坟坛前，再接以神道，通向墓地外。

图1-26 云和正屏山南宋墓全景（自东北向西南）

（4）墓祠

南宋时期，富裕平民和品官墓地，在拜坛与神道之间的坟坛上还建有祭祀建筑（墓祠）。墓祠通常为三开间或五开间的中小型建筑。有些墓祠是小型的实用建筑，如湖州南宋风车口墓地M4。有些则体量较大，是完全实用规格的建筑，例如云和正屏山南宋墓、常山赵鼎墓，都是较典型的（图1-27）。

上述配置，在南宋时期较为普及，两浙东、西路诸州府县均有墓例，等级界限也较为模糊，似乎只要丧家财力可及，无论士庶、贵贱皆可采用，犹如当时的地下墓室，无论墓室形式、随葬品丰薄，与墓主人的尊卑均无必然联系，而更多决定于丧家的财力状况。

图1-27　云和正屏山南宋墓的墓祠遗迹

（5）墓仪石刻

品官与平民墓园的区别，主要在于墓仪石刻之有无。品官墓葬神道两侧设有配伍不一、数量不等的石象生，个别勋臣更有墓阙、神道碑，如乐清南宋王十朋墓、鄞县南宋史浩墓等。神道石刻的种类与数量，是体现等级差异的重要指标，尤其是少数勋臣的御赐神道碑，非但高度有规范，连碑额赐篆的字数亦有等级意义。平民墓葬则无此类设置。

以鄞县东钱湖南宋史氏家族墓地为例，神道石刻以望柱、卧羊、蹲虎、立马、武将、文臣各一对，共六对，作为固定组合，例如史诏墓、史渐墓等（图1-28）；品阶稍低者在此组合的基础上略有减省。神道前端常设一对望柱（史简妻叶氏墓，墓道前则为石

图1-28　鄞县东钱湖南宋史诏墓道石刻（自前向后，作者拍摄）

笋），作为神道起始的标志[1]。石象生多列于神道两侧，但也有一些墓葬似乎陈列于紧靠封土前方的拜坛上，不知是否为后世移动

1.陈锽：《浙江鄞县东钱湖南宋神道石刻调查》，《南方文物》1998年第4期；陈增弼《宁波宋椅研究》，对南宋史诏墓前石刻亦有介绍，见《文物》1997年第5期；杨古城、龚国荣《南宋石雕》（宁波出版社2006年版），对东钱湖宋元石象生有较详细的记录。又，《大汉原陵秘葬经》"碑碣墓仪法篇"载："公侯卿相碑碣仪制：凡卿相墓围前街道阔五步，长三十五步。前安舍人一对（长五尺五寸），石羊一对（长四尺，高三尺），石虎一对（长四尺五寸，高三尺），石笋柱二条（长九尺，相去二步）。长生方上安碑楼一座（高六十尺，碑长一丈五尺），三代为将相者要碑楼，上五品官方得安；中五品官石羊、石虎、石笋柱各一对；下五品官与庶人同……"（转引自郭黛姮主编：《中国古代建筑史·宋、辽、金、西夏建筑》，中国建筑工业出版社2003年版，第202页）。与浙江南宋品官墓不尽吻合，但墓前"石笋柱"的设置，在浙东尚有实例，鄞县史简妻叶氏墓前有一对石笋柱，高350厘米，作竹笋模样。

使然[1]。

墓道石象生的配伍，具有等级标识意义。《宋史·凶礼三》规定，诸臣丧葬"坟所有石羊、虎、望柱各二，三品以上加石人二人"，与《天圣令·丧葬令》"三品以上六；五品以上四"的规定相同，而《政和五礼新仪》规定，"兽：四品以上，六；六品以上，四"，似较《天圣令》有所放宽，即一品至四品官员坟前石刻含望柱在内可用四对，六品以上为三对，但各种记载均未及石马，与鄞县东钱湖南宋高级品官墓前石刻普遍设有石马的配伍和数量，不尽吻合[2]。

所谓"贵得同贱，贱不得同贵"，官员自然可以从贱不用石象生，陆游说："石人、石虎之类，皆当罢之。欲识墓处，立一二石柱可也。"[3]武义明招山吕祖谦家族墓地，自资政殿学士、太中大夫、赠太保吕好问以下五六代家族成员，坟墓约百数，但明招山附近从未有过发现石象生的报道，这只能解释为南渡的东莱吕氏家族原本就未设石人、石马之属。司马光《书仪》也认为，坟碑石兽的规格和数量，各有品数，但治葬者应当深远考虑，"后世见此等物，安知其中不多藏金玉邪！是皆无益于亡者而反有害，

1.金华郑刚中墓，石虎、石羊等出土于封土上，显然经后世移动，考虑到石象生经长距离自下而上搬动的可能性并不大，推测石象生原应置于拜坛上。

2.唐宋时期的丧葬令所谓"石人、石兽"，通常指石人、石虎、石羊，但在实际的南宋品官墓地中，石马早已是标准的配置。据明洪武十九年（1386）定碑碣石兽制度，即《大明会典》卷二〇三《职官坟茔》的规定，一品、二品官是石望柱、石羊、石虎、石马、石人各二，三品官无石人，四品官是石望柱、石马、石虎各二，五品官是石望柱、石马、石羊各二，六品以下不设石象生。石马，是明代必备的配置。视此，明代品官墓仪石刻群不同于宋代之处，是在羊、虎之外，新添置了石马，而实际情况并非如此。也许可以理解为南宋行之已久的做法，至明初才以国家颁布的制度固定下来。

3.〔宋〕陆游：《放翁家训》，《全宋笔记》（第五编），大象出版社2012年版。

故令式又有'贵得同贱，贱不得同贵'之文"。总之，在现实丧葬中，石兽之有否及配伍，未必与丧家身份完全匹配。

除了通行的望柱，南宋还有神道坊。据《宋会要辑稿·礼》四〇之一三"秀安僖王园庙"，绍熙元年（1190）在湖州菁山建造的秀安僖王赵子偁墓，墓前即设"棂星门"。宋式"棂星门"，一般作两冲天柱夹持单间、无门楼的乌头门形式，如宁波东钱湖三处南宋墓道石坊、宁波北仑胡氏墓园坊、乐清柳市南宋赵氏南平公神道门坊，均近似乌头门造型。胡氏墓园坊的下枋背面刻出类似《营造法式》中的"伏兔"，说明曾设置木门[1]。武义徐谓礼墓，拜坛前方的墓坊基址，安插木门的迹象，仍可辨别。

（6）神道、墓前桥及其他

个别墓园的神道迂回且长，神道上还建有跨越河溪的石桥，民间称"墓前桥"或"接魂桥"，如鄞县、宁海尚存5座南宋墓前石桥[2]。

南宋晚期个别品官墓园，可能已有在神道前方凿取半圆形池塘

1.黄培量：《浙江木牌楼式建筑研究》，浙江古籍出版社2019年版，第2页。但鄞县五乡镇横省村石牌坊及东钱湖镇韩岭村庙沟后石牌坊，都是典型仿木构门楼样式的墓坊，呈"单间单楼"式样，屋面为单檐歇山顶，其年代可能较"单间无楼式"的乌头门略晚。有学者认为，横省牌坊"不晚于南宋晚期"，庙沟后牌坊"约建于南宋至元朝时期"，参见宁波市文物保护管理所：《横省村石牌坊调查》，《真如集：浙江考古学会学术论文集》，西泠印社出版社2002年版；杨新平：《宁波东钱湖庙沟后牌坊探讨》，《建筑史》2003年第1辑。

2.见杨古城、龚国荣：《南宋石雕》，宁波出版社2006年版，第132—135页。按，南宋有墓前桥的建筑类型，并无可疑，但此5座石桥是否均早至南宋，似待甄别。史弥远墓前的石拱桥，桥面宽6米，桥拱跨水为2米，桥面上有覆莲柱头的石栏柱，谢国旗、麻承照《东钱湖石刻》（中国文联出版社2003年版，第76页）认为是南宋原构。

的做法，以人为营造出完美的风水形势[1]。

又，高等级品官坟墓，通常择址于寺院附近，并由朝廷赐额，作为墓主人的功德坟寺，为其荐享亡魂，为先人作功德邀福。石象森严、丰碑巨制、功德坟寺是身份象征，于民间关防甚严，理论上，为平民所不可僭越。

要之，南宋墓园的主要设置，大致贯穿在中轴线上。自后而前，依次为围墙—角阙—封土—封土的须弥座—拜坛（以上构成最高的第一台地）—台阶—坟坛—墓祠（以上构成第二台地）—神道—石象生（含神道碑）—望柱或墓坊（以上构成第三台地）—神道（墓前桥）。最后，沿神道离开墓地。

前述为南宋墓园之基本要素，为避免叙述枝蔓，并作了适当归纳，现实状况可能较此复杂，不同墓葬的墓园局部容有损益。大致以宋光宗朝为界，南宋后期墓园制度已趋于高度成熟、定型，且不分士庶贵贱采用，士庶的差别主要在于墓仪碑碣之有无。

南宋时期贵族臣僚墓地有建置寺院即坟寺的习俗，功德坟寺是当时佛寺的重要类型，富室大户的墓地则有设置坟庵以供僧人居住

1.2007 年，临安市锦城街道潘山村八百里自然村发掘南宋晚期墓葬，为双穴石椁石板顶墓，营造考究，但墓园毁坏殆尽，唯神道上残留羊、文官石象各一，神道前方挖有近似半圆形的池塘；2016 年，浙江省文物考古研究所发掘长兴韩杙墓，韩杙为韩世忠孙、韩彦直子，墓地规模极大，与风车口墓地做法类似，系填平山谷而成，神道前方亦开凿有半圆形水池。墓前设半月形风水池，是浙江明清墓的惯常做法，实例甚多，如安吉鄣吴明代吴氏家族墓、景宁渤海镇渤海村明代陈坦庵墓、庆元松源镇大济村明代吴氏祖茔等。清代以来的温州椅子坟，坟前也常凿有半月形水池。果如是，墓前人为凿取半月形池塘的做法，可能源于南宋后期。

守墓、荐享亡魂的习俗[1]。明招山吕祖谦家族墓地，以附近明招寺为功德坟寺。明招寺为东晋古刹，五代吴越国时期，臻于鼎盛，绍兴二十三年（1153）吕好问自桂林迁葬于此，后来，吕好问之子吕用中奏请将惠安禅院（俗称明招寺）作为其功德坟寺[2]。

功德坟寺以朝廷颁赐寺庙、道观给国戚勋臣作为祭祀祖先场所的形式，承认其家族在国家恤典中的地位，具有凝聚宗族的意义。正如王柏所说："臣闻人臣之事君，功在社稷，德在生民，死之日，国有彝典哀恤之，有赙，有吊，有祭，有谥，有辍朝之礼、护葬之官，有绋披铎翣之行列，有明器范器之名数，有崇甃丰碑之式，有石兽翁仲之卫，又即其梵宇晨昏香火，以奉其神灵之游息，皆所以旌表其功德也。而寺独以功德名，所以示世世子孙无穷之思。"[3]

湖州武康禹山杨存中家族墓，俗称"杨坟"，墓地东侧建资福禅院为功德坟寺，内置家祠；西侧另建升元报德观，"始有肖像之地，退食之堂"。功德坟寺之外，又有功德道观，可见勋臣墓园规格之高[4]。

宋代高级官员在墓地设立功德坟寺，中下层官员和平民则设置

1.《佛祖统纪》卷四八："淳祐十年（1250）三月，臣僚上言：'国家优礼元勋大臣近贵戚里，听陈乞守坟寺额，盖谓自造屋宇，自治田产，欲以资荐祖父，因与之额。……凡勋臣戚里有功德院，止是赐额除免科敷之类，听从本家请僧住持，初非以国家有额寺院为之……'"此虽为宋理宗时事，亦为南宋一代功德坟寺情形；《嘉泰吴兴志》卷十二载，秀王赵子偁及嗣秀王赵伯圭墓，俱在湖州菁山，以附近普明禅寺为坟寺。

2.《宋会要辑稿》道释二："（婺州惠安禅院）绍兴三十一年正月二十二日，右朝奉大夫、直秘阁、主管台州崇道观吕用中言：父好问昨为尚书右丞、除资政殿大学士，累赠太师，今葬婺州武义县惠安院之侧，乞充功德院，赐为额。"

3.王柏：《鲁斋集》卷十一《跋勋额代明招作》，文渊阁四库全书本。

4.刘未：《鸡冠壶：历史考古札记》，上海古籍出版社2019年版，第213页。

坟庵。元代已无设置功德坟寺的制度，但坟庵却愈见普遍。子孙祭祀祖先，则在寺庵、道观的建筑内，也可以在寺观旁另建祠堂。祭祀的对象虽以墓主人为主，但也常兼及历代先祖[1]。

南宋的墓祭至少可分坟寺、坟庵、墓祠、拜坛四个层次。拜坛举行"墓有展亲"的展省式墓祭；墓祠举行亲人的祠堂祭祖；坟寺、坟庵祭祀由僧、道主之，兼有祭祖和荐福亡灵的宗教意涵，在贵族大家的墓祭活动中可能占据中心地位。四者在性质上有交叉，但不等同。多层次的墓祭在许多墓地中重叠设置，加上居住聚落中可能存在的祠堂、影堂祭祀，如此加重礼数，以迎合孝子"倍崇其亲"的心理，强调墓祭的收族功效。墓地是宗族祭祀的活动中心，这正是南宋墓葬的重要特征。

二、墓阙

常山赵鼎墓、金华郑刚中墓、绍兴兰若寺南宋墓，其封土左、右、后三方，缭以方形围墙，在考古发掘中，围墙四角见有清晰的角阙基址，周边散落有砖质斗拱、瓦当等构件，值得关注。

以郑刚中墓为例，围墙四角的墓阙基址，平面呈方形，除西北角阙（四号阙）外，其余三个均仅剩痕迹，四号阙基址系砖石结构，方形，边长180厘米，其余三个角阙尺度近似（图1-29）。墓地内还发现一块方形的建筑块体，砖砌，并粘接有枓拱等仿木构件，系坍塌的阙体残件。

常山县何家乡赵鼎墓，围墙四角有对称设置的阙楼，方形基址

1.梁庚尧：《中国社会史》第十八讲《新家族制的形成与发展》，东方出版中心2016年版，第266页。

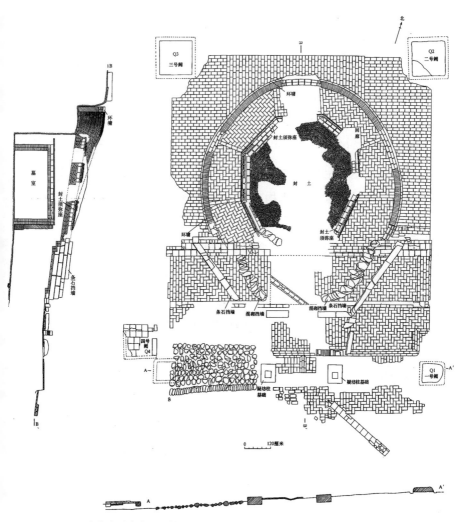

图1-29 金华郑刚中墓平、剖面图

周边伴出有大量筒瓦、板瓦、脊兽、斗拱等构件。绍兴兰若寺南宋墓，亦有类似的墓阙，方形围墙（环壕）四隅以条石构筑出阙基址，根据出土的砖瓦和斗拱构件，其砖构歇山顶形式的楼阙尚可复原[1]（图1-30）。

据基址与建筑构件的规格尺度可知，二者均为模型性质的建筑小品。

角阙，是成对、实心、体量较小的仿木结构模型建筑物，对称置于方形围墙的四角。其实，鄞县东钱湖的南宋高级品官墓地，亦普遍有此建筑小品的设置，唯形式与赵鼎墓、郑刚中墓稍有区别，多为体量较小的石质仿木构建筑，由屋顶、屋身、台基座三部分组成。

宁波文物工作者习称这类石质模型建筑为"享亭"。据称，"享亭是成双设置，有两座或四座不等。设两座的一般放在墓前两侧，或墓中两侧，或墓后两侧等三种形式。设四座的多放在墓四角之侧、墓前两侧和墓中两侧、墓中两侧和墓后两侧等三种形式"[2]。显然，此处所谓享亭的性质与角阙相同，均为对称置于围墙角隅的模型建筑。

这类石享亭多已坍塌，且失原位，但仍有大量构件存世。试举几例：鄞县东钱湖史弥远墓石享亭，歇山顶式样；东吴镇世忠寺呑史弥坚、史定之墓石享亭，仿木构窗棂高1米，宽0.8米，正脊吻兽高0.7米；横溪镇大呑村传郑清之墓，石享亭的龟背纹格子门构

<hr>

1.2019年浙江省文物考古研究所发掘资料。
2.麻承照、谢国旗：《东钱湖石刻》，中国文联出版社2003年版，第5、53页。宝华寺后山墓、史弥远墓前均有雕琢精细、歇山顶式样、四柱三间的享亭建筑小品。

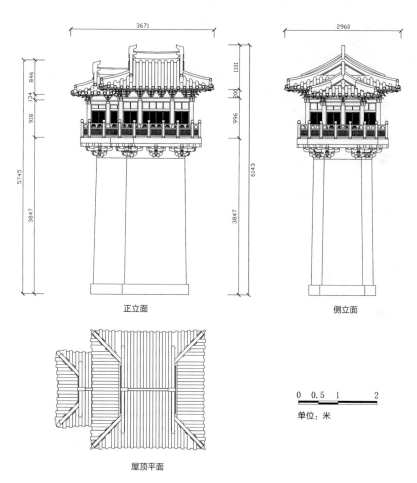

正立面

侧立面

屋顶平面

0 0.5 1 2
单位：米

图 1-30 绍兴兰若寺南宋墓的墓阙复原图（据北京大学考古文博学院李松阳博士研究复原）

图1-31 传郑清之墓前的"妇人启门"角阙构件
（采自杨古城、龚国荣《南宋石雕》）

件残高约1.2米，更见有"妇人启门"题材（图1-31）；慈溪市观海卫镇袁韶墓的石享亭残件，瓦当直径仅5厘米，可证是模型建筑；三门县游海镇蒋家村叶梦鼎墓，出土的石享亭额枋、格子门、窗扇计有8件[1]。

龙游灵山余端礼墓、长兴泗安镇云峰村韩杕墓、湖州风车口南宋墓，受限于发掘条件或保存状况，未见角阙基址，但墓地中出土数量不等的斗拱、瓦兽、花板砖构件，亦可确定其曾设有角阙。

以上所例，均为高品级官员墓地，绝不见平民墓设立角阙的墓例。可知角阙的配置是高等级品官大墓的特权，犹如石象生和神道碑。

《天圣令·丧葬令》载："诸墓域门及四隅，三品以上筑阙，五

1.杨古城、龚国荣：《南宋石雕》，宁波出版社2006年版，第31、44、67、122、123、127页。

品以上立土堠，余皆封茔而已。"[1]前引《政和五礼新仪》："墓域门及四隅：四品以上筑阙；六品以上立侯（堠）；七品以下（庶人同）封茔。"制度虽较前略有放宽，但墓阙作为三品（或四品）以上高级品官配置的属性，并未改变。墓域四隅所筑的墓阙，亦称阙角或角阙。

唐宋时期，中原地区或其他区域割据政权的高等级墓地，常配置有"山门阙角"，广州南汉刘䶮康陵，陵台、地宫规模虽不及南唐二陵，但陵园布局完整，其四隅设有双角阙，四个角阙之间以围墙相连，形成陵垣[2]。北宋皇陵的上宫亦设角阙，绍兴九年（1139）郑刚中《西征道里记》记其过永安诸陵时所见："（宋仁宗）昭陵因平冈，种柏成道，道旁不垣，而周以枳橘。陵四面阙角，楼观虽存，颠毁亦半。随阙角为神门南向，门内列石羊马驼象之类。"帝王陵园、中原大墓的山门阙角，均为实用尺度的建筑，而江南坟墓建于山地，为适应崎岖、破碎的地形，故以砖石微缩模型替代土木建筑实体，并作为墓主人显赫身份之象征[3]。

南宋以降，墓地四隅的模型角阙消亡，后人多不晓其义。宁波文物工作者称之为"享亭"，则不妥当。以"享"为名，就应该是实用的祭祀建筑。但此类实心的砖砌或石质模型建筑，只是象征物，并无实用性。"享亭"之名，多见于宋元文献，指墓前供奉墓主人的享堂（墓祠）。试举一例，南宋绍定四年（1231），朝奉大夫

1.天一阁博物馆、中国社会科学院历史研究所天圣令整理课题组校证：《天一阁藏明钞本天圣令校证》，中华书局2006年版，第356页。

2.广州市文物考古研究所：《广州南汉德陵、康陵发掘简报》，《文物》2006年第7期。

3.刘未：《鸡冠壶：历史考古札记》，上海古籍出版社2019年版，第192页。

前通判建康军府汪阐中（鄞县人）为妻魏氏改葬，并新撰墓志，"旧有志铭小石，柙于享亭壁间，今略加宷定，改而纳诸圹"。魏氏初葬于庆元二年（1196），墓前筑有享亭，并内置志石于"享亭壁间"，可见享亭是有内部空间的实用建筑，即享堂[1]。

宋代文献，对阙的称呼颇不统一，孟元老《东京梦华录》称呼汴京大内正门宣德楼突出门外两侧的阙为朵楼或曲尺朵楼，朵楼即阙之俗称[2]。至于明清时期，名实分离的现象更加严重。民间对此类模型建筑似有约定俗成的称呼——五凤楼。郑刚中墓之角阙，当地俗称五凤楼，民国《金华郑氏宗谱》所绘坟图，即有阙式建筑，甚至郑刚中葬地也以五凤楼为自然地名。三门县宋元之交叶梦鼎墓的角阙，当地也称五凤楼。南宋理宗朝官至相位的杜范，墓在台州黄岩清化乡黄杜岭，明初人如是描述其形制："即其山为造五凤楼及封圹、坛陛、翁仲、祠宇、象设之物，莫不具备，仍以境内鸿福寺为香灯院，俾供洒扫。神道有碑，祭祀有田，燕享以时若是，先朝加殊礼于丞相者，可谓至矣。"[3]文中将五凤楼、封圹、祠宇（墓祠）、石象生、神道碑、功德坟寺并列，且将五凤楼与封圹连属，若理解无误，五凤楼当指封土围墙四隅之角阙，盖民间称此类歇山顶的模型楼阁为五凤楼，由来已久。

1.《宜人魏氏（静端）墓志铭》，章国庆编著：《天一阁明州碑林集录》，上海古籍出版社 2008 年版。

2.傅熹年：《山西省繁峙县岩山寺南殿金代壁画所绘建筑的初步分析》，《傅熹年论文选》，中华书局 2020 年版，第 156 页。

3.〔明〕黄中德：《重建清献公（杜范）祠堂记》，〔明〕谢铎辑：《赤城后集》卷五，徐三见点校，中国文史出版社 2007 年版。

三、墓祠

南宋品官及富裕平民的坟墓前通常建有祭祀建筑，即今人所谓"享堂"者。享堂，即墓前的祠堂，简称墓祠。经考古调查、发掘所见，其例甚多：

鄞县东钱湖南宋史弥远墓，墓前享殿（墓祠）为五开间建筑，后通墓室，面阔18米、进深10米，明间内原置有史弥远塑像。鄞县东钱湖南宋史守之墓，墓地呈五级台地形式，第三级台地内有享殿（墓祠）基址，平面布局呈"回"字形，并见有柱底石及勾栏残件[1]。

丽水县南宋嘉定十六年（1223）何澹墓，封土前端建有祭堂，即墓祠[2]。

龙游县高仙塘M2（徐季陞墓），自后而前由围墙、单墓室、拜坛、台阶、墓祠等组成，墓祠三间，后壁开敞，通进深4.8米、通面阔8.22米，遗址内出土有筒瓦，墓祠后方以台阶与拜坛连接[3]（图1-32、图1-33、图1-34）。

湖州风车口南宋墓地M4，墓室为长方形竖穴土坑。墓祠基址面阔三间，通面阔8.2米、进深3米。明间正面设门，据门砧遗迹，判断门宽约3米，推测是三面板壁、后壁开敞的建筑，穿越明间可直抵坟前。云和正屏山南宋墓，墓祠基址位于墓园的第三级台地，为带回廊的五开间建筑，通面阔16.4米、进深7.8米。地袱上无夯

1.麻承照、谢国旗：《东钱湖石刻》，中国文联出版社2003年版，第123、131页。

2.浙江省文物考古研究所编：《瓯江水库文物工作报告之二·丽水古墓发掘报告》，《浙江省文物考古研究所学刊（第七辑）》，杭州出版社2005年版。

3.朱土生：《龙游高仙塘两座宋墓发掘简报》，《东方博物（第五十一辑）》。该墓出土圹志，文字多漶，仅知墓主人为徐季陞，简报推测为南宋早期墓葬。

图1-32 龙游高仙塘M2(徐季陛墓)全景（自后向前）

土或砖砌迹象，推测原为板壁。基址内出土板瓦、筒瓦、重唇板瓦、瓦当、脊兽等，陶瓷器有碗、建盏、炉、韩瓶、擂钵等，应为墓祠遗物[1]。

　　绍兴兰若寺南宋墓，墓前则有大型院落式建筑，主殿为七开间的建筑。常山赵鼎墓，墓祠以条石包砌台基，以青砖铺砌地面，面阔三间，据出土瓦件的规格，推测为《营造法式》七等、八等材之小型厅堂，南宋的砖砌地坪上，叠压着一层鹅卵石地面，应为明代重修的遗迹[2]。

1.云和正屏山、湖州风车口南宋墓俱见浙江省文物考古研究所编著《浙江宋墓》一书。
2.浙江省文物考古研究所、北京大学考古文博学院等：《常山赵鼎墓区遗址数字测绘、初步复原图集》（内部资料）。

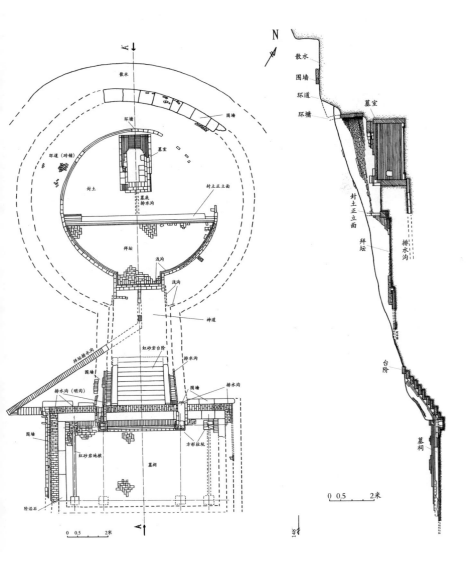

图1-33 龙游县高仙塘M2(徐季陛墓)墓祠及墓园平面图（左）

图1-34 龙游县高仙塘M2（徐季陛墓）剖面图（右）

据以上墓祠实例可知：

一、墓祠位于封土前方。规模较大、呈多级台地形式的墓地，墓祠位于拜坛之前的下级台地上；相对简单的墓地，墓祠居于封土前的拜坛上。

二、墓祠体量大小，殊无一定，多为三开间或五开间的建筑，兰若寺南宋墓则为七开间。风车口墓地M4墓祠是小型的实用建筑；云和正屏山墓祠则体量较大，基址内伴出筒瓦、重唇板瓦、瓦当等物，堪称厅堂；绍兴兰若寺南宋墓，则犹如大型院落。

三、墓祠的建筑样式，亦无一定。云和正屏山南宋墓祠为带回廊的四壁封闭建筑，上坟时需绕过墓祠；徐季陛、赵鼎墓祠可能是后壁开敞的廊屋式建筑，穿越墓祠可直抵坟前。

四、墓祠广泛分布于两浙东、西路各地；赵鼎、史弥远、何澹、绍兴兰若寺墓主人为勋臣显宦，但龙游徐季陛墓主人则可能是低级官员或富裕平民。墓祠之有无，与士庶、贵贱的身份无必然联系，主要决定因素是丧家的财富状况和对待丧葬的态度。

墓祠是南宋普遍流行的墓葬制度。今日实例不多，是地表建筑难以长久保存、考古工作较少的缘故。

一种普遍的文化现象，必然会反映在同期文献中。需注意者，有关墓祠的记载，多数保存在南方（约今浙江、苏南、闽北、江西、皖南地区）文人的文集、笔记中。两浙东、西路及其邻近地区是墓祠的流行区域，这也是南宋政治、经济、文化的中心地区[1]。

1.明代墓祠祭祖习俗较宋元时期远为衰落，但明代墓祠仍多集中在南方地区，尤以浙江、安徽、江苏为多，可见该地区较有墓祠祭祖的传统。参见常建华：《明代墓祠祭祖述论》，《天津师范大学学报》2003年第4期。

墓祠在宋元文献中多称为"墓亭""享亭",有时也称为"庙祠""庙""祠宇",或径称为"堂"或"祠堂"。

墓祠渊源于悠久的墓祭传统[1],至晚于北宋中晚期,已在江南流行。山阴人陆佃《永慕亭记》载,熙宁三年(1070)陈泽民葬其亲,"而屋其墓之南向,以致孝飨,而命之曰'永慕之亭'"[2]。

温州永嘉县吴辉妻祝氏,卒于大观四年(1110)闰八月,本拟"祔葬于永嘉县吹台乡洋奥原处士(吴辉)之茔,阴阳家极言不利启圹,乃举柩权殡于墓侧之享亭,以示从夫之义,是礼也",至政和三年(1113)十二月才正式入土。[3]

入南宋后,墓亭(祠堂)更加盛行。胡寅《陈氏永慕亭记》称,陈氏墓地"亭隧前,为春秋祭祀之所,名之曰'永慕'",并说殷实之家有父祖辈去世,若不建墓亭,其"子孙赧赧然歉,人亦号之曰不孝"[4]。墓亭沿袭成风,并得到部分理学家的推许。宋元之交的袁桷《孝思亭记》,记载三山(今福州)吴明之"筑亭于阳冈大父之墓侧,名之曰'孝思'",并称"是墓有祭矣,祭而不屋,

---

1.祠堂,又称祠庙或冢舍,供祭祀之所,其渊源或可上溯至商代的墓上建筑物(享堂),如安阳大司空村的三座殷墓和妇好墓,均有享堂遗址。此后,河南辉县固围村的战国魏墓及河北平山的中山王墓,也都发现享堂建筑。墓前建祠堂,始于西汉,如西汉中期的满城中山靖王刘胜墓,附近残留汉瓦,当为祠庙一类建筑。东汉宗室王侯的祠堂称庙或祠庙,东汉祠堂多用石料建成,壁间多画像,如山东长清孝堂山石祠和嘉祥县武氏祠有墓前石祠,为学界周知;吴越国王钱元瓘墓,墓前亦设享堂建筑。但无法确认汉唐时期的墓前祠堂与南宋墓祠有无渊源关联。

2.〔宋〕陆佃:《陶山集》卷十一《永慕亭记》,文渊阁四库全书本。

3.伍显军:《温州北宋吴辉夫妇合葬壁画墓》,该文附有《宋故祝夫人墓志铭》录文,见温州博物馆编:《温州文物》(第八辑),浙江古籍出版社2013年版。

4.〔宋〕胡寅:《斐然集》卷二十《陈氏永慕亭记》。

失祭之礼矣"[1]。

墓亭的普遍设置，甚至已成为上坟主要的检视对象，吕祖谦《家范一·祭祀》"省坟"条："用寒食，十月旦，检校墙围、享亭，如有损阙，随事修整。"[2]

上述"屋其墓之南向""亭隧前"或"筑亭于墓侧"的墓亭，正是考古揭示的墓祠。据北宋宣和二年（1120）李纲《邓氏新坟庵堂名序》，邓肃安葬其父后，"即新阡建堂，以奉祭祝之事，结庵以修香火之缘"，名其祠堂曰"思远堂"，名其坟庵曰"显亲庵"；同年，李纲撰《邓公新坟庵堂名序》就邓南公坟墓说："有堂，直墓下，以奉荐享；有庵，居墓傍，以修佛事。宏壮严洁，足以昭孝思而垂久远"，邓南公的墓前祠堂取名为"永慕堂"，墓庵取名为"报德庵"[3]。元初吴澄《灵杰祠堂记》曰："构堂墓侧，为岁时展墓奉祠之所。"[4]

顾名思义，墓祠以"永慕亭""孝思亭""思终亭""思远堂""永慕堂"等为名，体现了儒家丧礼的核心价值——孝。

墓亭为"春秋祭祀之所"，"以备岁时拜扫陈荐于其下"，是典型的墓前祭祀建筑，但可使"守冢之家居之"，兼具庐墓的性质[5]。

有些墓祠，其内供奉墓主人的神位或其塑像、绘像以祀之，具有明确的祠堂性质。范成大《骖鸾录》载："（乾道壬辰十二月二

1.〔宋〕袁桷：《清容居士集》卷二十《孝思亭记》。

2.《吕祖谦全集》第一册《东莱吕太史别集·家范一·祭祀·省坟》，浙江古籍出版社2008年版。

3.二文俱见李纲：《梁溪集》卷一三五。

4.〔元〕吴澄：《吴文正集》卷四六。

5.〔宋〕李吕：《澹轩集》卷六《孝友亭记》。

十二日）泊舟左顾亭。……德清古物，余不知他。今孔侯墓、庙在
焉。庙居墓前，与其夫人像皆盘膝坐，盖是几席未废时所作。""孔
侯"即晋人孔愉，该墓是湖州德清县治附近的著名古迹[1]。"庙居墓
前"，其内供奉墓主人塑像，庙正是墓前的祭祀建筑。

绍兴府嵊县（今嵊州市）戴颙墓，"绍兴六年，宰范仲将为作
享堂于墓下，堂今不存。……嘉定八年，令史安之重建墓亭，以修
时祀，及于亭左右绘刿中先贤像"[2]。戴颙墓也是当地先贤的纪念
性墓葬，墓亭内图绘墓主人、乡贤像以祀之。

作为古迹的墓祠，内置塑像或绘像。现实丧葬中的墓祠，亦
当如此，前揭史弥远墓祠内的塑像，即其例。墓祠内供奉墓主人
神位，理应较供奉塑像、绘像更加普遍。试举二例，湖州乌程县
秀安僖王赵子偁墓园之庙，即供奉赵子偁夫妇神主之所[3]；嘉泰
四年（1204），鄞县楼钥为考妣墓地修建坟庵（长汀庵），曾暂时
"奉祖考神主于享亭，庶免斤斧工役惊动神灵，俟新庵之成，复
还庙室"[4]。像楼钥这样的显宦豪族，享亭之外又有坟庵，若坟
庵内设有祠堂，神主自然也该供奉在坟庵内。而一般人家并无能
力创建坟庵，神主则供奉在墓侧的享亭（墓祠）中。

1.〔宋〕范成大：《范成大笔记六种·骖鸾录》，中华书局2002年版；〔宋〕谈钥：《嘉泰
吴兴志》（中国方志丛书，（台湾）成文出版社有限公司印行）卷十二"古迹"载，"骠
骑将军馀不亭侯孔愉墓，在德清县西南城山下"。
2.〔宋〕高似孙撰：《刿录》卷四戴颙墓，中国方志丛书。
3.《宋会要辑稿》礼四○之一三至一四"秀安僖王园庙"。
4.〔宋〕楼钥：《攻媿集》卷八十二《移长汀庵祭告祝文》，四部丛刊初编本。

除此，墓祠内还陈列有墓主人的各类传记碑志[1]。

墓祠供奉墓主人神位或肖像，内置传记碑志，显然属于祠堂祭祖的范畴。与一般时节至墓下的洒扫、上香、烧纸、祭后土、省视墓园等展省式墓祭不同。

四、多层次的墓祭

展省式墓祭，即展墓，常见的有元日之上冢、寒食之墓祭、冬至之序拜等，这是寻常的墓祭形式。《淳熙三山志》记载福州寒食墓祭习俗："士庶不合庙祭，宜许上墓，自唐明皇始。……州人，寒食春祀，必拜坟下。富室大姓有赡茔田产，祭毕，合族多至数百人，少数十人，因是燕集，序列款昵，尊祖睦族之道也。"[2]一般士庶人家未有家庙，故以墓祭代替庙祭。上墓之风，盛行各地，人们认可其为"尊祖睦族之道"。

上墓具有现实合理性，朱熹认为"墓祭非古礼，亦无大害"[3]，"墓祭不可考，先儒说恐是祭土神。但今俗行拜扫之礼，

1.庆元二年（1196），朝奉大夫前通判建康军府汪阐中妻魏氏墓前筑有享亭，"旧有志铭小石，椡于享亭壁间"，见《宜人魏氏（静端）墓志铭》，章国庆编著：《天一阁明州碑林集录》，上海古籍出版社2008年版；元代同知东川路总管府事孙侯，"家富而身贵，年七十一而终"，由姚端夫铭其墓，冯子振表其墓，吴澄又撰"墓隧之碑"，墓所"立屋于墓近，以诸人所撰碑志等文，刻石置于其间，扁之曰'致存之亭'"，见吴澄《吴文正集》卷四十三《致存亭记》；余姚梁弄咸淳五年（1269）孙子秀墓，今尚存文武石象生各一对、石羊一、石马一，墓地原有石桥、牌坊、石享亭及围护石墙，由杨栋撰、王爆书、叶梦鼎篆额《宋故知府安抚显谟国史大卿朝议孙公（子秀）墓志铭》碑，原立于享亭内，约2米高。见章国庆编著：《宁波历代碑碣墓志汇编》，上海古籍出版社2012年版，第316页。

2.〔宋〕梁克家：《淳熙三山志》卷四十《土俗类二·岁时》。

3.《朱子语类》卷九十《礼七·祭》。

其来已久，似不可废。又坟墓非如古人之族葬，若只一处，合为一分而遥祭之，亦似未便。此等不若随俗各祭之为便也"[1]。后代主张墓祭的学者，多从朱熹之说，如明代丘濬《大学衍义补》卷五二《家乡之礼》认为，墓祭虽非古礼，但"可谓顺人之情，得礼之意"，体现了理学家对展墓的务实态度[2]。明代中后期以降，人们对人、神、鬼三者关系的认识更加现实，以为人工制造的木主神位不如藏有先人遗骸的坟墓真切，在礼仪的名义上，庙祭位居墓祭之上，但在普通民众的实际生活中，墓祭的重要性或已超过祠堂[3]。

程颐曰："葬只是藏体魄，而神则必归于庙。既葬则设木主，既除几筵则木主安于庙。故古人专精于庙。"[4]传统主张"古不墓祭"，是因为儒家经典认为坟墓只是埋藏尸骸的所在，而先人的灵魂依附于神主之上。合适的祭祀对象是灵魂所附的神主，神主藏于宗庙，故须庙祭，而非墓祭。墓地只有"展亲"，而无祭祀。

何谓展亲？《礼记·檀弓下》载颜子曰："吾闻之也，去国则哭于墓而后行，反其国，不哭，展墓而入。"东汉郑玄注："展，省视之。"易言之，只能在墓前开敞的旷地上举行展省式的上坟活动，而不能屋祭，即起屋祭祀。

但实际中，民间又普遍认为墓地乃"鬼神所在，祭祀之处"，

1.〔宋〕朱熹：《晦庵集》卷六二《答王晋辅》。

2.〔日〕近藤一成：《读王安石所撰墓志——地域、人脉、党争》，《中外论坛》2020年第1期。

3.刘毅《明代帝王陵墓制度研究》（人民出版社2006年版，第495页）认为，在明代礼制的运行中，陵祭的地位越来越高，实际地位超越宗庙，这是明代陵墓制度发展的重要特征。

4.〔宋〕程颐：《程氏遗书》卷一八。

在室内空间的墓祭活动，自古不绝，越往后世，墓祭的地位越重要，甚至超越祠庙[1]。

元初大儒吴澄曰："近世人臣之家，非有旨不得立庙，祠于家者，止曰祠堂；或屋于墓所，而名亦祠堂。非也，盖墓有展亲而无祭祀。亭者，停也，展省之时憩息于此，名之曰亭为宜，而亦以寓孝子事亡如存之意。"[2]传统儒生认为"墓有展亲，而无祭祀"，祭祀死者的恰当场所不在墓地，而在于家庙。《朱子家礼》云："古之庙制不见于经，且今士庶人之贱，亦有所不得为者，故特以祠堂名之，而其制度亦多用俗礼。"[3]家庙是少数高级官僚的特权，一般士庶人家祭祖的家庙遂被婉转称为祠堂。而墓所建筑本来只是上坟时的憩息之所，应该称为"墓亭"，而非"祠堂"。但世俗认为墓亭的实际功能就是祠堂。所以，家庙、墓亭的性质都是祠堂，墓亭即建于墓所的祠堂，并兼具庐墓功能，只是又被策略性地婉转改称为"亭"而已。

事实上，墓祠祭祖的收族功效，深得宋元时期部分民众和士人的心意，元人虞集认为，"盖深有维持族姓之意焉，后之君子苟以义起礼，则墓亭之设，固在所不废也"[4]。

1.杨逸：《情理之辨——论宋代家礼中的墓祭》，《中国文化研究》2020年第2期；魏镇：《礼俗之间："古不墓祭"研究反思》，《民俗研究》2019年第4期。按，自东汉蔡邕提出"古不墓祭"说以来，历代儒生聚讼不已，但一般认为墓祭在春秋战国时期已经实际存在。杨宽先生认为，春秋战国推行墓祭以来，至东汉更加流行，王充《论衡》说"古礼庙祭，今俗墓祀"，人们认为墓葬也是死者的灵魂居住之所，"墓者，鬼神所在，祭祀之处"，可见墓祭实际上在民间广泛流行。参见杨宽：《中国古代陵寝制度史》，上海人民出版社2008年版，第40页。

2.〔元〕吴澄：《吴文正集》卷四三《致存亭记》。

3.《朱子家礼》卷一《通礼·祠堂》。

4.〔元〕虞集：《道园学古录》卷七《孝思亭记》。

用于民间祭祖的墓祠，与公卿大墓的功德坟寺、富民的功德坟庵，性质有别，不可混同。宋人指占墓地附近的既有寺院，寺院一经权贵指占，就由佛家寺院变为私家的坟寺，寺院的兴衰受到权贵家族兴衰的直接影响[1]，或新建寺院并由朝廷赐额的功德坟寺（如史弥远在大慈山的七座坟寺、坟观均为新建）。至于功德坟庵，通常是富民为守墓僧侣建造，以负责墓祭和守护等管理事务，前辈学者对此已有较充分的研究[2]。宋元鼎革后，随着旧时公卿大家的普遍衰落，功德坟寺传统遭到破坏。例如，黄岩杜范墓地，竟然遭其功德坟寺鸿福寺的侵占；徽州歙县潜口汪氏家族的功德坟寺金紫院，入元后，楼宇毁圮，由原先汪氏专享的功德寺，转变为至多只是接受汪氏附祭的独立寺院[3]。

南宋末舒岳祥说"古不墓祭，故庵庐之制未之闻也。后世以庐墓为孝，于隧外作飨亭，为岁时拜扫一席地。其后有力者又为庵于飨亭之左边，使僧徒守之，以供焚修洒扫之役。又其后，仕宦至将

1.魏峰：《从坟寺看迁徙官僚家族与地方社会》，何忠礼主编：《南宋史及南宋都城临安研究（下）》，人民出版社2009年版。贺允中绍兴二十九年（1159）任参知政事，定居临海，上书尚省，请以临海资院为坟寺，并称"寺内不许人权殡安葬，及不许官员、诸色人影占，依例免州、县非时诸班科率、差使"，这无疑改变了寺院旧有的公共宗教功能，寺院俨然已为丧家的私产。

2.黄敏枝：《宋代的功德坟寺》，《宋史研究集》第20辑，台北"国立"编译馆1990年版；黄敏枝：《南宋四明史氏家族与佛教的关系》，漆侠主编：《宋史研究论文集》，河北大学出版社2002年版。该文列有史氏家族的功德坟寺、功德坟观简表。

3.〔明〕黄中德：《重建清献公（杜范）祠堂记》，〔明〕谢铎：《赤城后集》卷五。按，杜范墓址和鸿福寺在台州黄岩区宁溪镇牌门村，空间关系尚清晰；章毅：《理学、士绅和宗族：宋明时期徽州的文化与社会》（增订版），浙江大学出版社2017年版，第117页。

相勋阀在宗社者，得请赐寺院为灯香之奉，其事侈矣"[1]，对墓庐、享亭（飨亭、墓祠）、士庶坟庵、勋臣功德坟寺（香灯院）作了清晰的层次区分。墓祠介于墓庐和坟庵之间，相对于坟庵、坟寺而言，普及程度更高。

台州黄岩南宋杜范墓，"即其山为造五凤楼及封圹、坛陛、翁仲、祠宇、象设之物，莫不具备，仍以境内鸿福寺为香灯院，俾供洒扫"。入元后，杜家破落，坟茔衰败，而其功德坟寺鸿福寺日益兴旺，竟将墓地、祠宇占为寺产，引起杜氏后裔对鸿福寺僧人的诉讼。由此可证墓地内的祠宇（墓祠）与墓地附近的坟寺（香灯院）绝不等同。

在形而下的层面，墓祠、坟庵、坟寺之间具有明晰的区分：其一，在时人的称谓上，坟寺是朝廷敕赐勋臣显宦的寺院，多以赐额相称，有时也称香火院、香灯院、功德院等。坟庵，一般以"庵"为名；墓祠，多以"亭"为名，或直称祠堂、祠宇。其二，墓祠位于紧邻封土之前的墓地范围内，即所谓"筑亭墓侧""亭隧前""构堂墓侧"。坟寺、坟庵多在墓地附近，通常在狭义的墓园之外，甚至与墓地相隔数里之遥。关于坟庵，李纲撰《邓公新坟庵堂名序》说邓南公墓"有堂，直墓下，以奉荐享；有庵，居墓傍，以修佛事"，清晰指出二者的空间关系；至于坟寺，通常就是当地的古刹，本与坟墓无关，多因为勋臣葬于附近，为其奏请朝廷赐为功德坟寺，如黄岩鸿福寺之于杜范，武义明招寺之于吕好问。其三，坟寺、坟庵通常为家族墓地共有，其中的祠堂可能服务于家族中众多

1.〔宋〕舒岳祥：《阆风集》卷一一《广孝庵记》。舒岳祥，宋元之交的台州宁海人，宝祐进士。

成员。但封土前方的墓祠，则专属于该墓的墓主人。其四，在建筑形态上，墓祠是中小型的单体建筑，坟寺、坟庵则是大型的建筑组群[1]。

在勋臣显宦墓地中，墓祠、坟寺可以并存，如史弥远墓前既有墓祠，附近又有大慈禅寺等多处寺院作为功德坟寺。

坟庵，本是有力之家为守墓僧人而建，其性质与僧人主持的功德坟寺类似，并非专为祭祖的祠堂。但是，坟庵内设有祠堂，兼具祠堂祭祖的性质。舒岳祥说"有力者又为庵于飨亭之左边"，在品官或富室的墓地中，坟庵与墓祠并存的现象是比较多见的，如楼钥父母墓地，墓前既有享亭，附近又有规模宏大的长汀庵。那么，为何"既祭于墓，又立祠于僧舍"呢？因为墓祠是家祠，"人家之盛，终不敌僧寺之久"，将墓葬托付僧寺守护致祭，"以冀其永存"[2]。

果如是，南宋墓祭至少可分拜坛、墓祠、坟庵、坟寺四个层次。拜坛，举行展省式墓祭；墓祠，举行家人的祠堂祭祖；坟庵、坟寺，祭祀由僧道主之，兼有祠堂祭祖和荐福亡灵的宗教涵义。四者在性质上有交叉，但不等同，在社会各阶层中的普及程度也有差异。一般而言，拜坛、墓祠是普遍流行的墓祭形式，坟庵流行于士庶阶层中之"有力者"，而坟寺则限于勋臣显宦。一个不言自明的

1.坟寺，本来就是佛寺，其为群落式建筑，自不待言。坟庵的规模远大于墓祠，也是墓地附近的建筑群落。史弥远墓祠是面阔18米的五开间单体建筑，而楼钥考妣墓地的长汀庵，有屋舍30余间，石桥3所，还有屋数楹作为仓库，该庵原来已建了80年之久，简直就是庄园；又如，洪迈外祖母家的坟庵，前后有巨松2万株，足见规模之大，参见洪迈：《夷坚志》乙志卷十《松毬》。

2.〔元〕吴澄：《吴文正集》卷二十五《临川饶氏先祠记》。

事实是，虽然士人更愿意强调墓祭中的儒教价值，例如朱熹《家礼·丧礼》所标榜"不作佛事"，然而，墓祭中的佛教因素普遍存在且具有习俗化的趋势，二者相互交融，绝非某些士人所声称的"浮屠氏之教"与"先王之礼"彼此对立的关系。

多层次的墓祭，在许多墓地重叠设置，加上聚居村落中可能存在的祠堂、影堂祭祀，如此"加重礼数"，以迎合孝子孝亲唯恐不周的心理，也更强调墓祭的收族功效[1]。多层次的家族墓祭，所费不赀，故而士大夫及有力之家，普遍设有墓祭田，供养功德坟寺也有香灯田，为墓祭提供稳定的经济基础[2]。常建华把墓田分为两种类型："一是指祖先坟墓所在地周围的土地，在这部分土地上种植农作物，收入用于墓祭；二是不在坟墓周围，但收入用于墓祭。这样文献中出现的'墓田'，既可以指墓地，也可以指墓祭田。"[3]墓祭田对坟墓和家族认同的维系作用巨大，然时过境迁，在今天的田野考古工作中已无法确认，这里就不讨论了。

<hr>

1.〔元〕吴澄：《吴文正集》卷十一《答吴宗师书》谓："近世俗人之家，祠堂之外，墓所庵堂及寺观又立祠以奉祀，夫其庙祀之多，似若加厚于其亲矣。"按，吴澄所谓"墓所庵堂"，大概包括了墓祠与委托僧道的坟庵。吴澄站在传统立场，认为多重祭祀"不若专于一者之为严敬也"。个别理学家的反对意见，正好反证了上述"加厚于其亲"的世俗观念之流行，且不为部分理学家的意志而转移的。

2.宋三平：《试论宋代墓祭》，《江西社会科学》1989年第6期；宋三平：《宋代封建家族的物质基础是墓祭田》，《江西大学学报》1991年第1期；据民国《西桥赵氏宗谱》记载，赵子英夫妻合葬于黄岩灵山乡五十五都圣水寺后山，乃用"车路田三百换坟山三垅"。但是，赵伯澐并未陪葬在父母侧近，两代人的墓地相隔数十里之遥。赵家遂又在黄岩灵山乡五十三都捐田93亩作供养寺院的香灯田，在二十一都则有田60亩作春秋祭祀田，仅置换坟山的田产、捐助寺院的香灯田和家族祭田三项合计占田已超过450亩，足见供养坟墓之所费不赀。

3.常建华：《中国文化通志·宗族志》，上海人民出版社1998年版，第315页。

总之，墓地作为宗族祭祀活动的中心[1]，是为浙江南宋墓葬区别于明清墓葬的重要特征。

第四节　墓地择址与堪舆术

一座独立而完整的墓葬，除了墓室、随葬品与墓园，还包括墓地所处的自然山水环境和人文环境，这就涉及墓地择址。

一、南方系统的堪舆术

营造墓地，首重选址。地不可不择，程颐《葬说》曰：

> 卜其宅兆，卜其地之美恶也，非阴阳家所谓祸福者也。地之美者，则其神灵安，其子孙盛。若培拥其根而枝叶茂，理固然矣。地之恶者则反是。然则曷谓地之美者？土色之光润，草木之茂盛，乃其验也。父祖子孙同气，彼安则此安，彼危则此危，亦其理也。而拘忌者惑以择地之方位，决日之吉凶，不亦泥乎？甚者不以奉先为计，而专以利后为虑，尤非孝子安厝之用心也。惟五患者不得不慎，须使异日不为道路，不为城郭，不为沟池，不为贵势所夺，不为犁耕所及。五患既慎，则又凿地必至四五丈，遇石必更穿之，防水润也。

1.〔元〕吴澄：《吴文正集》卷四《致愿亭说》："近代所谓祭者，乃或隆墓而略于家。"南宋至元初的部分地区，墓祭的普遍性和重要性或已超越家庙（祠堂）。

既葬，则以松脂涂棺樟石灰封墓门。此其大略也。[1]

理想的墓地，土色广润，草木茂密，更要避开"五患"，即容易招致生产建设破坏的地方。既葬，墓穴"穿地必四五丈"，务求深埋、密闭，如此则"神灵安，子孙盛"。先人灵魂安宁，方能庇佑子孙，坟墓不单为逝者而设，更要兼顾生者之福利。

将墓地卜址于环境宜人的安全之地，这种宽泛意义上的风水观念，属于日常生活的朴素理性，是人之常情，与徼福的巫术无关。

事实上，程颐向来反对堪舆风水，认为拘忌于"择地之方位，决日之吉凶"，那些迟迟不将先人埋葬的"不以奉先为计，而专以利后为虑"之人，绝非孝子。这里"择地之方位，决日之吉凶"的方术，以为坟墓之地势、朝向、葬日、葬时的差异，可以左右子孙的贵贱祸福。这种具有迷信色彩的方术，才是狭义的风水，这正是程颐、司马光等人所反对的。司马光说："世俗信葬师之说，既择年月日时，又择山水形势，以为子孙贫富、贵贱、贤愚、寿夭尽系于此。又葬师所有之书，人人异同，此以为吉，彼以为凶，争论纷纭，无时可决，其尸柩或寄僧寺，或委远方，至有终身不葬，或累世不葬，或子孙衰替，忘失处所，遂弃捐不葬者。"[2]

厘清这两个概念，至为关键。后文指涉，均为狭义的风水，即堪舆术。堪舆之说，历史悠久，"风水"之名晚出，名异实同。流派众多的堪舆风水术，是宋墓研究的重要议题之一。

1.《河南先生文集》卷十《伊川先生文六·礼·葬说》，〔宋〕程颢、程颐：《二程集》，王孝鱼点校，中华书局1981年版。
2.〔宋〕司马光：《书仪》卷七《丧仪三》"卜宅兆葬日"条。

关于宋元时期南方系统的堪舆术，后人多引明代义乌人王祎《青岩丛录》之说：

> 堪舆家之说，原于古阴阳家者流。古人建都邑、立家室，固未有不择地者。而择地以葬，其术则本于晋郭璞所著《葬书》二十篇。……后世之为术者，分为二宗：一曰宗庙之法，始于闽中，其源甚远，至宋王伋乃大行。其为说，主于星卦，阳山阳向，阴山阴向，不相乖错。纯取五星八卦，以定生克之理。其学浙闽传之，而今用之者甚鲜；一曰江西之法，肇于赣人杨筠松、曾文辿，及赖大有、谢世南之逸辈，尤精其学。其为说，主于形势，原其所起，即其所止，以定位向。专指龙、穴、沙、水之相配，而他拘忌，在所不论。其学盛行于今，大江以南无不遵之者[1]。

江南风水，主要有江西的"形势派"（江西之法）与福建的"理气派"（闽中宗庙之法）两大流派，尤以形势派为主流。形势派，宗唐代赣人杨筠松为祖师；理气派，宋代开宗于福建，又称福建派。清代丁芮朴总结道："风水之术，大抵不出形势、方位两家。言形势者，今谓之峦体；言方位者，今谓之理气。唐宋时人，各有宗派授受，不相通用。"[2]

1.〔明〕王祎：《青岩丛录》，中华书局1991年版。据王祎自述，这是他"读书青岩山中，遇有所见，辄抄以为书，谓之丛录"。由此可知，各种流派的堪舆术在当时流传已久，非为王祎之创见。

2.〔清〕丁芮朴：《风水祛惑》一卷，"丛书集成续编"第84册，上海书店1994年版。

这两派殡葬择地的风水术，均源于东晋郭璞《葬书》。《葬书》本有20篇，由朱熹门人蔡元定删定为8篇，后世谈地理之术，皆以此8篇为宗，朱熹亦信奉其说。《朱子家礼·丧礼》："古者葬地葬日皆决于卜筮，今人不晓占法，且从俗择之可也。"朱熹并不反对堪舆择址，以为"从俗"可也。

郭璞《葬书》以为葬必择地，倡导"遗体受荫"说，开篇便讲"葬者，乘生气也"，先人遗骸若能得"气"，则福荫子孙，子孙的富贵贫贱、贤愚寿夭，莫不与此相关。墓穴应卜址于"生气之地"，所谓"生气之地"，即吉穴。如何卜穴？理气派强调与星辰、八卦配合的方位，形势派注重山川走势的考察。"生气"在地下流动，汇聚于吉穴所在。"生气"有一特性，"气乘风则散，界水则止"，在背山临水之地，则气聚不易散。

形势派风水，讲求山水形势，比较直观，更符合人们的日常理性，成为宋代以来主流的风水派别，并得到士大夫和民间的广泛认同。首先，郭璞《葬书》强调山水形势，首言"风水之法，得水为上，藏风次之"，以山峦挡风，以流水聚气，而较少涉及理气、方位。再者，朱熹作为形势派的信徒，影响甚大，所谓"龙穴砂水之法，独以江西为宗，宋大儒考亭朱夫子与元定蔡氏亦讲明之，故其立朝论孝宗山陵事尤拳拳焉，是格物致知之学，固非止阴阳技艺之一偏也"[1]。

形势派风水，讲求"龙、砂、水、穴"四大要素。墓穴所在，后背紧邻靠山，靠山之后更有绵延的来龙之山，是为"龙"；左右山峦回护，前方是一片相对开阔的旷地，远处又有案山照应——左

1.〔明〕郑真：《荥阳外史集》卷三七《书谢黄牛地钤后》，景印文渊阁四库全书本。

青龙，右白虎，前有案山，是为"砂"；墓地犹如一把安稳的太师椅，前头有河水自墓前迤逦而去，是为长流"水"。

在堪舆家看来，背风、向阳、面水、藏风、纳气的怀抱之地，适合建墓。在现代水利专家看来，旧时的这种风水宝地，也适宜建造水库。藏风纳气之地，河水四季长流，只消在前头拦一道水坝，便为水库[1]。

在形势派的择址观念指导下，有力之家追求独立、封闭的怀抱之地，以确保风水完美。如果地势先天不足，则以人工改造的方式加以补救，力求完善风水。楼钥《汪氏报本庵记》记其鄞县外祖父家墓地："四明汪氏代有隐德，上世葬城南之俞村。钥，汪出也，尝随拜扫。裴回松下，顾瞻前后，中有一丘隆然，奇峰遥峙，秀水萦抱磬折，面势岗阜，非若近时积土平田，强为丘垄，出于人力者比。气象秀润，真吉窀也。"[2]楼钥将其外祖父墓地与他人经人工改造的墓地相比较，以证其墓园风水之佳。征之于考古资料，杭州市临安区锦城街道八百里南宋墓、长兴韩杕墓，在神道前方人为开凿半圆形水池，以完善风水；临安洪起畏夫妇合葬墓，封土两侧设左抱手和右抱手，右抱手系利用自然山体并经人为修整与改造，左抱手纯属人工堆砌、夯筑而成，企图以人力营造怀抱的地形[3]。

1.黄岩赵伯澐墓，墓前已建为长潭水库；湖州风车口宋墓，是湖州地区高规格的墓地，前有风水口水库；金华郑刚中墓、王淮墓，临安於潜洪咨夔墓，墓地已在早年建设中为水库淹没。南宋豪墓所在，在近代常被建设为水库，因为二者在地形上有相似性。
2.〔宋〕楼钥：《攻媿集》卷六十《汪氏报本庵记》。
3.杭州市文物考古研究所、临安市文物馆编著：《临安洪起畏夫妇合葬墓》，文物出版社2015年版。

理气派与形势派固然有别，但落实到具体的选址，墓地形态又通常与形势派接近。理想墓地的形态于是高度趋同，通常呈现为山环水绕、枕山面水的地貌特征。择址标准的模式化，将严重影响并制约宋墓的发展方向。

二、形法墓地与五音墓地

为叙述之便，可将以形势派风水指导下选址并符合形势派择地标准的墓地，称为"形法墓地"。

典型的形法墓地，多坐北朝南，或坐西北朝东南，坐落于藏风纳气的怀抱之地，形成一个相对独立、封闭的地理单元。墓穴在高处，后头有靠山，前景较开阔，人们前来墓地行礼，自前而后，由南向北，拾级而上，逐级抬升，墓地之观瞻，气势庄严。

形法墓地与江南多山、多水、多雨的自然条件相适应，自古以来，江南选择自然高地埋墓。史前时期的崧泽、良渚文化，在水乡湿地营建土墩，用以埋墓；汉、六朝、唐、宋墓葬，亦多埋葬在丘陵高地的山麓至半山腰区域。墓择高阜，是为通例，唯山地崎岖不平、地形破碎，故而难以形成中原地区多代人聚葬、位次排列有序的家族墓地。

与此同时，中原地区则流行另一种与形势派截然有别的堪舆派别——五音姓利，北宋官修《重校正地理新书》对此有详述[1]。简单来说，人们将姓氏分成宫、商、角、徵、羽五音，再将五音与五行（土、金、木、火、水）四方相联系，推断与其姓氏对应的阳宅、

1.〔宋〕王洙：《重校正地理新书》。关于五音墓地和"五音昭穆贯鱼葬"的原理和规划方法，将于本书第三章详述。

阴宅方位的吉凶，即所谓大、小"利向"。宋金时期北方中原地区，五音姓利是官颁的堪舆术，为皇室、士大夫及富裕平民阶层较为广泛的遵循。但自明清以后，该系统的堪舆术衰微不传，逐渐不为人知[1]。

程颐《葬法决疑》反对的风水术就是五音："古者圣人制卜葬之礼，盖以市朝迁变，莫同预测，水泉交浸，不可先知，所以定吉凶，决善恶也。后代阴阳家流，竞为诡诞之说，葬书一术，遂至百二十家。为害之大，妄谬之甚，在分五姓。"[2]五音盛行于中原北方地区，程颐予以着重抨击。

同样为叙述之便，可将以五音姓利指导下选址及墓穴排布的墓地，称为"五音墓地"。北宋河南新郑吕夷简家族墓地、安阳韩琦家族墓地、巩县（今巩义）北宋皇陵，均为五音墓地，且为延续多代人、规划谨严的家族墓地。

中原、关中、山西等地，地势相对平旷，气候干燥，地下水位深，无论是土洞墓、石椁墓，还是平面呈多边形的仿木构穹窿顶砖室墓，多采用深埋的模式。平地埋墓，较少受地形约束，更易规划出秩序井然的家族墓地。五音墓地与中原地区的自然环境相适应，故而为皇家、士大夫和富裕平民阶层所广泛采纳。在思想观念的层面，五音墓地是堪舆风水观念与儒教聚族而葬伦理观念的混合体。

以河南巩县北宋皇陵为例，诸陵南依嵩山北麓，北傍伊洛河水的黄土岗地上，共有7座帝陵（宋太祖永昌陵、太宗永熙陵、真宗

1.刘未：《宋元时期的五音墓地》（未刊稿）；刘未：《宋代皇陵布局与五音姓利说》，《浙江大学艺术与考古研究》（第三辑），浙江大学出版社2018年版。
2.《河南先生文集》卷十《伊川先生文六·礼》，〔宋〕程颢、程颐：《二程集》，王孝鱼点校，中华书局1981年版。

永定陵、仁宗永昭陵、英宗永厚陵、神宗永裕陵、哲宗永泰陵）以及赵匡胤之父赵弘殷的永安陵，并祔葬有22位皇后，以及上千座皇室成员的陪葬墓，习称"七帝八陵"。皇陵的自然地势呈"南高北低、东穹西垂"之状。皇室赵姓，属于角音（赵是国姓，亦称国音）。角音与木行对应，木主东方，阳气在东，阴宅地形宜"东南仰高、西北低垂"，这是角音墓地的"大利向"。坐北朝南的坟墓，位于东南高、西北低的地方，既不凭依高地，前方的地势反较坟墓所在更加高亢，这当然不可能得到尊奉形势派的朱熹等南方人士的认同，在自然条件、人文传统与中原北方迥异的江南地区，无法照搬五音墓地。

中原五音墓地与江南形法墓地，分属不同的风水系统，无论理论体系、流派传承、择址标准、墓穴位次安排，都大相径庭。其最明显的区别是，五音墓地择址于平原，可与多代人聚葬的家族墓地兼容；而形法墓地各自追求独立的怀抱之地，与家族墓地冲突，正如元末明初宋濂《赵氏族葬兆域碑铭》所言："盖大江以南拘泥于堪舆家，谓其水土浅薄，无有族葬之者。"[1]

在江南照搬中原五音，势必招致不可克服的矛盾。南宋前期的绍兴宋六陵，系以北宋皇陵制度规划，绍熙五年（1194），由于地势卑下，宋孝宗永阜陵择址引发争议，朱熹奏《山陵议状》说："政使必欲求得离山坐南向北之地，亦当且先泛求壮厚高平可葬之处，然后择其合于此法者。……若欲求之，则臣窃见近年地理之学，出于江西、福建者为尤盛，政使未必皆精，然亦岂无一人粗知梗概，大略平稳，优于一二台史者？"他建议以南方形法墓地取代皇陵传统

1.〔明〕宋濂：《宋学士文集》卷四〇《赵氏族葬兆域碑铭》，四部丛刊初编本。

的五音墓地[1]。只是朱熹的建言当时未被朝廷采纳，因为皇陵风水
兹事体大，关乎国运兴衰，不可贸然变更。

而南渡的其他移民并无此种政治包袱，甫入南方，无不入乡随
俗，改用形法墓地以适应江南的实际状况。

墓室、随葬品、墓园制度、风水择址，是构成一处独立、完整
的南宋墓地物质形态的四大要素。这是墓葬研究"形而下"的知识
基础，以此为逻辑起点，由点及面，透物见人，庶几可以触及丧葬
礼俗、思想观念等"形而上"层面的议题。

第五节　火葬

土葬（尸骨葬、全身葬）固为丧葬之主流，但火葬作为宋代常
见的丧葬方式和文化现象，在有些火葬盛行的区域，甚至严重干扰
了土葬，故有必要辟专节来讨论。

火葬约有两种形式。一是火化后，将遗骸投诸水中，不留下任
何遗迹、遗物。这可能是火葬的主流，唯其无遗物留存，以实物为
研究出发点的考古学者便无从谈起。二是将烬余的遗骸、骨灰置于
棺木或其他容器中再行土葬，即所谓火葬墓，考古发掘中，偶有
所见。

火葬墓多因陋就简，并无稳定的规制，上海曹杨新村火葬墓，

1.〔宋〕朱熹：《晦庵集》卷十五《山陵议状》，朱杰人等主编：《朱子全书》（第21册），
上海古籍出版社2010年版。

图1-35　杭州留下西穆坞M3火葬墓

图1-36　西穆坞M5火葬墓

墓用五块小砖平铺作底，上以楔形砖围成十一边形的墓室，中间放置一件黄绿釉带盖小口平底的骨灰陶罐，砖壁外另有七个宋代长筒形小罐，全墓甚小，高仅40余厘米，对径约65厘米[1]。

杭州留下西穆坞发现6座类似的火葬墓，多为多边形墓，有六边形墓、七边形墓、长方形墓等，砌筑随意，体量不大，边长多在39厘米至45厘米之间，随葬品极少，有陶钵和少许铜钱等，为南宋火葬墓[2]（图1-35、图1-36）。

湖州安吉县尼姑岙两座砖室火葬墓（M2、M3），形式稍所不同，为长方形的三室墓，平面呈"品"字形，二前室，一后室，通长约123.5厘米，出土骨灰罐和瓷盒等，罐内尚存骨灰，应为南宋

1.黄宣佩：《上海宋墓》，《考古》1962年第8期。据其陶瓶风格判断，具有南宋特征。

2.杨曦等：《杭州留下西穆坞宋墓发掘简报》，《东方博物（第六十辑）》。

火葬墓[1]。

正式刊布的火葬墓资料较少，无法全面反映火葬的实际状况。但从以上三例，依稀可见南宋两浙地区，尤其是两浙西路火葬盛行之一斑。事实上，火葬在浙西和浙东部分地区的流行，严重影响了当地主流的埋葬习俗。

据历史学家研究，火葬流行主要有以下几方面原因：一是与佛教信仰有关，火化即所谓"浮屠法"，上至皇室、下至平民之笃信释氏者，均有采用火葬者。二是火葬较土葬简易、经济，贫困者少地或无财，无力营葬，故多用火葬。在人众地狭的地区，火葬显然更加经济。三是卫生防疫的需要，在南方地区，火化有利于隔断瘟疫的传播。四是因游宦、游学、商旅而殁于他乡，为归葬故里之便，先行火化。五是朝廷、官府禁止火葬的措施不力。总之，江南地区火葬盛行，有深刻的宗教文化、社会经济的原因，其屡禁不止、久行不衰，说明火葬符合部分民众的利益，尤其具有经济、卫生、简便易行等多方面的合理性[2]。

但上述原因，只是简单的罗列，并无针对性，不足以完全解释两宋时期浙江地区火葬的现象：从新石器时代以来至五代吴越国之前，江南地区始终都是土葬，为何在两宋时期，火葬突然盛行，甚至严重影响传统葬俗？就浙江地区而言，为何浙西的火葬较浙东更流行，在浙东地区尤其是明州等地，北宋的火葬又较南宋为流行？从宋代朝廷、官府到明初朱元璋禁止火葬，虽三令五申，但是火葬

1.周亚乐：《浙江安吉尼姑岙宋墓清理简报》，《东南文化》1994年第5期。

2.李伯森主编，徐吉军著：《中国殡葬史·第五卷·宋代》第四章《殡葬习俗》，社会科学文献出版社2017年版。

仍然流行，为何在明代中期尤其是嘉靖年间以后，火葬习俗开始在江南地区衰微乃至销声匿迹？

只有合理解释上述现象，才能真正说明火葬习俗形成、流行并消亡的原因。丧葬习俗生成与流行更多出于社会文化观念，其次是自然环境的制约。

一般而言，两浙火葬习俗在五代吴越国时期正式形成，并在两宋时期流行。

在晚唐以前，浙江并无火葬习俗，即使佛教徒，亦大多采取全身葬或所谓"汉礼"的土葬，南朝著名高僧义乌双林寺傅大士，即用土葬[1]。后晋开运三年（946），鉴诸道者在杭州烟霞岭下创建西关净化禅院，始在佛教信众中推行火化，《西关净化禅院记》曰："道者乃曰：'国土民安，君王信向，足云水烟霞之众，瓶囊盂锡之游。其间或有幻相无情，尘缘将尽，百衲之衣何直，周身之具奚求？爰寻佛言，备得教旨。且西土苾刍、苾刍尼，下至优婆塞、优婆夷，送往之礼，名以阇维。阇维之文，实火化也，弃余灰于远水，免遗骨于他山，劳无烦人，置不有地。'即具以上事达于庙朝，创佛祠于湖山，思祈为功德主。"经吴越国王钱弘佐批准后，"乃于

1.南朝、隋唐时期的浙地高僧，以行土葬为主。据唐楼颖编、南宋楼炤辑《善慧大士录》（续金华丛书本，民国十三年刊本）卷一记傅大士遗嘱云："始大士寝疾，弟子恐其灭度，乃问曰：如或不可讳，则灵柩若为安厝？答曰：将我尸于双林山顶，如法焚之。以其灰骨分为二分，一安山顶塔中，一安冢上塔中。两塔中各作一弥勒佛像，亦用标形相也。又问曰：若不遂所嘱，欲依世俗礼葬，若为安置？答曰：若不获我愿，则不须材器，但累甓作床，即舁我尸于其上，以三尺屏风绕之，以绛蚊帐覆之，可也。……于是弟子竟不奉大士初命，而特用汉礼。"所谓"汉礼"，即土葬，"累甓作床"，即南朝通行的砖室墓。义乌双林寺傅大士墓在后晋天福九年（944）曾经发掘，并取其遗骨至杭州龙华寺供奉。

镇西关之右，延寿山之阳，郛郭匪遥，柴水甚便。命开基址建僧居。圣上允俞，锡名'净化'。阇维之道，兴于此焉。繇是台阁勋臣、香闺贵戚、府郭君子、阛阓信人，发心无难舍之财，集事有易成之力。像设毕备，舍宇一周，香灯含昼夜之辉，钟磬续晨昏之韵。仍于院侧，立此方坛，或愿阇维，不计来众，资其事用，给以薪蒸。利济之门，无大于此"[1]。

碑文所谓"阇维之道，兴于此焉"，可见江南地区佛教信众制度化、习俗化的火化行为，始于吴越国时期的杭州西关净化禅院，从此渐成风俗。《宋史》卷一二五《士庶人丧服纪》载绍兴二十八年（1158）户部侍郎荣薿言："臣闻吴越之俗，葬送费广，必积累而后办。至于贫下之家，送终之具，唯务从简，是以从来率以火化为便，相习成风，势难遽革。"显然，火葬出现并流行的直接原因就是佛教信仰，尤其在吴越国时期，从钱镠到钱俶，三代五王，以崇佛闻名于世，在他们的推动和经营下，吴越国境内号称"东南佛国"，佛教信仰支配了民众日常生活的许多方面，包括丧葬习俗。又因火葬相对简易，为贫下之家乐于接受，至南宋初年遂大兴于两浙。

在北宋中期之前，江南地区民间普遍崇佛，儒学对民间的影响力远不如佛教。火葬无论作为佛教信众的选择，还是世俗民众的便宜行事，在官府或正统儒家所标榜的孝道价值看来，都不被鼓励，甚至是亟须摒弃的异端。北宋仁宗朝，鄞县民间多行火葬，王安石

1.《西关净化禅院记》全文，见〔宋〕潜说友：咸淳《临安志》卷七十八《寺观四·水乐净化院》，浙江省地方志编纂委员会编"宋元浙江方志集成"本。该碑尚存杭州水乐洞侧，但碑文已残泐，是研究江南火葬习俗起源的重要实物。

担任县令期间，着手大事整顿。这是北宋中期以来，儒教与佛教在民间丧葬习俗领域展开竞争的典型事例。

据北宋嘉祐五年（1060）汪洙撰《宋故汪公、庄氏墓志》，墓主人汪顺卒于康定元年（1040），其妻庄氏卒于庆历二年（1042），子三人：元吉、元奭、元辅。长子汪元吉告其子弟曰："明（州）之为俗，狃于无教，其亲死则举而委之于火，故予父母皆不克葬，此予所以抱无涯之恨也。及王公安石之为鄞，其民稍稍知送死之礼，予于是有感焉。今母骨殖尚存，不可以无葬。"于是汪元吉及其子弟"以嘉祐五年八月甲申招先考魂，以母之骨殖合葬于鄞县清道乡东安管沿江里"[1]。

北宋宣和七年（1125）鄞县《宋刘氏夫人墓志铭》，刘氏为庄竑道之妻，庄竑道早卒于元祐四年（1089），当时"七子皆幼，生事萧然"，不得已"以夫枢焚之"。后来，刘氏深感内疚，以为"吾夫生不就志，死而不葬，是为妇者不义之过也"，于是重行土葬[2]。

北宋中晚期以后的明州鄞县，随着儒学向基层社会渗透和民间"业儒之家"的增多，土葬在"业儒之家"中逐渐取代火葬。南宋以后，因为温州、台州、明州、绍兴等地儒学的持续推广和科举的鼎盛，火葬习俗蔓延的势头得到遏制，土葬地位相对巩固，这可以视为是一种整体性的发展趋势。当然，佛教的影响力无所不在，终不可能禁绝，从北宋中晚期鄞县的两个例子，可见普通民众在火葬与土葬之间的挣扎与两难选择。此番情形，南宋时期想必不会少见。

1.此据宁波天一阁博物馆章国庆先生惠赠墓志拓本，谨致谢忱。
2.章国庆编著：《宁波历代碑碣墓志汇编》，上海古籍出版社2012年版，第135页。

至于民间的火葬习俗在明代中后期以后在浙东逐渐退出历史舞台，这可能与明代中期后宗族社会正式形成和壮大有关，强大的宗族力量可以对宗族成员的丧葬行为形成足够的约束力。这也反过来说明，从南宋至明代初期，江南宗族社会尚在形成、发展的过程中，并无能力完全制约所有宗族成员的火葬行为。

浙西平江府、湖州、秀州（嘉兴府）和杭州部分地区所在的太湖流域，作为南宋经济、文化发展的先进地区之一，反而火葬最盛兴，周辉《清波杂志》云："浙右水乡风俗，人死，虽富有力者，不办蕞尔之土以安厝，亦致焚如。"[1]

浙西地狭人稠，葬地昂贵，这固然可充一种解释，然犹未得其实。浙西水乡地区，火葬特盛，除了社会文化观念的原因之外，也受自然环境的制约。

南宋时期，浙西地区浸淫佛风，而科举成就则落后于两浙东路的台州、温州、明州等地，也就是说，浙西的儒学传统较浙东为弱，受佛教的濡染较浙东为深，杭嘉湖地区的科举成就超越浙东是明代以后的事情。南宋时期，相对于浙东地区，无论儒学传统、科举成就，抑或宗族势力、乡族社会，浙西均不及浙东，这是浙西火葬较浙东为兴盛的部分原因。[2]

地择高阜，是自古营墓的共识，坟墓在山上，既少洪水、犁耕诸患，又有形法墓地所要求的山水形势。但水乡卑湿之地，天然缺山，则徒呼奈何！明代嘉兴府嘉善县人陈龙正感叹道："古名贤诸

1.〔宋〕周辉：《清波杂志校注》卷一二《火葬》，刘永翔校注，中华书局1994年版。
2.朱海滨：《近世浙江丧葬习俗的区域特征及地域差异》，《中国历史地理论丛》2011年第3期。

墓大抵在山。顷阅余杭邑志，其安堵可历数者，以十百计，其为年以千百计，且不必皆名墓也。近观吾邑累累畎亩中，曾有宋元墓乎？葬平原不如葬山，非为地理，为人事也。"[1]

杭州环湖皆山，故多宋元名贤坟墓，《万历杭州府志》卷十九《风俗》谓杭州南北二山是"百万居民坟墓之所在"。而秀州（嘉兴府）嘉兴、崇德、华亭、海盐诸县，因境内无山，几乎不见宋元墓葬。

水乡泽国，无形势可言，无吉穴可择。秀州个别富贵之家营建坟墓，只得远求于湖州归安、武康、德清诸县的山地丘陵。平湖县当湖镇桑园弄（宋属海盐县）鲁寿宁夫妻合葬墓早年曾被发掘，出土文物甚夥，今藏平湖博物馆[2]。鲁寿宁是两宋之交的海盐豪强，在其长子鲁詹登进士第后，子弟多由科举入仕，簪缨相袭[3]。但鲁寿宁诸子，长子左朝奉大夫鲁詹、次子左朝请大夫鲁詧、三子直敷文阁鲁岂，生前居住于秀州，死后都远葬于湖州，鲁詹墓在"湖州归安县至孝乡高峰坞"，鲁詧墓在"湖州归安县至孝乡仙岭"，鲁岂墓在"湖州武康县庆安乡后汪村"，据墓志称，墓地由其生前亲自选定，并"规划兆域，旁筑息庵，随一祠堂，环以松竹"[4]。

高门大族或有力之家，尚有选择余地，卜葬于邻州的山地丘陵，而更多人只能便宜行事，就地火化。嘉兴地区几乎不见宋代大

1.〔明〕陈龙正：《几亭全书》卷二十一《政书·家载》。

2.平湖县桑园弄北宋政和八年（1118）鲁寿宁夫妇合葬墓，系双穴并列的砖椁石板顶墓，出土竹胎黑漆唾壶、青白瓷水盂、铜镜、石雕翁仲头像等。参见程杰主编：《平湖博物馆文物精品选》，上海人民美术出版社2002年版。

3.〔宋〕葛胜仲：《丹阳集》卷十三《右奉议郎致仕赐绯鱼袋鲁公（寿宁）墓志铭》。

4.鲁詹墓志铭，见〔宋〕张守：《毗陵集》卷一二；鲁詧墓志铭，见〔宋〕周必大：《省斋文稿》卷三二；鲁岂墓志铭，见周必大：《省斋文稿》卷三四。

墓，而火葬格外盛行，除了佛教信仰的因素，主要是因为地势环境的制约。元末明初昆山人殷奎说，"苏（州）于浙水西，为地尤下湿，人死不皆得高原广陇以葬，则相为火枢，以骴沉江流，或薶之防人习见以为当然，曾莫之知非也。异时吾先子防吾祖尝援礼以行之，而诮者交至"[1]。水乡地区无地可择，火葬盛行，人们习以为常，以至于殷奎的先人，援礼土葬，竟招致众人嘲笑。

嘉兴、上海地区多火葬而少两宋名贤坟墓的现象，至元明时期始有所改观，随着灰隔墓、浇浆墓的日渐成熟和推广，湿地埋葬技术较宋代大有改进，整体建于地面之上的灰隔墓，密闭墓室与外界环境完全隔绝，遂能克服水乡环境的制约，并保存下大量元明时期的有机质文物，《上海宋元墓》《上海明墓》等考古报告，多有灰隔墓实例。

一言以蔽之，浙西火葬较浙东为兴盛的另一个重要原因是，浙西乃水乡卑湿之地，受自然环境制约。

至于义冢、漏泽园之类的公共墓地，固然常见于文献记载，但无考古实例，本书从略。

1.〔明〕殷奎：《强斋集》卷三《故善人余景明墓文》。

第二章 合葬与族葬

南宋以后，夫妻合葬的并列双室墓蔚为主流[1]。南宋中晚期，出现更多的三室或多室并列砖（石）椁石板顶墓。这是合葬观念持续发展的物化表现。

传统家族社会，崇尚生前聚居、死后合葬（祔葬）的价值。齐东方认为，"祔葬反映的血缘关系，也揭示以家庭为核心的生产关系和生活方式"，"祔葬墓是以一人为主、其他人从属、多人共用一墓的墓葬，是祔葬现象直接表现在墓葬结构上的一种形式"。合葬（祔葬）的概念比较宽泛，主要指归葬祖茔，往往与合葬、陪葬、迁葬、改葬等联系在一起。考古发现的合葬墓，主要有三种不同物质形态：同葬一茔、同封异穴、共用一墓[2]。

所谓坟墓，"墓"指地下墓穴，"坟"指墓上封土。同葬一茔，指一处墓地上的多座独立坟墓的合葬，即"异坟异穴"合葬，例如北宋皇陵，皇后陵以另起一独立陵台（封土）的方式，祔葬于帝陵西北；同封异穴，指双（多）穴并列，其上覆盖同一封土的合葬形式，即"同坟异穴"合葬；而共用一墓，指"同坟同穴"，宋金时

1.砖（石）椁石板顶墓，墓室呈长方形，适宜作并穴处理。晚唐五代时期，夫妻合葬采用"同坟异穴"形式，夫妻墓室是分离的，并不紧密相邻。北宋中期后流行并穴合葬，墓壁外鼓的船形墓逐渐消失，或因为船形墓不适宜作并穴修筑之故。参见王征宇：《礼制与葬俗：吴越国相关问题研究》，浙江大学硕士学位论文。
2.齐东方：《祔葬墓与古代家庭》，《故宫博物院院刊》2006年第5期。

期中原地区的仿木建筑结构砖室墓，例如河南白沙宋墓，即属于同穴合葬。

要之，合葬的形态主要有三：异坟异穴、同坟异穴、同坟同穴。

第一节　夫妻合葬

南宋夫妻合葬，多呈同坟异穴形态。而同坟同穴，即古代夫妻伦理所标榜"生同室，死同穴"者，在江南反而罕见[1]。

传统家族，由家庭构成；家庭，由夫妻、父子、兄弟三种基础关系构成；家庭三大关系，以夫妻居首。讨论合葬，首先是夫妻合葬。

一、同坟异穴合葬与隔墙小窗

夫妻合葬是普遍的观念。郑克《折狱龟鉴》卷四《苏寀请减》收录三个案件，都是孝子将其改嫁的母亲之尸体从其后夫的坟墓里盗出，与其生父合葬的案例。第三个案件中犯案理由说得明白：

1.杭州市文物考古研究所：《余杭星桥里山宋墓发掘简报》，《东方博物（第五十六辑）》。M12为南宋早期单室券顶砖室墓，出土两面铜镜：一为带柄仙人龟鹤镜，一为圆形葵花镜。刘卫鹏《浙江南宋墓葬俗管窥》（《杭州文博》第14辑）认为，浙江南宋墓出土带柄圆形镜和葵花镜的"一组两件"的组合，多为夫妻合葬（大致可以认为男性常用带柄镜，女性多用葵花镜），果如此，M12似可推测为夫妻同穴合葬的案例。但该墓未出墓志以及金银首饰、粉盒等明显有女性特征的随葬品。姑记于此，待考。

"民有母再适人而死者，及父之葬，子恨母不得祔，乃盗丧同葬之。"[1]生母改嫁后，生父在地下落单，孝子不惜犯法（发冢是死罪）以完成父母合葬。该事例固然极端，但足以说明夫妻合葬是普遍流行的观念和习俗。

稍为考究的南宋墓，均为夫妻合葬墓。当时，可能有少数的同穴合葬，即单室墓中容纳一对夫妇，如前揭余杭星桥里山 M12 单室券顶砖室墓，福建也有个别墓例[2]。多数人则行同坟异穴合葬——双穴并列的砖（石）椁石板顶的长方形墓室，通常夫居左穴，妻居右穴，或者妻居左穴，夫居右穴，其上共戴一馒首状封土，例如徐谓礼夫妻合葬墓所示（图 2-1）。这是夫妻合葬的主流，以左、右分室的形式，使男女的性别差异、夫妻的伦理关系，在地下世界得以明确区隔。

并列双室之间，共用一道隔墙。有的合葬墓，在隔墙上开有小窗，以俾夫妻于地下相通，例如龙游寺底袁 M35，合葬墓壁之间开有高 44 厘米、宽 40 厘米的小窗（通道），临安八百里南宋墓隔墙亦开有孔窦[3]（图 2-2）。苏轼《东坡志林》"书温公志文异圹之语"条曰：

> 《诗》云："穀则异室，死则同穴。"古今之葬者皆为一室。独蜀人为一坟而异葬，其间为通道，高不及眉，广不能

1.柳立言：《浅谈宋代妇女的守节与再嫁》，《宋代的家庭和法律》，上海古籍出版社 2008 年版，第 241 页。
2.许曼《跨越门闾：宋代福建女性的日常生活》（上海古籍出版社 2019 年版，第 264 页）列有福州发现的两座夫妻同穴合葬的北宋墓。
3.浙江省文物考古研究所编著：《浙江宋墓·龙游寺底袁宋代墓地》，科学出版社 2009 年版。

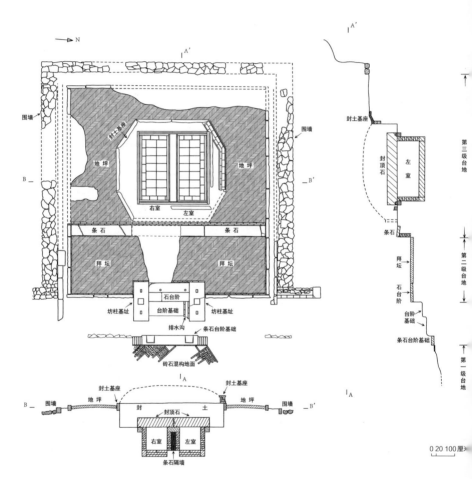

图2-1 徐谓礼夫妻合葬墓平、剖面图

图2-2　临安八百里南宋夫妻合葬墓及其隔墙小窗

容人。生者之室，谓之寿堂。以偶人被甲执戈，谓之寿神以守之，而以石礧塞其通道。既死而葬，则去之。某先夫人之葬也，先君为寿室。其后先君之葬，欧阳公志其墓，而司马君实追为先夫人墓志，故其文曰："蜀人之祔也，同垅而异圹。"君实谦，以为己之文不敢与欧阳公之文同藏也。东汉寿张侯樊宏，遗令棺椁一藏，不宜复见，如有腐败，伤子孙之心，使与夫人异藏。光武善之，以书示百官。盖古亦有是也。然不为通道，又非诗人同穴之义，故蜀人之葬最为得礼也。[1]

1.〔宋〕苏轼：《东坡志林》卷七，曾枣庄、舒大刚主编：《苏东坡全集》第8册，中华书局2021年版。

同坟异穴（即同垅而异圹或同坟异藏）的合葬形式，合情合理。苏轼以其父母为例，说明夫妻死有先后，葬后死之人，如见先人棺骸腐败，恐伤孝子之心，异穴则可使孝子免于伤心，而隔墙开通道又可实现《诗经》"死则同穴"的理想，宜其宣称"最为得礼"。

图2-3 临安八百里南宋墓的隔墙小窗，在结构上削弱了灰隔的密封性

但是，多数夫妻合葬墓的隔墙并不开小窗，这可能出于墓室筑灰隔和密封的需要。开窗，与追求墓室密封和"无使土亲肤"的目标相悖。徐谓礼夫妻合葬墓，其妻林氏所在的右穴，早年经盗掘，随葬品无存，盗墓者欲破墙进入左室，因为隔墙坚固而放弃，徐谓礼文书等有机质文物遂完好保存至今。假如隔墙开有小窗，一室遭盗，另一室必将不保，一室遭发，另一室的密封环境必将改变。开窗固然合礼，却破坏墓室的密封性，故又为多数人弃用（图2-3、图2-4）[1]。

图2-4 湖州风车口M2隔墙之间开有壸门式小窗相通

1.［美］许曼著、刘云军译：《跨越门间：宋代福建女性的日常生活》，上海古籍出版社2019年版，第269页。

这是丧葬实践中，人们在情感与理智之间平衡的结果。

二、夫妻合葬的"左右"位次

浙江南宋墓葬，凡有墓志出土的品官或富裕平民，可以明确判断身份者，大多遵循"男左女右"的位次排列模式[1]。温州赵叔仪墓[2]、黄岩赵伯澐墓、武义徐邦宪墓（图2-5、图2-6）、徐谓礼夫妇合葬墓、新登咸淳八年（1272）梁端礼墓[3]，均为双穴并列墓，男左女右。

图2-5 徐邦宪夫妻合葬墓（自前向后，1为左室徐邦宪，2为右室徐邦宪妻陈氏）

1.墓室的左右判断，依观众的视角而定。依照传统惯例，观众的视角必须顺应坟墓朝向来区分左右室，而不能面向坟墓来判断左右，否则，所谓左右关系正好相反。本书一律以前者为准区分左右。

2.温州市文物保护考古所：《浙江温州南宋赵叔仪夫妇墓的发掘》，《东南文化》2006年第4期。墓葬坐北朝南，赵叔仪居东室，其妻仇氏居西室。

3.杭州市文物考古研究所等：《浙江杭州富阳新登南宋梁端礼墓发掘简报》，《文物》2017年第5期。该墓坐西向东，《梁端礼圹志》竖立于北室内，可见"男左女右"排列。

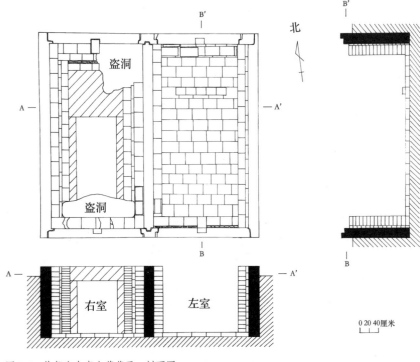

图2-6　徐邦宪夫妻合葬墓平、剖面图

　　个别夫妻合葬墓，例如龙游寺底袁M35长方形砖椁石板顶墓，左、右室的位次排列，略有高下错落，左室（夫室）稍高，右室（妻室）略低，夫室较妻室高出一头（图2-7）。左右并列，以示夫妻一体，而左高右低，以示男主女从，这可能是"以左为尊"或"以左为尚"观念的体现，以左、右位次确认并规范不同人的身份差异。

　　武义明招山吕祖谦家族墓地，据考古调查所见，均为"男左女右"排列，吕祖谦叔父吕大麟《婺州武义县来苏乡明招山吕氏坟域图志》言其家族墓地中的夫妻合葬："夫皆正穴也，妻为祔葬，居

图2-7　龙游寺底袁M35墓室（自后向前拍摄，左室高于右室）

柩之西，而以石隔之。"[1]东为左，西为右，东莱吕氏认可左为正穴，应寓有"以左为正""以左为尚"之意。

同时，以"女左男右"排列的墓葬，亦不在少数，杭州半山钢铁厂韦谦夫妻合葬墓[2]、余姚大隐镇汪大猷夫妻合葬墓（图2-

1.〔宋〕吕大麟：《婺州武义县来苏乡明招山吕氏坟域图志》，民国《（鄞县）木阜吕氏宗谱》卷四《坟域图志》，天一阁博物馆藏。
2.浙江省文物管理委员会：《浙江省杭州钢铁厂宋墓概况》，《浙江省文物考古研究所学刊（第七辑）》。该墓向西，系砖椁石板顶双室墓，北室出土"建宁军节度使之印"、带柄菱花镜和墓志等，南室出土圆形菱花铜镜。可知其为"女左男右"的排列，但发掘简报对墓主人身份未下结论。据李心传《建炎以来系年要录》卷一五九，"（绍兴十九年三月）己亥，德庆军承宣使提举万寿观韦谦为建宁军节度使"，又据周密《武林旧事·高宗幸张府节次略》，绍兴二十一年宋高宗幸清河王张俊第，随从中有"建宁军节度使提举万寿观韦谦"。韦谦始任建宁军节度使在绍兴十九年三月，正与出土官印吻合，则知墓主人为韦谦。韦谦，韦渊次子，高宗生母韦皇后的侄子，《宋史·外戚下·韦渊传》载，"（韦）谦，好学能诗，官至建康（宁）军节度使"，知其为地位尊崇的外戚墓葬。

图2-8 余姚汪大猷夫妻合葬墓（1为汪大猷，2为汪大猷妻楼氏，呈"妻左夫右"排列）

8），均为其例[1]；临安洪起畏夫妇合葬墓，洪起畏妻郎氏圹志出土时，平放于左室前方，圹志上堆砌一层小砾石，与后方的左室前壁（封门）相连，而洪起畏墓志斜靠并紧贴于右室前壁的条石封门上，字口朝内，碑阴朝外，志石底部和上端边缘以白灰黏合固定，亦可明确判定为"女左男右"[2]（图2-9）。

总之，夫妻位次的左右排列，比较灵活、多元，并无定规。

关于夫妻的位次描述，程颐《葬说》有一段话，保留在朱熹文

1.浙江宁波市文物考古研究所等：《浙江余姚大隐南宋汪大猷墓发掘报告》，《南方文物》2011年第4期。汪大猷墓为并列双室的夫妻合葬墓，墓地坐西朝东，尽管墓葬早盗，墓志已经脱离现场，但北墓室曾出土金银首饰，可知汪大猷居于南室，其妻楼氏居北室，南室略高出北室一头，知其为"女左男右"布局。

2.杭州市文物考古研究所等：《临安洪起畏夫妇合葬墓》，文物出版社2015年版。

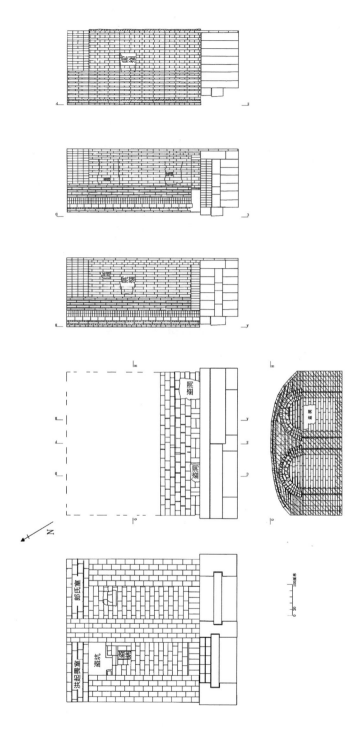

图 2-9 洪起畏夫妻合葬墓室平、剖面图

集中："伊川先生葬法有谓：其穴安夫妇之位，坐堂上则男东而女西，卧于室中则男外而女内。在穴则北方而北首，有左右之分，而无内外之别。"[1]

夫妻在堂上面南而坐，"男东而女西"，犹男左女右，或为日常起居的座次"以左为尊"的体现。但日常生活中的男女区隔，主要是内外之分，而非左右之别，司马光《司马氏居家杂仪》："但凡宫室，必辨内外，深宫固门。……男治外事，女治内事。男子无故不处私室，妇人无故不窥中门。"[2]在居室中，男主外，女主内，夫妻的内外之别被严格区分；但地下世界的夫妻合葬，并不存在内外区隔，只有左右之分。或者说，夫妻内外之别的世俗伦理规范，因为并穴合葬的形态所限，在地下被转化为左右之分[3]。

但与"坐堂上则男东而女西"的规范不同，地下世界的夫妻位次是不固定的，"男左女右"与"女左男右"并存，浙江如此，福建等地亦然[4]。朱熹暨妻刘氏合葬，就采用"女左男右"的位次排列。朱熹曾与门生讨论夫妻合葬中的"左右"问题：

尧卿（李唐咨）问合葬夫妇之位，曰："某当初葬亡室，

1.〔宋〕朱熹：《晦庵集》卷六三《答郭子从》。张载《经学理窟·丧纪》："安穴之次，设如尊穴南向北首，陪葬者前为两列，亦须北首，各于其穴安夫妇之位，坐堂上则男东而女西，卧于室中则男外而女内也。"（《张载集》，章锡琛点校，中华书局1978年版）与程颐的表述类似。

2.〔宋〕朱熹：《朱子家礼》卷一《通礼》引《司马氏居家杂仪》。

3.这段关于夫妻日常生活"内外之别"与合葬"左右之分"的论述，参考了许曼《跨越门间：宋代福建女性的日常生活》第六章《归宿：女性与坟墓》。

4.许曼认为夫妇合葬的相对位置并不固定，在福建36座双室墓中，只有11座可以明确判断为男左女右（见《跨越门间：宋代福建女性的日常生活》，第273页）。

只存东畔一位，亦不曾考礼是如何。"安卿（陈淳）云："地道以右为尊，恐男当居右。"曰："祭以西为上，则葬时亦当如此，方是。"[1]

淳熙三年（1176）十一月，朱熹妻刘氏卒，卜葬于建阳县（今南平市建阳区）唐石大林谷，后与朱熹以同坟异穴合葬。今考朱熹墓地，背倚九龙岩，坐西北朝东南[2]，则其妻刘氏"存东畔一位"即葬于东室，朱熹居西室，正是"女左男右"布局。朱熹坦承"不曾考礼是如何"，但他们援引"地道以右为尊""祭以西为上"之说为自己的行为辩护。

古人有"左东右西"的方位观念。周人尚左，认为天道尚左，地道尚右。所谓"地道以右为尊"符合古人对地势西高东低的日常经验，无论阳宅或墓地的选址，地形是重要指标。地势西北高而东南下，择址于高阜，既宜人居，也宜埋墓，故曰"地道尚右"[3]；所谓"祭以西为上"，据《礼记·王制》规定的宗庙制度，"天子七庙，三昭三穆，与太祖之庙而七"，每逢禘祫大祭，太祖位居中，坐西而面东，再以左右分昭穆，昭南向，穆北向，故曰"祭以西为上"。

南宋时期夫妻位次的左右排列，选择多元，并不存在强制性的规定或约束。但元人赵旸《族葬图说》："墓居茔之中央北首，妻没则祔其右；有继室，则妻居左而继室居右。二人以上，则左右以次

1.〔宋〕黎靖德编：《朱子语类》卷八十九《礼六·昏丧祭》。
2.福建省文物局等编：《朱子福建史迹图集》，福建教育出版社2019年版，第144页。
3.《逸周书·武顺篇》："天道尚左，日月西移；地道尚右，水道东流；人道尚中，耳目役心。"这是先秦古人对天地人的认知。

祔焉。其有子之妾又居继室之次，亦皆与夫同封。按礼虽以地道尊右，而葬法《周礼》昭穆之制，昭穆尚左，故不得不遵用焉。"[1] 元代以后，人们对夫妻位次排列有全新的理解。

按理说，夫妻或妻室之间作为同一代人，绝不存在昭穆关系，但赵眆《族葬图说》在注文中则将"尊者居中，先左后右"和"昭穆尚左"的昭穆概念，破天荒地引入夫妻合葬的阐述中，并以其为"不得不遵用"的原则，严格规范"男左女右"或"夫君居中，妻与继室或多人左右以次祔葬"的排列，这实在是宋元之间深可关注的变化。

整体而言，浙闽两地的南宋墓葬，夫妇的位次关系并不固定。而明清墓葬，夫妻位次则遵守"男左女右"的统一模式，可见宋明之际丧葬观念和行为的变化。

朱熹私下对夫妻合葬及其位次问题偶有讨论，见于《文集》和《朱子语类》中，但在指导士庶日常生活的《朱子家礼》中，并未对此作任何说明。在现实中，朱熹生父朱松墓在崇安县，生母祝氏别葬于"建阳县崇泰里后山铺东寒泉坞"，竟未完成合葬[2]。这说明朱熹对夫妻合葬并无成见，而是让一般士庶在具体丧葬活动中拥有

1.〔元〕佚名：《居家必用事类全集》乙集，"中华礼藏家礼卷"，浙江大学出版社2020年版。据刘未考证，《居家必用事类全集》和元末谢应芳《辨惑编》引述的赵眆《族葬图说》与《族葬图》，其作者并非赵眆，而是出自赵居信编撰的《礼经葬制》。赵居信，字季明，生活于13世纪中期至14世纪早期，在元代由国子祭酒官至翰林大学士，其编纂《礼经葬制》时在大德年间以前的元代早期，目的是以昭穆图（说）补《朱子家礼》此项内容之缺失。元代中期以后，该图即被《居家必用事类全集》等书引用、刊印，广为流传（参见刘未：《赵居信〈族葬图〉考》，《古代文明》第15卷，上海古籍出版社2021年版）。该考证极重要，但对本书引述《族葬图说》讨论相关问题，并无本质影响，故仍以《居家必用事类全集》所引赵眆（季明）《族葬图说》称之。
2.〔宋〕周必大：《平园续稿》卷三〇《史馆吏部赠通议大夫朱公（朱松）神道碑》。

更多自由裁量的空间。这或可解释南宋时期浙江、福建等地依然存在数量不等的单室墓[1]，更不存在强制性地要求位次统一的合葬实践。

三、一夫二妻合葬

假如丈夫先后有原配、继室两任妻子，应该如何合葬？考古所见之三室并列墓，或呈丈夫居中，前妻、继室分列左右，或丈夫、前妻、继室依次排列的形态。宋儒对三人以上合葬看法分歧，张载认为："祔葬祔祭，极至理而论，只合祔一人。夫妇之道，当其初昏，未尝约再配，是夫只合一娶，妇只合一嫁。今妇人夫死而不可再嫁，如天地之大义然，夫岂得而再娶！然以重者计之，养亲承家，祭祀继续，不可无也，故有再娶之理。然其葬其祔，虽为同穴同筵几，然譬之人情，一室之中岂容二妻？"程颐与张载认为鳏夫不得已再娶，只为养亲承家、延续祭祀，日后祔葬的仍是正室，继

1.湖州三天门南宋墓（陈兴吾：《浙江湖州三天门宋墓》，《东南文化》2000年第9期）；吴兴皇坟山南宋墓（吴兴县文化宣传站张葆明、隋全田：《浙江吴兴皇坟山南宋墓清理简报》，《文物资料丛刊》1978年第2辑）；湖州菁山南宋墓（湖州市博物馆：《浙江湖州菁山南宋墓》，《东南文化》2007年第4期）；龙游寺底袁M33（《浙江宋墓·龙游寺底袁宋代墓地》）；长兴县雉城亭子头宋墓（梁奕建：《记忆与探索·长兴雉城亭子头宋墓的清理收获》，浙江人民美术出版社2008年版，第151页）。以上均为砖（石）椁石板顶的单室墓，并出土有较精美的文物。至于单室墓的成因，若无墓志自述，今人无法推测。或因妻子早卒，当初未做合葬寿冢，后来因故未合葬，例如史嵩之未与其早卒的前妻合葬，今史嵩之墓为史嵩之与其继室赵氏合葬墓（宁波市文物考古研究所：《浙江宁波余姚南宋史嵩之夫妇合葬墓发掘报告》，《南方文物》2017年第3期）；或出于特殊原因，有意选择别葬，黄震《黄氏日钞》卷九七《艾隐先生林君（林守道）墓志铭》："先生生于某年某月，以端平元年十二月晦日凤兴盥颜，不疾而逝，年若干。淳祐元年十一月望，葬茶溪之南。娶陈氏。方窆葬时，陈氏犹在，诸孤不忍预死其亲，不并为陈氏祔穴。陈氏卒，又不忍穴先生墓傍，遂起义别葬。"

室只能别葬[1]。

朱熹的观点与张载、程颐不同。在《知旧门人问答》中，朱熹与李煇对此有过讨论："横渠先生（张载）曰：'祔葬、祔祭，极至理而论，只合祔一人。……然其葬其祔，虽为同穴同几筵，然譬之人情，一室中岂容二妻？以义断之，须祔以首娶，继室则别为一所可也。'煇顷看程氏《祭仪》，谓：'凡配，用正妻一人，或奉祀之人是再娶所生，即以所生配。'"但朱熹认为，"《唐会要》有论，凡是嫡母，无先后，皆当合祔合祭"，主张丈夫可与原配、继室等所有具有正式妻子名分者合葬[2]。

继室，是具有名分的正妻，理应与丈夫合葬[3]。诸暨桃花岭出土《赵希贤继室廖氏百十三娘圹志》，系赵希贤撰文，希贤先娶邢氏，继娶廖氏，廖氏卒于宝庆三年（1227），以其年"葬于本县陶朱山邢氏墓之右。邢氏既予前室，今以廖氏同葬，宜矣"[4]。但太常寺簿周汝士，凡三娶，"娶过氏、娄氏、秦氏"，而发掘的墓葬只是周汝士与娄氏的双室合葬墓，过氏、秦氏均未合祔[5]，又可知在现实丧葬中，人们拥有自由的选择空间。

考古所见的丈夫、前室、继室合葬，多呈三室并列的形态。例

1.〔宋〕张载：《张载集·经学理窟·丧纪》，章锡琛点校，中华书局1978年版。
2.陈俊民校编：《朱子文集》卷六十二，转引自许曼：《跨越门闾：宋代福建女性的日常生活》，上海古籍出版社2019年版，第275页。
3.绍熙二年（1191），御史中丞何澹不为继母周氏服丧，遭弹劾去职。《宋史·吕祖俭传》："中丞何澹所生父继室周氏死，澹欲服伯母服，下太常百官议。祖俭贻书宰相曰：'《礼曰》："为伋也妻者，是为白也母。"今周氏非中丞父之妻乎？将不谓之母而谓之何？中丞为风宪首，而以不孝令，百僚何观焉。'"
4.宋美英：《诸暨桃花岭南宋纪年墓研究》，《东方博物（第三十三辑）》。
5.孙金玲：《宋故太常寺簿周公墓》，《东方博物》2018年第1期。

如福州南宋赵与骏夫妇墓，原配黄昇墓室保存完好。该墓坐南朝北，赵与骏卒于淳祐九年（1249），葬于中室，原配黄昇于淳祐三年先葬东室，继室李氏于淳祐七年葬于西室，遂形成原配黄昇居于丈夫右侧的形态。可见，赵与骏与黄昇先以"男左女右"先行合葬，四年后，继室李氏卒，又在丈夫墓室的另一侧（西侧）临时添葬一圹，于是呈现丈夫居中、二妻"先右后左"的形态（图2-10）。

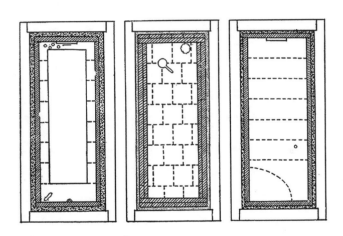

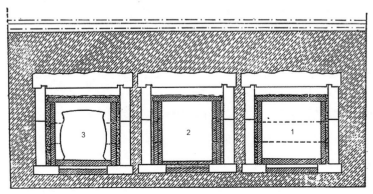

图2-10　福州南宋赵与骏夫妇合葬墓（1为李氏，2为赵与骏，3为黄昇）

图2-11 张适夫妻合葬墓（1为张适，2为董氏，3为李氏，杭州市文物考古研究所施梦以供图）

2019年杭州小和山浙江工业大学屏峰校区1-F山坳地块M10，为枢密院主管文字张适暨妻董氏、继室李氏合葬墓，其便宜行事的"添穴"行为，表现得更加明显（图2-11）。据出土《宋故主管张公并妻董氏、李氏墓碣》，董氏卒于绍兴十七年（1147），先寄攒于普安院，待隆兴二年（1164）张适卒，二人先行合葬于"钱塘西溪钦贤乡之章原"。而李氏卒于乾道三年（1167），则"祔于公坟之侧，次董氏焉"，即在董氏一侧加添一穴。张适、董氏以"男左女右"规划合葬，相邻隔墙间开有小窗，三年后，继室李氏祔葬，便在董氏一侧添穴，遂呈现丈夫居左、原配居中、继室居右的布局。这种通过临时"添穴"的合葬行为模式，与程颐、赵昞《族葬图说》设计的"尊者居中，先左后右"的昭穆葬，序次不同（图2-12）[1]。

继室在丈夫或前室墓圹的另一侧临时加添一圹，可称为"添圹

1.2019年杭州市文物考古研究所发掘资料，承蒙施梦以先生惠示，谨致谢忱。

合葬"或"添穴合葬"。明天顺二年（1458）后，朝廷规定自亲王以下及文武大臣之家，不得夫妇异葬，令"夫妇同坟茔、享堂，庶便于民，且合乎礼"。新制颁布后，若藩王、妃凡已先行合葬者，葬后殁之妃，通常就以"添圹合葬"的形式完成。《明宪宗实录》载，成化四年三月，"辽府枝江王豪壆以祖墓庄惠王妃冯氏卒，乞择地造坟，迁改祖庄惠王合葬。诏不必迁改，只于王旧坟添圹合葬之"[1]。

"添穴合葬"的称谓虽不见于南宋文献，但

图2-12　《宋故主管张公并妻董氏、李氏墓碣》
（杭州市文物考古研究所施梦以供图）

这种行为模式显然符合张适、赵与骏夫妻合葬墓的形态。

值得注意的是，南宋时期出现了个别遵循"昭穆之制"下穴次序的合葬模式，即有意通过"中、左、右"的位次排列以区别身份。如桐庐象山桥南宋墓，考古报告推测丈夫居中，原配葬其左首

1.刘未：《鸡冠壶：历史考古札记》，上海古籍出版社2019年版，第238页。

图2-13 桐庐象山桥南宋墓的三穴位次（自后向前）

下，继室葬其右首下，三穴位次，各有高下（图2-13）[1]。2015年，杭州市植物园桃源岭王洌夫妻合葬墓，系三穴并列砖室券顶墓，各有墓志出土。王洌生前官至武翼大夫，卒于嘉泰二年（1202），葬于中室，同年"举前安人范氏之柩合葬于祖茔之右"。其妻范氏，继室陈氏，俱封安人。范氏葬于左室，出土《范氏之葭》铭墓志；继室陈氏，据出土圹志，卒于嘉定三年（1210），同年"祔于公墓"，则在右室。因各有墓志出土，三穴身份明确（图2-14）[2]。王

1.浙江省文物考古研究所编著：《浙江宋墓·桐庐象山桥南宋墓》，科学出版社2009年版。

2.桃源岭王洌夫妻合葬墓，图片、墓志资料承蒙杭州市文物考古研究所李坤先生惠示，谨致谢忱。

图 2-14 杭州桃源岭南宋王泐夫妻合葬墓（1 为王泐，2 为范氏，3 为陈氏，杭州市文物考古研究所李坤供图）

泐墓室后龛内的"石像"，若确为"石真"，则又可知其为"寿域"，三人之位次在王泐生前便已规划完成（图 2-15）[1]。

这是浙江迄今所见年代最早的明确为"尊者居中，先左后右"的三穴合葬实例。福州茶园山许峻墓，为平顶三圹砖室结构，根据出土墓志，左室葬许峻原配陈氏，中室葬许峻，右室葬许峻继室赵氏（其入葬年代已入元）[2]。征之于文献，镇江金坛人刘宰，系绍熙元年（1190）进士，再婚后，重新安葬前妻，在为亡妻撰写的祭文中说："谨穴其左，以为君永归之地，而虚其中与右，庶某异时

1.石真，是道教系统的葬俗，系预建寿冢时所置。石真是墓主人的石像，作为墓主人的替身埋在寿冢内，欲替代生人，以保寿命延长。参见刘未：《鸡冠壶：历史考古札记》，上海古籍出版社 2019 年版，第 434 页。
2.福建省博物馆：《福州茶园山南宋许峻墓》，《文物》1995 年第 3 期。

图2-15　王洌墓室后壁龛中的"石真"（杭州市文物考古研究所李坤供图）

获没于地得合葬焉。"[1]按照刘宰的设想，本人位居中室、前妻居左、继室居右，其位次排列同于王洌夫妻合葬墓，与元赵昞《族葬图说》"墓居茔之中央北首，妻没则祔其右；有继室，则妻居左而继室居右"设计的所谓"周礼昭穆之制"若合符契。

这种以"尊者居中，先左后右"为下穴次序的多穴合葬，与当时通行的"添穴合葬"不同，可以称为"昭穆启穴"，元明以后在江南大行其道。今由王洌、刘宰二例观之，其做法或可追溯至南宋中期。

1.〔宋〕刘宰：《漫塘文集》卷二六《前室安人陶氏启殡祭文》。

但是，南宋毕竟处于昭穆葬的形成过程中，二人合葬尚且无固定模式，则三人以上合葬，位次排列势必更加多元，如王洙、刘宰者可能只是个别人。朱熹就不赞同将昭穆之制引入丧葬中。

陈淳改葬其父、先妣、继妣时，曾就位次问题与朱熹讨论：

> 陈淳（安卿）又问："某欲改葬前妣，祔于先茔，以前妣与先父合为一封土，而以继妣少间数步，又别为一封土，与朋友议以神道尊右，而欲二妣皆列于先茔之左，不审是否然？程子《葬穴图》又以昭居左而穆居右，而庙制亦左昭右穆，此意何也？"曰："某闻之昭穆但分世数，不分尊卑，如父为穆，则子为昭，又岂可以尊卑论乎？周室庙制，太王、文王为穆，王季、武王为昭，此可考也。"[1]

陈淳改葬先父、先妣、继妣三人，"议以神道尊右，而欲二妣皆列于先茔之左"，但与程颐《葬穴图》主张的昭穆葬冲突，不免困惑。朱熹则以"昭穆但分世数，不分尊卑"为据，认为程颐之说并不适用于夫妻之间的墓穴排列。

在"添穴合葬""昭穆启穴"之外，也有人对夫妻合葬并不经意，例如嵊县周汝士墓，未与三任妻子过氏、娄氏、秦氏合葬；吕祖谦先后三娶，三任妻子前韩氏、后韩氏、芮氏均先于其去世，坟墓俱在武义明招山。据考古调查和文献记载可知，其位次排列均未经精心规划。吕祖谦、前韩氏、后韩氏墓室，各自独立，排成并不

1.〔宋〕朱熹：《晦庵集》卷五七《答陈安卿》。

整齐的一列，材质不一，不同墓室之间也无共用隔墙，为先后临时添建。前韩氏卒于绍兴三十二年（1162），同年葬于明招山祖茔[1]；后韩氏卒于乾道七年（1171），吕祖谦"祔其继室（后韩氏）于原配之兆"，其形态为"与长姊同域异穴"[2]。据现场考察，后韩氏位于前韩氏墓室的右侧，墓向稍偏，两墓形成夹角；吕祖谦卒于淳熙八年（1181），临时添穴于前韩氏左侧，遂出现以前韩氏居中的布局；而第三任妻子芮氏卒于淳熙六年七月，则"祔于婺州武义县明招山先君（吕大器）兆域之右"[3]，并未与前两任妻子合葬。吕祖谦对身后之事并不经意，只是强调入葬祖茔，至于墓室结构、位次排列之类，均无拘忌[4]。

四、妻妾合葬

三室、多室合葬墓，在形态上，是双室墓的添加和延伸。三室

1.〔宋〕韩元吉：《吕祖谦妻前韩氏墓志》，傅毅强、郑嘉励编：《武义宋元墓志集录》，浙江古籍出版社2019年版。前韩氏墓志，于2014年由浙江省文物考古研究所主持的武义明招山吕祖谦家族墓地调查时出土，其墓地形态亦据调查所见。

2.〔宋〕吕祖谦：《东莱吕太史文集》卷十三《祔韩氏志》《祔芮氏志》。

3.〔宋〕吕祖谦：《东莱吕太史文集》卷十三《祔韩氏志》《祔芮氏志》。

4.吕祖谦看待死生，见识通达，对墓地的选择和营造，百无拘忌，为人周知，黄榦称"惟吕东莱真是大贤，见得明白"。黄榦《勉斋集》卷四《与某书失名》："榦去岁扶护还家，家兄相谋葬地，告以蔡丈（蔡元定）所迁穴。只是盖得不密，地中虽有水痕，而所藏之禾两年尚发青牙，此可见地气之暖。家兄不从，乃自见行视数处，皆全不成形局，后乃注意两处，其一号庵前，其一号后窟。庵前却在旧坟包内，止是山包向里，却于山背开穴，形尖势反，风气宣泄，土石顽矿。后窟乃在背，逼窄反逆，又更全不成地头。此两处虽村夫牧童亦知其不可，家兄执之甚坚，其说以为合宗庙水法。及亲旧如肤仲、景思、谦之、彦忠、溥之诸人来说，即以无风水、无祸福却之，以为蔡季通信风水邪说，故有身窜子死之祸，惟吕东莱真是大贤，见得明白。诸弟力以为言，则欲委而不葬。"

图2-16　温岭新河南宋戴氏家族墓

　　墓，几乎不见于北宋，但在南宋中期后逐渐流行起来；多室并列合葬，南宋犹少见，但在明代以后逐渐增多。这种发展趋势符合儒家对合葬的价值期待，唯其具体的演进过程，尚待揭示。

　　南宋三穴或多穴并列合葬的墓葬，若无圹志出土，发掘者通常推测其为妻妾及多妾的合葬。这是不对的，其实，三穴墓多为夫君、前室、继室合葬，三穴以上多为父子（包括其各自正妻）合葬，例如温岭市新河戴氏家族墓，系三座双穴券顶砖室墓，凡六圹并列合葬（图2-16）[1]；或为庶出子与所生母及其妻、继室的合葬，例如金华郑继道与所生母徐氏、妻陈氏、继室钱氏的四圹并列合葬[2]。家是经营共同经济生活的单位，唯有共财，才是同一家人。

1.张淑凝：《温岭和头梁宋代戴氏家族墓清理报告》，《东方博物（第四十三辑）》。
2.赵一新等：《金华南宋郑继道家族墓清理简报》，《东方博物（第二十八辑）》。

所谓全家人，包括父母子女，妾不包括在内[1]。宋代所谓"一夫一妻多妾制"家庭，正妻是家庭中所有子女共同的合法母亲，侧室（妾）不属于正式的婚姻关系，妾可以生子，却无母亲之名分[2]。

原则上，姬妾绝不可与夫君合葬，即便尊贵如权相史弥远，因系庶出，其生母周氏只能别葬于鄞县福泉山大慈山王坟畈，未能与史弥远生父史浩合祔[3]。宋代历史上只有极个别的例子，如庶子显达，改葬父母时，可稍作特殊安排。韩琦为生母胡氏所撰墓志云："庆历五年（1045）二月二十三日，（韩）琦奉皇考太师、皇妣仁寿郡太夫人归厝于相州安阳县之新安村，以所生大宁郡太夫人侍葬焉。棺椁之制，率用降等，安神之次，却而不齐，示不敢渎也。夫礼，非天降地出，本于人情而已矣。今夫人从太师于此域，所以慰孝心而称人情也。"[4]韩琦以生母侍葬，但知道此举违悖礼法，遂以孝心、人情为由作辩解，且不得不令胡氏棺椁降杀、位次退却以示卑微。这一特殊个案，只能说明宋代礼法不允许妻妾合葬。

但元代以降，姬妾合葬似稍可网开一面，前引元赵昞《族葬图

1.梁庚尧：《中国社会史》第十二讲《新家族制的形成与发展》，东方出版中心2016年版，第269页。

2.唐代后期，庶出的皇子登基后，可将生母尊奉为皇太后，并将其送进太庙作为先帝的皇后。但类似做法在宋代却行不通，宋代思想文化的一大特征，是较以前更加强调名分秩序的坚守。赵冬梅：《"先帝皇后"与"今上生母"：试论北宋政治文化中的皇太后》，张希清等主编：《10—13世纪中国文化的碰撞与融合》，上海人民出版社2006年版。

3.《宝庆四明志》卷十二《鄞县志·叙山》："大慈山，在东钱湖下水泷，今丞相史鲁公（弥远）葬母夫人之地，以此著名。"宋元浙江方志集成本，杭州出版社2009年版。按，史弥远亦葬于大慈山，距离所生母周氏墓约100米，今墓址尚存，墓前设有石象生，见杨古城、龚国荣：《南宋石雕》，宁波出版社2006年版。

4.〔宋〕韩琦：《太夫人胡氏墓志铭》，《安阳集》卷四六《墓志》，北京图书馆古籍珍本丛刊，书目文献出版社1998年版。

说》："墓居茔之中央北首，妻没则祔其右；有继室，则妻居左而继室居右。二人以上，则左右以次祔焉。其有子之妾又居继室之次，亦皆与夫同封。按礼虽以地道尊右，而葬法《周礼》昭穆之制，昭穆尚左，故不得不遵用焉。"合葬标准已放宽至有子之妾，更主张"昭穆启穴"。赵晫对此解释道："昭尚左，穆尚右，贵近尊也。北首，诣幽冥也，妻、继室无所出，合祔其夫，崇正体也。妾从祔（妻曰合，妾曰从），母以子贵也（有子则然）。与夫同封，示系一人也。"

清人程文彝《葬纪》更称："合葬者，死则同穴之义，不独正配然也，再娶、三娶及妾，皆得祔。所严者，义绝与失节耳。"明清时期的合葬尺度进一步放宽，姬妾无论是否育有子嗣，只要非义绝或失节者，均可以排位在正室、继室之后，与丈夫合葬。

姬妾合葬在宋代有乖礼法，明清时期则为多数人家普遍接受。例如江宁景泰、成化年间的沐斌夫妇墓，初建时并列三穴，沐斌居中，先娶张氏、继娶徐氏分列左右，侧室梅氏以其子沐琮袭封黔国公爵而贵，死后享受"合葬祖茔"的待遇，则于沐斌墓室左侧添建一穴。嘉兴王店万历年间的李湘夫妇墓，李湘与正妻胡氏的并列双室居后，妾陈氏单室墓居左侧前方，妾徐氏单室墓居右侧前方，四穴同封。陈氏所出的儿子李芳曾高中进士，母以子贵，故而相对于徐氏，占据左侧的尊位（图2-17）[1]。

明代妻妾合葬"昭穆启穴"的布局方式，与赵晫《族葬图说》

1.吴海红：《嘉兴王店李家坟明墓清理报告》，《东南文化》2009年第2期。李湘正妻胡氏未出墓志，其姓氏信息，据清乾隆三十三年（1768）《（嘉兴）梅会李氏族谱》卷一。

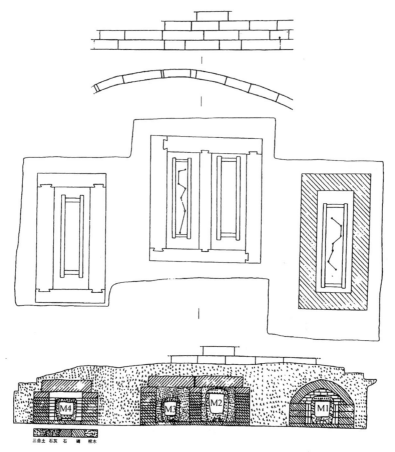

图2-17 嘉兴王店明李湘夫妇墓（M2为李湘，M3为李湘正妻胡氏，M1为妾陈氏，M4为妾徐氏）

所倡相合，而与南宋流行的"添穴合葬"不同。明代帝王陵墓的葬式，凡夫妻合葬者，以墓主本身定向，均为男左女右，唯兰州上西园某王府墓例外，夫妻三人合葬者，则男居中，次左位，再次右位，墓室中的尊卑位次与明代宗庙、陵园享殿中的神主排序方式一致[1]，也以"昭穆启穴"为主流。

要之：一是宋明之间，妻妾合葬的标准和观念发生较大变化，由宋代姬妾不得祔葬转变为明清时期正配、再娶、三娶及妾均应祔葬，南宋多室并列合葬墓，不可推定为妻妾合葬，而元明以后常见的多室合葬，则可能包括姬妾在内；二是南宋夫妻合葬，位次排列随意，而明代以后"昭穆启穴"模式成为主流。刘未认为，通过宋明之间妻妾合葬观念与行为模式的变化，可见"丧葬观念之宋元明转型，亦可谓巨矣"[2]。

该变化与宋明之间服丧制度的发展趋势吻合，实质就是母亲在丧葬中地位的提高。唐代以前，《仪礼·丧服》规定：丧服礼的最高级别为斩衰，皆服三年，适用于子为父、妻为夫、臣为君；而母亲去世时，若父亲先亡，则子为母服"齐衰三年"，若父在，则为母服"齐衰杖期"（15个月），母丧的地位明显低于父丧，即使是较重的"齐衰三年"，也无法与父丧"斩衰三年"相比[3]。据《大唐开元礼》，父在，为母服"齐衰三年"成为定制，尽管母亲的地位得以提升，但仍未能与父丧"斩衰"平等。宋代承袭唐制，直到明太祖朱元璋时，贵妃孙氏薨，敕礼官定服制："子为父母，庶子为其母，皆斩衰三年；嫡子、众子为庶母，皆齐衰杖期。仍命以五服丧

1.刘毅：《明代帝王陵墓制度研究》，人民出版社2006年版，第398页。

2.刘未：《鸡冠壶：历史考古札记》，上海古籍出版社2019年版，第180页；金蕙涵《情与德：论明代江南地区的侧室合葬墓》，以较多实例说明明代江南地区丈夫与妻妾合葬的流行，但在唐宋时期则几乎不存在此种做法，《（台湾）政治大学历史学报》2012年第37期。

3.丁凌华：《中国丧服制度史》，上海人民出版社2000年版，第141—142页。

制，并著为书，使内外遵守。"[1]

明初，父母在丧服礼中得以实现真正的对等，也为庶母在丧服中赢得合理地位。这一变革，理应会影响并促使妻妾合葬观念及其行为模式的变化。

五、昭穆与昭穆葬

前文关于合葬位次的讨论，已涉及合葬、族葬中的重要概念——昭穆，有必要在此详加讨论。

何为昭穆？《左传·僖公二十四年》富辰谏襄王曰："昔周公吊二叔之不贤，故封建亲戚以藩屏周。管蔡郕霍，鲁卫毛聃，郜雍曹滕，毕原酆郇，文之昭也；邘晋应韩，武之穆也。"杜预注曰："十六国，皆文王子也；四国，皆武王子也。"[2]以文王之子为昭，武王之子为穆。换言之，在"昭""穆"分别使用时，昭指文王诸子，穆指文王诸孙，即父为昭，子为穆。

当"昭""穆"连用时，"昭穆"概念则通常引申为"辈分"之义。朱凤瀚据《左传》《国语》及《周礼》《礼记》诸书所见之"昭穆"，将其含义归纳为：其一，在《左传》《国语》中，当"昭""穆"分别使用时，常被用于指称同宗的男性亲属间的上下两代人的关系；其二，当"昭""穆"二字连属即以"昭穆"为

1.《明史》，中华书局1975年版，第1493页。明初丧葬礼俗改革，更定丧服体系，以洪武七年《孝慈录》的编纂为标志，明太祖以"父母之恩，一也"为由，将母丧抬高到与父丧同等的地位，并奠定了明清两代丧服制度的基础，参见日本学者井上彻《明朝对服制的改定——〈孝慈录〉的编纂》，收入井上彻《中国的宗族与国家礼制》，上海书店出版社2008年版，第329—352页。

2.《左传》，晋杜预注，上海古籍出版社2016年版。

一词语时，则可以指称同宗男性亲属间的辈分关系，而不限于上、下两代，含义相当于今日所言"辈分"或"世次"之义，犹如现代汉语以"长短"表示尺寸、"冷热"表示温度；其三，在《周礼》《礼记》等礼书中，昭穆在表示"世次""辈分"的意义层面被轮回化，即将《左传》《国语》中仅用来指称同宗男性成员辈分关系的昭穆，按世次先后、隔世重出轮回排列[1]。如此，则父为昭、子为穆、孙又为昭、曾孙又为穆，以此类推，直至无穷。

概言之，"宗庙之制，但以昭穆分左右，不以昭穆为尊卑"，父子异昭穆，兄弟昭穆同。《礼记·祭统》："夫祭有昭穆。昭穆者，所以别父子、远近、长幼、亲疏之序而无乱也。是故有事于大庙，则群昭群穆咸在，而不失其伦，此之谓亲疏之杀也。昭、穆咸在，同宗父子皆来。"每一"昭""穆"都包含若干代人，主要指以父系为准、纵向的代际关系和横向的长幼关系，而非不同人之间的尊卑关系。更加重要的是，礼书将这种轮回化的昭穆概念引申为一种制度，施用于宗庙中的神主、墓地里的墓主及其位次排列。

以昭穆制为核心理念的族葬之说，则出于《周礼》。

《周礼》所述两种族葬墓地，一为公墓，一为邦墓。公墓是天子及其同姓的墓地，即"王之墓域"，由冢人负责管理。《周礼·春官·冢人》："冢人掌公墓之地，辨其兆域而为之图。先王之葬居中，以昭穆为左右（郑玄注：公，君也。图，谓画其地形及丘垄所处而藏之。先王，造茔者。昭居左，穆居右，夹处东西）；凡诸侯居左右以前，卿大夫、士居后，各以其族（郑玄注：子孙各就其所出王，以尊卑处其前后，而亦并昭穆）；凡死于兵者，不入兆域。

1.朱凤瀚：《论所谓昭穆制》，《中国社会科学》2022年第1期。

凡有功者居前。以爵等为丘封之度与其树数（郑玄注：别尊卑也。王公曰丘，诸侯曰封）。"《周礼·春官·墓大夫》："墓大夫掌凡邦墓之地域，为之图（郑玄注：凡邦中之墓地，万民所葬地）。令国民族葬，而掌其禁令（郑玄注：族葬，各从其亲）。正其位，掌其度数（郑玄注：位，谓昭穆也。度数，爵等之大小），使皆有私地域。"[1]郑玄将墓位解释为昭穆，是其认为国民的族坟墓位次也应该按照昭穆制度规划。

后世所谓昭穆葬，大概均以"先王之葬居中，以昭穆为左右，凡诸侯居左右以前，卿大夫、士居后，各以其族"为本。昭穆是与族葬匹配的理念，以"左昭右穆"的位次排列，区分家族成员之间的父子、远近、亲疏的长幼之序；而尊卑之别，则另有爵等（度数）、前后等区分的手段。

但在现实丧葬中，严格按照《周礼·春官》规划的昭穆制墓地，自先秦迄于唐五代，未见任何考古实例[2]。直到北宋，才有程

1.〔清〕孙诒让：《周礼正义》卷三十《春官·宗伯》，中华书局1987年版，第1696—1707页。

2.朱凤瀚《论所谓昭穆制》认为，《周礼》《礼记》所谓昭穆制，虽有强化礼治之目的，但有其构拟成分，例如所谓昭穆制将"昭""穆"作为宗族成员固定的名分，在祭祀活动中按"昭""穆"分群，"昭与昭齿""穆与穆齿"，既然"昭""穆"要在多代人中间轮回，那就无法清楚地显示严谨的世系关系，只是导出了隔代相近的规则。在古代宗族组织皆有世系谱牒的情况下，相信长幼亲疏不会依靠轮回的"昭""穆"分类来明确。该文以大量实例说明先秦时期并无贵族墓地按照所谓昭穆制规划、设置的实例。又，元明江南地方大族，凡冠昏丧祭，悉遵礼法。据明吴宽《家藏集》卷三二《义乌陈氏祠堂记》，浦江麟溪郑氏义门，多代聚居，远近闻名。邻县义乌陈氏为祠堂中的神主位次排列犯难，因为"祠堂不难于作，难者神主之位次，欲其当乎义而不失乎礼也"，遂往麟溪郑氏义门考察，各地观礼者"皆自远而来"。祠堂内神主的排列，尚且如此困难，现实丧葬中既要处理家族成员错综复杂的关系，何况人死有先后，又要在复杂的地形中规划昭穆序次，欲付诸实践，其难度可知。

颐、蓝田吕氏诸儒对《周礼》昭穆葬制的经典文本有所诠释，并付诸实践。

昭穆是复杂而流动的概念，概括言之，宋元时期对昭穆墓地有五种不尽相同的理解。

图2-18　程颐《葬说》下穴昭穆图

（1）首先，《周礼》"家人掌公墓之地，辨其兆域而为之图，先王之葬居中，以昭穆为左右，凡诸侯居左右以前，卿大夫、士居后，各以其族"，这是昭穆葬的主要儒家经典依据。

（2）程颐有感于当时"下穴之位，不分昭穆，易乱尊卑"的状况，有意复古，仿效《周礼》昭穆葬，其《葬说》曰："葬之穴，尊者居中，左昭右穆，而次后则或东或西，亦左右相对而启穴也"[1]，并绘制"下穴昭穆图"以说明启穴次序（图2-18）。即以尊穴（祖坟）居中，第二、第三、第四、第五、第六、第七穴，依次分列左右的排布形态。

但是，程颐的表述颇有问题。《周礼》昭穆之制，本来用于区分代际关系，以昭穆分左右并维持长幼有序，并不以昭穆为尊卑。在程颐的设计中，昭穆被强调为"中、左、右"的位次区分，似乎既可指纵向的代际秩序，也适用于平辈的家族成员。而程颐"不分昭穆，易乱尊卑"与"尊者居中"等说法，将位次与尊卑秩序联

1.《二程集·河南程氏文集》卷十《葬说》，第623页。

系。昭穆位次与长幼、尊卑等不同的观念遂被混淆起来。前揭朱熹与陈淳的对话，朱熹就以"昭穆但分世数，不分尊卑"为由，并不认同程颐设计的"葬穴图"。

勇于复古的蓝田吕氏家族，其家族墓地规划呈现出明确的昭穆葬意图：吕氏墓园诸墓的横向排列：祖、孙可居一排，父、子须异排安置，呈现为祖一排、父一排、子一排、孙一排，四代人分为四排的墓地形态；以第三排的第三代"大"字辈成员为例，嫡长孙吕大圭居中，其余人等以序齿依次分列左右[1]。蓝田吕氏墓园的排列法，以昭穆分世数，以左右别嫡庶、长幼，但不分尊卑（官位最高的吕大防，因年龄稍小，排在第三排右一的位置），这与程颐"下穴昭穆法"的理念有所不同。但程颐、蓝田吕氏以昭穆葬对抗堪舆观念的用心，是相同的。

朱熹以"昭穆但分世数，不分尊卑"为由，不赞同程颐的主张，认为昭穆不适用于丧葬。但是，元明以后的历史发展，则超出了朱熹的预想。

（3）元代《居家必用事类全集》所载赵昞《季明赵氏族葬图》，及《族葬图说》针对当时"葬者惑于流俗，困于拘忌，冢墓丛杂，昭穆混淆，使不可辨识。又或子孙丰显，耻葬下列，别建兆域，以远其祖"的现象，主张将风水因素从墓地中剥离，以《周礼》族坟墓的价值主导墓地规划。《赵氏族葬之图》："凡为葬九世之茔，当以祖墓为分心，南北空四十五步，使可容昭穆之位。"以祖坟居中，子为昭，孙为穆，曾孙为昭，玄孙为穆，分列于祖坟的前方左右，同昭或同穆"不论嫡庶贵贱，皆序齿列葬"，而夭殇男女人等则统

1.陕西省考古研究院等：《蓝田吕氏家族墓园》，文物出版社2018年版。

一安排于祖坟的后方，对昭穆葬较程颐又有进一步整体化、规范化的设计。

《族葬图说》首先说明"墓之葬，则以造茔者为始祖"，其下注曰："墓居茔之中央北首，妻没则祔其右；有继室，则妻居左而继室居右。二人以上，则左右以次祔焉。其有子之妾又居继室之次，亦皆与夫同封。按礼虽以地道尊右，而葬法《周礼》昭穆之制，昭穆尚左，故不得不遵用焉。"——在同昭或同穆的位次排序中，赵昞强调"不论嫡庶贵贱，皆序齿列葬"，但在同一座"同坟异穴"合葬墓的内部，他却强化了"尊者居中、先左后右"的意识。《族葬图说》在程颐《葬说》的基础上扩大了"昭穆"的概念，本来只是处理代际关系的"昭穆"，并不适用于同辈的夫妻之间，现在则扩大到夫妻、继室，甚至包括姬妾在内。这是宋元之际值得关注的变化。

（4）昭穆并非儒家的专利话语，地理术士规划家族墓地也主张昭穆。《重校正地理新书》卷一三"步地取吉穴"条："凡葬有八法，步地亦有八焉：……八曰昭穆，亦名贯鱼。入先茔内葬者，即左昭右穆，如贯鱼之形。"五音墓地中有一种"昭穆贯鱼葬"法，在同一墓园内，分尊、次、卑三穴，略呈"品"字状排列，即同一墓园内部，按标准三穴左右分列的布局形式，而先后不同的墓园则呈斜向排布，以区分不同家族成员之间的长幼尊卑（图2-19）。杭州西湖南山赤山埠修吉寺庄文太子（赵愭）、景献太子（赵询）攒宫以"角音法"规划，嘉定十三年（1220）景献太子攒宫选址"应

地理新書角姓貫魚葬圖解　　　地理新書昭穆葬圖　　　宋妇人矽繪画磚中的以条穿魚之狀

图2-19　宿白《白沙宋墓》为《重校正地理新书》的昭穆贯鱼葬所作图解

得昭穆尊卑次序，于礼典别无违碍"[1]，可证五音墓地与"昭穆尊卑"观念并不冲突，而昭穆与尊卑这两个不同的概念范畴竟然混同表述，犹如同义的概念。

　　五音墓地同一墓园内部的墓穴排列形态，以及不同墓园之间的斜向排列，绝非程颐设计的"中、左、右"的标准形态。但这不妨

1.《宋会要辑稿》礼四三之五："（嘉定十三年八月九日）刑部尚书、护丧葬事徐应龙等言：'本所据判局刘居仁、天文官胡居中相视路逐到庄文太子攒所之东空地一段，堪充皇太子攒堂。应龙等将带克择、礼直官前去相视上件地段，林木茂盛，土肉肥厚，即无水脉，仍于庄文太子梉星门之北同向别置门户，委是利方地段。修制今来皇太子攒堂，应得昭穆尊卑次序，于礼典别无违碍。……又据刘居仁等供到皇太子攒穴，用格盘南针定验得其地系离山，坐丙向壬。若将来开掘神穴，合深九丈，应得天星凤凰成吉。及勒令临安府壕寨打量到皇太子新攒地段，标立围墙，内南北入深一十八丈，东西阔一十六丈。勒画匠照庄文太子攒所样制造图见到，乞下临安府、两浙转运司照应体式制度起盖施行。'从之。"景献太子攒宫选址，由太史局、司天监天文官勘察，以角音大利向"坐丙向壬"为选址的标准。

碍地理术士自称其为昭穆，毕竟二者以位次规范秩序的理念是一致的，唯昭穆的位次概念与长幼尊卑的抽象伦理概念之间的界限愈加模糊，以至于"昭穆尊卑"成为后世固定的词汇。

（5）第五种昭穆概念，在士人的话语中最为常见。一般士人泛称的昭穆，仅指合葬、族葬或日常生活中的家族伦理原则，与具体墓穴位次、墓地形态未必相关。例如吕祖谦《金华时澯母陈氏墓志铭》宣扬族坟墓"是维死生之大纪，三代相传而不变者也。居焉而父子有秩，兆焉而昭穆有班，奇邪谲怪之说未尝出于其间"；又如吕祖谦《金华游玤母陈氏墓志铭》称游氏"祖墓岸城濠，湫隘无以族昭穆，乃卜地于城之东"[1]这种泛指的昭穆，只是合葬、族葬或秩序的近义词，与实际位次排列无关。如前所述，吕祖谦对身后之事并不经意，只强调入葬祖茔的重要性，至于下穴位次之类，毫无拘忌。显然，吕祖谦标榜的昭穆，只是以合葬、族葬抗衡风水的概念工具。

以上五种昭穆观念，有联系也有区别，需要结合具体语境具体分析。简言之，第一种是先秦儒家经典"但以昭穆分左右，不以昭穆为尊卑"的昭穆观念；第五种昭穆概念，旨在倡导聚族合葬的秩序和伦理价值；第四种的五音墓地，主要流行于中原北方地区，情形稍特殊，暂且不论；第二、第三种昭穆，不仅指观念，更是落实于墓地中的具体实践，即以位次排列规范不同成员的身份秩序。我们将依据此种观念规划的家族墓地称为"昭穆启穴"的昭穆墓地。

程颐主张昭穆葬，"下穴昭穆图"在士人中虽有其影响力，但

1.《吕祖谦全集》第一册《东莱吕太史文集》卷十三，黄灵庚点校，浙江古籍出版社2008年版。

在当时，响应者寥寥，唯前揭王洌、刘宰数例而已，朱熹对此也不以为然。昭穆是与族葬关联的理念，朱熹认为江南族葬之制既已沦丧，昭穆自无从谈起。

朱熹又说："按昏礼良席在东北上，此是卧席之位，无内外之别也。其祖已葬系南首，其后将族葬则不可得，而北首则祖墓，不可复迁，而昭穆易位。未见后葬不可北首之意。昭穆之说亦不可晓"；"伊川（程颐）葬说，其穴之次设如尊穴南向北首，陪葬前为两列，亦须北首，故葬图穴一在子，穴二在丑，穴三在亥，自四至七皆随其东西而北首，而丙午丁独空焉。是则伊川之所谓北首者，乃南向也。又云昭者当南向，则穆者又不可得而然也。此两节不晓所问之意，恐是错看了，请更详之。昭南向，穆北向，是庙中祫祭之位，于此论之，尤不相关。"[1]

朱熹认为昭穆适用于庙制，用于墓地则既不可晓，也无法操作。由此又可知，朱熹夫妻合葬采用"女左男右"布局，父母、祖父母则分葬各地，都是他们灵活、务实而不为昭穆葬制所囿的选择。

但是，元明以后妻妾合葬墓的流行，随着"男左女右"和"尊者居中，先左后右"合葬模式的固定化，尤其是类似明万历年间嘉兴王店李湘妻妾合葬墓模式的流行，与朱熹生活的南宋时代相比，真可谓"换了人间"！

1.〔宋〕朱熹：《晦庵集》卷六三《答郭子从》。

第二节　两代人与三代人合葬

夫妻合葬是同一代人之间的合葬。同代人合葬还有另一种情形，即兄弟合葬，较为少见，多出于兄弟情深等特殊原因，因无科学的考古发掘资料，推测亦有"同坟异穴""异坟异穴"两种形态，但具体位次排列不详[1]。

在"夫妻—父子—兄弟"的家庭伦理差序格局中，父子伦理的重要性仅次于夫妻。两代人合葬，主要是指父子合葬。

一、父子合葬

父母与子孙同籍共居，既是儒家的道德理想，更是受法律保护的家庭制度。《宋刑统》首卷列为"十恶"之第七种"不孝"，是官司受理的大罪。《宋刑统》卷十二《父母在及居丧别籍异财》："诸

1.宁波奉化淳熙十一年（1184）《宋故张君以礼（正国）墓志》，张正国，字以礼，双亲去世后，与乃兄"对床共爨，外营内办"，情同手足。初，"以礼为伯氏治寿藏于邑之龙潭山，长男之卒，又自择是山之别垄以葬，曰：'吾异日亦归于是，庶几弟兄相依，不负他日同居之志耳'。今其孤以次年十二月庚申成其志云"。因为兄弟情深，故而"别垄合葬"，即"异坟异穴"合葬（见章国庆编著：《宁波历代碑碣墓志汇编》）；台州温岭出土林克己、林正己圹志。朝奉郎、建德府通判林克己，宋元鼎革后，隐居不出。其弟林正己，终身不娶，克己以子过继为其后。兄弟"友爱异常"，其弟卒后五年，元至大庚戌（1310）林克己亦卒，遗嘱"恨生不同居，期合葬焉"。延祐三年（1316）诸孤将二人"奉枢合葬于叶山之原"。今兄弟二人墓志并出，或可推测其为"同坟异穴"合葬［见台州地区文物管理委员会编（丁伋）：《台州墓志集录》，1988年内部编印］。

祖父母、父母在，而子孙别籍、异财者，徒三年。别籍、异财不相须，下条准此。若祖父母、父母令别籍，……徒二年，子、孙不坐。"直系家庭的三代成员，当祖父母及父母在世时，必须与子孙同一户籍，即所谓"同籍共居"。宋元时期，社会上下"自翁及孙三世同居者比比皆是"，据《元典章》卷三三《五世同居旌表其门》，元初规定必须五世以上同居者才有资格获得旌表[1]。

父子生前同居，死后合葬，亦为儒家伦理所鼓励。

台州温岭市（宋属黄岩县）新河镇戴氏家族墓，依山而建，三座双穴券顶砖室墓并列，凡六圹，各圹紧邻，一字排开，共顶一封土，呈"同坟异穴"形态。正中二圹，为戴忱（M2-B）及妻林氏（M2-A）合葬，为"夫左妻右"的布局，据圹志，戴忱系"淳熙己酉（1189）十二月壬寅葬于（黄岩县）太平乡湖湾之原"；左下二圹，为次子戴勋（M3-A）及妻林氏（M3-B）合葬，则呈现"女左男右"的布局，《戴勋圹志》称其于"嘉定辛巳（1221）十月庚午祔葬于太平乡湖湾先茔之原"，结合现场分析，此处"先茔"仅指考妣坟墓而言，而非广义的祖先坟墓；右下二圹，为第三子戴温（M1-B）及妻车氏（M1-A）夫妻合葬，呈"男左女右"的排列，《戴温圹志》称其"卒于嘉定甲戌（1214）八月初十日，越五年（1219）祔葬于太平乡湖湾祖茔之右"（图2-20）[2]。

戴忱共有三子，其长子应辰早卒，未能祔葬，墓地中只有戴忱夫妇与其第二、第三子合葬。三座夫妻合葬墓，略有参差错

1.柳立言：《从法律纠纷看宋代的父权家长制——父母舅姑与子女媳婿相争》，《宋代的家庭和法律》，上海古籍出版社2008年版，第252—257页。
2.张淑凝：《温岭和头梁宋代戴氏家族墓清理报告》，《东方博物（第四十三辑）》。

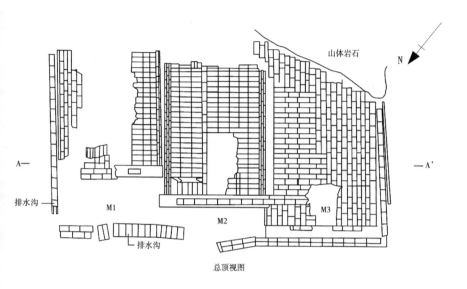

总顶视图

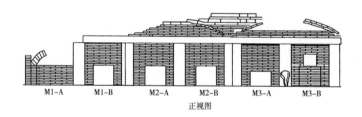

正视图

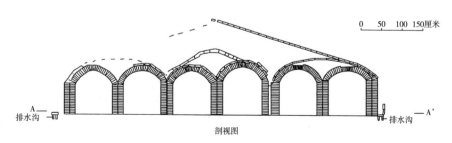

剖视图

图2-20　温岭新河镇戴氏家族墓平、剖面图

落，以父居中，次子居左，第三子居右，整体似曾有昭穆启穴的考虑，但次子戴勋及妻林氏合葬呈女左男右排列，显系临时的添穴合葬。

温州市瓯海区（宋属永嘉县）郭溪镇梅园村张辉、张孝恺父子合葬墓，墓地坐北朝南，共有五圹并列，其中三圹为长方形砖室券顶墓，两圹为长方形砖椁石板顶墓，可知其并非出于一次性的整体规划，而是不同时期的添穴合葬。各圹均有墓志出土：从右至左（自西至东），依次为张孝恺妻赵氏、张辉妻赵氏、张辉、张辉继室曹氏（孝恺生母）、张孝恺圹。

张辉，字子充，人称草堂先生，是温州著名学者。两娶赵氏，再娶曹氏（曹氏原为瑞安唐奥林晞孟妻，生林松孙，后改嫁张辉）。张辉共有三子：孝惇（前赵氏所出）、孝恮（后赵氏所出）、孝恺（曹氏所出），唯张孝恺卓然成家，孝恺次女嫁名儒陈傅良。

张辉于绍兴三年（1133）"卜葬于（永嘉县）建牙乡圹下山之原"；据《张辉妻前赵氏圹志》载，前赵氏卒于崇宁元年（1102），次年十二月"葬于建牙乡集云院东山之原"。该墓地早于张辉去世前五年已形成。

张辉及妻前赵氏，居中间两圹，呈"男左女右"排列；继室曹氏于绍兴二十二年（1152）祔葬于张辉左侧偏后，则呈类似福州赵与骏夫妻合葬墓那种以丈夫居中、先右后左的位次排列，应属添穴合葬；后赵氏未祔葬，原因不详；张孝恺卒于乾道三年（1167），祔葬于所生母曹氏左侧一穴，与其圹志所载"祔葬于皇考妣墓之左"吻合。据圹志，张孝恺妻赵氏以淳熙元年（1174）"祔葬于八行（张辉）宅兆之右位"，在墓地中正是居于张辉妻前赵氏之右，而与其丈夫张孝恺分处墓地西、东两端[1]。

这是两个科学发掘的父子合葬墓例，直观展现了传统家庭"夫妻一体、父子一体、兄弟一体"的次序原则，也可见同坟异穴的多穴合葬，或因思想观念的差异，或因实际操作的便利，多采用添穴合葬的形式。父子合葬中的位次排列比较灵活、多元，并不存在规律性的下穴次序规则。但在墓地中，似存在局部的位次规划，至少二者均将父母安排在正中位置，符合"尊者居中"的日常伦理共识。

在现实中，父子同坟合葬的数量可能远少于异坟合葬。绍兴府余姚县赵善隆夫妻墓，据《赵善隆妻胡氏圹志》载，胡氏以淳祐七年（1247）"葬于余姚县云楼乡藏湖之东湾，考妣之兆亦在湖之原"。由此推知赵善隆与其生父采用"异坟异穴"的合葬形态，以各自独立的坟墓形态，共处一片高丘（原），可以称其为"同原异坟"合葬[2]。

相对于同坟合葬，"同原异坟"是一种稍大地理空间内的松散合葬。南方多山，地形复杂，此种合葬必然无法严格兼顾下穴的秩序。

嘉泰四年（1204），袁燮葬妻边氏于鄞县阳堂乡穆岭先墓之旁，"葬之日，纳其石于圹。兹吾妻之藏，密迩先舅姑，取古人族葬之

1.王同军：《温州郭溪梅园发现南宋张辉家族墓》，浙江省博物馆编：《东方博物（第二辑）》，杭州大学出版社1998年版。

2.咸淳十年（1274），项公泽为其子项璘所撰《项璘墓志铭》曰："余祖、父及妻与弟，三世俱葬于帐西乡蒋奥潭头，同原异垅，茔相去皆数十步。今得卜于对山，特隔一溜，相望咫尺。"所谓"同原异垅"，即同原异坟。参见吕溯：《温州博物馆藏历代墓志辑录（上）》，温州市图书馆《温州历史文献集刊》编辑部编：《温州历史文献集刊（第一辑）》，南京大学出版社2010年版，第177页。

遗意云"[1]。孝子主观上将坟墓尽量靠近考妣，两代人的松散合葬，当然够不上《周礼》族坟墓和程颐昭穆葬的标准，但不妨碍袁燮自认其为"取古人族葬之遗意"。

考古工作中很少发现父子合葬墓，"异坟"是重要的原因。父子之间，相隔较远，各自独立，而抢救性考古工作受限于发掘面积和时间，难以全面揭示。从各地出土墓志看，孝子"祔祖茔"的例子很多，但"同坟合葬"者甚少，更多是祔葬于相当距离以外的"同原异坟"合葬。

更有甚者，父子坟墓各自独立分布，并不具备合葬的空间形态。徐谓礼夫妇墓，位于武义县城东五华里的熟溪街道胡处村龙王山麓，据徐谓礼撰其妻林氏圹志载，"淳祐戊申（1248）十一月二十九日壬申，葬于长安乡祖陇之侧"。若将"祖陇"狭义理解为考妣坟墓，徐谓礼墓似应葬于乃父徐邦宪墓附近。然而，徐邦宪墓位于武义县城西郊的壶山脚，两墓相距三千米之遥（图2-21、图2-22）[2]。这说明宋人普遍有父子合葬的观念，但实际上又独占风水，通常并不谋求真正的合葬。

宋人墓志末尾偶尔会标识墓地所在与祖垄之间的距离信息，如丽水出土《何澹圹志》，参知政事何澹于嘉定十四年（1221）"葬于丽水县凤凰山之东，距楚公茔五里"，楚公茔即其父何偁墓。其实，何澹墓在通济堰的堰山东侧，何偁墓在堰山西侧轿马郑村，两墓之间有松阴溪阻隔，实际感受的空间距离远较字面上的"五里"为

1.〔宋〕袁燮：《絜斋集》卷二一《夫人边氏圹志》。

2.浙江省文物考古研究所等：《武义南宋徐邦宪墓的发掘》，浙江省博物馆编：《东方博物（第七十四辑）》，中国书店2020年版。

图2-21　徐邦宪、徐谓礼父子墓葬空间关系示意图（采自浙江省文物考古研究所《武义南宋徐邦宪墓的发掘》）

图2-22　《徐邦宪圹志》拓片

远[1]。同样说明何澹具有父子合葬的观念，然未果行。

这是宋人追求风水之故，在形法墓地标准的指导下，人们企图追求独立的山怀水抱之地。台州临海《黄之奇暨妻李氏圹志》，由其子黄处恭撰文，黄之奇以淳祐十二年（1252）葬于"黄泥山之原，距家百步而近"。据同地出土的《黄处恭暨妻杜氏圹志》，黄处恭卒于咸淳壬申（1272），妻杜氏卒于戊寅（1278），二人合葬时，"先君（处恭）初宅兆茶坑，未惬舆论而迁之。今忍死卜以至元辛卯（1291）腊月二十有一日甲申，奉二柩合葬于黄山之原，依祖茔（黄之奇墓）之西也"[2]。因为卜定的茶坑葬地不符舆论，不得已迁回黄泥山祖茔与生父合葬。

温州博物馆藏《□晞良墓志》，墓主人卒于淳熙十年（1183），"先是，未得吉兆，殡于（永嘉县）吹台乡小洋奥祖茔之侧"；庆元四年（1198），"今既得卜，遂就葬也"，于是改葬他处。又如《王克俊圹志》，王克俊卒于嘉泰三年（1203），初葬于永嘉县孝义乡太平"祖墓之右"，待绍定六年（1233）卜得吉穴，遂改葬于土名为"奚师奥"的地方[3]。

台州、温州出土的墓志实例，一正一反，恰好说明在民间丧葬中，世俗功利的风水观念通常优先于儒家伦理的合葬观念。人们按形法墓地的标准自求吉穴，势必制约合葬墓地之形成。浙江汉六朝墓葬通常呈密集分布的形态，若发现一座汉墓，周边多有一群汉

1.郑嘉励、梁晓华：《丽水宋元墓志集录》，浙江古籍出版社2013年版，第21页。

2.丁伋：《临海墓志集录》，宗教文化出版社2002年版，第75、77页。

3.吕溯：《温州博物馆藏历代墓志辑录（上）》，温州市图书馆《温州历史文献集刊》编辑部编：《温州历史文献集刊（第一辑）》，南京大学出版社2010年版，第169、170页。

墓，而高规格的南宋墓葬则独占风水，并不扎堆分布。

父子合葬，合乎儒家伦理观念，然时人拘忌于堪舆风水，多不采纳。两代人合葬尚多拘忌，至于三代或多代人合葬，若付诸实践，势必更加艰难。

二、母子合葬

两代人合葬，还有另一种特殊形态，即母子合葬，就今所见，均为庶出子与生母的合葬。

新昌县新溪乡南宋卢渊夫妇与其生母季氏的合葬。季氏墓（新M3）坐落较高，其左侧下首为卢渊墓（新M4），两墓相距约3米。季氏右侧下首的墓圹（新M5），未有圹志，但随葬品中多女性用物，推测为卢渊妻吕氏。三座墓，呈中、左、右的"品"字形排列。据《卢渊圹志》，卢渊生父为充徽猷阁待制、赠少师卢知原，母苏氏，卢渊为侧室季氏所出，淳熙元年（1174），"以疾终于德清所居之正寝，寿五十有六，以是年十一月十三日葬于绍兴府新昌县杨坑"；生母季氏早于乾道六年（1170）葬于新昌，卢渊自籍贯地湖州德清迁来新昌与生母合葬。据《嘉定赤城志》载，卢知原墓在台州天台，知季氏因侧室身份，未能与卢知原合葬，故于新昌另辟了一处母子合葬的墓地[1]。

诸暨陶朱山董康嗣夫妇墓，《董康嗣圹志》载其"以嘉泰元年（1201）七月十二日，祔葬公于陶朱乡净土山硕人（所生母周氏）茔之右"，墓地附近出土《周令人圹志》，正是董康嗣生母[2]。

1.潘表惠：《浙江新昌南宋墓发掘简报》，《南方文物》1994年第4期。

2.方志良：《浙江诸暨南宋董康嗣夫妇墓》，《文物》1988年第11期。

湖州吴兴区苏台山出土《赵与善圹志》，赵与善系嗣秀王赵伯圭曾孙，"父希明，故朝散郎、知处州军州事；妣秦氏，孺人"。圹志所列赵希明妻室仅秦氏一人，志主显系庶出。赵与善卒于嘉定十年（1217），同年"祔所生王氏葬于吴兴车盖山之原"[1]。

慈溪横河镇出土《花应辰墓志》："父讳韦华，累赠武显郎；妣安人孙氏，所生母江氏，封安人。"端平二年（1235）卒，同年其孤"奉公之柩葬于龙南乡梅溪之原，附安人江氏之兆"[2]。

丽水出土由王琮撰文的《王琮母潘氏圹志》："昔我母尝语琮曰：'生与吾儿相依，死而葬，勿相违也。'琮俯首不忍答，然衷此言。"[3]这是庶出子与生母的对话，其情可悯。

《宝庆四明志》卷十二《鄞县志·叙山》："大慈山，在东钱湖下水吞，今丞相史鲁公（弥远）葬母夫人之地，以此著名。"据现场调查，史弥远生母周氏墓位于鄞县福泉山王坟畈，而史弥远墓位于大慈山北麓，两墓相距约百米。

以上无一例外，均为庶出子与生母的合葬。由新昌卢渊、鄞县史弥远母子合葬墓知其多采用"异坟异穴"合葬，史弥远与生母周氏更是较大地理空间的松散型合葬。

"同坟异穴"的母子合葬，亦有一例。南宋宁宗朝的金华郑继道与所生母徐氏、妻陈氏、继室钱氏四圹并列合葬，从左至右，依次为郑继道（M1）、所生母徐氏（M2）、郑妻陈氏（M3）、继室钱氏（M4）。徐氏为郑继道生母（M2），较其他三穴略高出一头，发

1.《宋故赵司户（与善）圹志》志石，藏湖州市博物馆。拓片图版见应征主编：《镌石印痕——环太湖历史碑刻拓片精萃》，中国书店 2013 年版，第 32 页。

2.章国庆编著：《宁波历代碑碣墓志汇编》，上海古籍出版社 2012 年版，第 258 页。

3.郑嘉励、梁晓华：《丽水宋元墓志集录》，浙江古籍出版社 2013 年版，第 86 页。

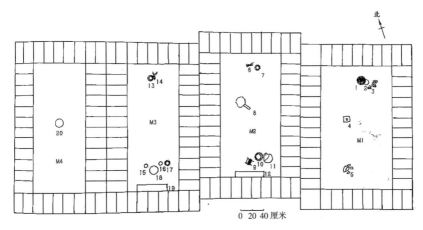

图2-23 南宋郑继道暨生母徐氏、妻陈氏、继室钱氏合葬墓（M1为郑继道，M2为郑生母徐氏，M3为郑妻陈氏，M4为郑继室钱氏）

掘者推测是徐氏在墓地中辈分最高的缘故。但其位次排列，似为依次添穴，依然未能遵循昭穆启穴的次序（图2-23）[1]。

三、三代人合葬

祖、父、子三代人合葬，并无科学发掘的墓例，但在出土墓志和文献中偶有见之。

20世纪80年代，宁波鄞县洞桥镇孙王村集中出土12通墓志，系三代人合葬墓地。王瑞及妻周氏合葬于开禧元年（1205）；王瑞，子一人，王鈜；王鈜，子四人：王规、王岘、王觊、王观。祖孙三代及各自妻室，凡12人，悉数聚葬于"鄞县光同乡仲夏里黄栀汇"，墓地前后延续45年。王氏虽为布衣家族，但子弟中多有"业

1.赵一新等：《金华南宋郑继道家族墓清理简报》，《东方博物（第二十八辑）》。

儒"者，可以称为业儒之家。据墓志称，聚葬祖茔为他们"从先志也"的自觉选择。

王氏墓地未经科学发掘，墓地具体形态不详。但从《王岘墓志》"葬于仲夏里黄栀汇，祖茔在望"句判断，应该是"同原异坟"合葬[1]。

只有这种小空间、密集分布的"同原异坟"墓地，所有墓志才能在一次性的生产建设中全部出土。各墓位次适应各自地形，灵活权变，想必无法以位次规范秩序。相对于昭穆启穴、秩序井然的合葬墓地，可以称为"松散型墓地"。

陈亮《先祖府君墓志铭》描述永康龙窟卧龙山祖墓，也是三代人合葬：

> 先祖生于崇宁二年正月五日，殁于乾道三年十有二月二十有七日。先祖姚黄氏，敦武郎讳璎之女，其生也，先先祖一百九十有三日，其殁也，亦先六阅月，而闰后六年十有二月有二日始克合葬于龙窟卧龙山之下。将葬，家君实命亮曰："我高祖坟墓具在，而我曾祖为季子，我不敢祖也。我曾祖、我先祖坟墓不存，又不得而祖也。我将葬我先人于其中，俾汝母祔于我先夫人之侧，他日次第以昭穆葬。汝居其隅以供洒扫，使自是谱系一二可数。子孙之贤不肖不可知，而吾之志不可不明也。"又命亮实书其事于石，以纳诸先祖圹。亮拜手稽首而泣书曰："生有遗才，没有遗义。地有遗形，墓有遗

1.章国庆编著：《宁波历代碑碣墓志汇编》，上海古籍出版社2012年版，第238页。王瑞祖孙三代墓志，俱见是书。

位。尔子尔孙，其勿弃！"[1]

陈亮的父亲嘱咐他：将来应该以昭穆葬形式次第入葬，只有秩序井然，才能谱系可数。从陈亮的祖父迄于其本人，正是祖孙三代，有意规划成以其祖父为祖坟的墓地。以祖父居中，"俾汝母祔于我先夫人之侧"，以陈亮"居其隅"，可知其确有以位次规范秩序的考虑，但具体做法恐怕与程颐"尊者居中、先左后右"的设计仍有距离，但这也不妨碍陈亮视其为昭穆墓地。

与鄞县王瑞祖孙三代相仿，陈亮也是业儒者。唯前者墓地形态不详，可能相对松散，而后者从文本看来具有较严谨的位次规划。当然，父子合葬因受风水观念制约尚且不多见，祖孙三代合葬恐怕就更是少数业儒家庭刻意追求的结果。

第三节　江南的族葬墓地

江南地区两代人、三代人合葬，尚且受风水观念、自然条件的制约，难以形成整体性的规划。那么，四代人甚至更多代人的合葬又将如何，这便涉及族葬的讨论。何为家族？何为族葬？首先涉及概念界定。

杜正胜以《仪礼》为依据，区分家庭、家族、宗族三个概念。家庭，主要是父、己、子三代，最高推广到出于共同祖父的人口；

1.〔宋〕陈亮：《先祖府君墓志铭》，《龙川集》卷二十七。

家族，是大功以外至缌麻亲的出于同高祖的亲属；宗族，则是五服以外的同姓，虽同远祖，但疏远无服[1]。宋代墓志叙述世系，多只追溯到高祖，可见以"同高祖为亲"的小宗世系法组织的家族，即出于同高祖的男性世系及其配偶，是宋代家族组织的基本形式[2]。

中国传统家族的基本结构是"五服制"，"服制"是一个伸缩的同心圈，越接近内圈的成员血缘越近，日常生活关系越密切，处于核心的家庭，不但同居，而且共财。

基于南宋丧葬的实际状况，我们认为出于同曾祖父的四代包括四代以上的全部或部分家族成员的合葬墓地，即可称为"族葬"。与此类似的概念，如宋代士大夫的祖居地认同、祖居地意识，也与

1.杜正胜：《古代社会与家族》，台北允晨出版公司1992年版，第784页。
2.宋代家族一般实行"小宗之法"。秦汉以前，宗法分大宗、小宗两宗，例如一名诸侯有数子，长子继承爵位为诸侯，其余诸子即为别子，各为一家开宗的祖先。但只由其长子累世相继爵位，这就是"大宗"；如果别子再有次子，则另立一宗，也由次子的长子世代继承，称为"继祢"，这就是"小宗"。《礼记·大传》说："有百世不迁之宗（大宗），有五世则迁之宗（即小宗）。"大、小宗族都由宗子（族长）建立族权。苏轼《苏东坡应诏集》卷三《策别十三》认为，秦汉以来，由于官爵不能世袭，"大宗之达不可复立"，可以收合亲族的"小宗之法"也存而不行，故今大族不能"世其家如古人之久远者"，是"有族而无宗"的缘故。张载认为，今日富贵者只能维持三四十年，身死之后"众子分裂""家遂不存"，为避免这种悲剧，他提出"管摄天下人心，收宗族，厚风俗，使人不忘本，须是明谱系世族与立宗子法"，"宗法若立，则人人各知来处，朝廷大有所益"。他主张成立嫡长子为"大宗"，但同时也赞成实行"继祢之宗"，即小宗来维护家族的壮大。苏洵、欧阳修则不然，编撰族谱时明确主张"小宗之法"。程颐在议论祭祀制度时，主张不同节序分别祭始祖、先祖、祢，而"常祭"则祭高祖以下，其实综合了"大宗""小宗"之法；朱熹《家礼·通礼》规定祠堂设龛以奉"先世神主"，虽然他也提出"大宗"设龛法，但又声明如果大宗"世数未满"，则仿"小宗之制"，规定祭祀止于高祖以下四代（高祖、曾祖、祖、祢），实际上只行"小宗"之法。朱熹的主张为南宋士大夫家族普遍遵守。因为宋代官爵、田产均不能世袭，这一制度决定了除皇室家族组织同时行用大宗、小宗之法，一般士大夫家族只能行用小宗之法。参见朱瑞熙：《宋代社会研究》，中州书画社1983年版。

宗法制度有关，宋代小宗世系法确认亲属服纪，同高祖所包含的人口是亲属之最大范围。形成祖居地意识，一般需要三世以上，如果在迁居地入籍仅一两代，往往不为当地人认同为"乡老"，只被当成"流寓"[1]；宋代法律规定祖父母、父母在，子孙必须"同籍共居"，现实生活中，三世同居比比皆是，四世同居则显著减少，五世同居便成为朝廷旌表的对象[2]。

　　家族墓地概念的界定，应结合家族、宗法制度、祖居地意识、生前聚居状况等因素综合考量，故而本书将四代或四代人以上、由不同房支成员合葬的墓地，定义为"族葬"。

一、小地理空间的山地型家族墓地

　　温州瑞安项公泽家族墓，在南宋末已经形成四代人合葬。项公泽绍定五年（1232）中进士第，淳祐年间知昆山县期间所编《淳祐玉峰志》至今存世，晚年归里。在20世纪50年代的生产建设中，四代家族成员墓志出土甚多，今藏于温州博物馆。综合墓志所载，项公泽原本住在瑞安城内，咸淳九年（1273）前后在帐西乡蒋奥潭头地方，已形成包括项公泽祖父、父母、兄弟、子侄在内等四代人墓地。宋元鼎革后，项家从县城徙至墓地附近居住，家族成员续有入葬[3]。

1.包伟民、魏峰：《宋人籍贯观念述论》，《浙江大学学报（人文社会科学版）》2007年1月。

2.柳立言：《从法律纠纷看宋代的父权家长制——父母舅姑与子女媳婿相争》，《宋代的家庭与法律》，上海古籍出版社2008年版，第257页。

3.吕溯：《温州博物馆藏历代墓志辑录（上）》，辑有项公泽家族成员项珂（暨妻蔡氏）、项珽、项琳妻木氏（大德十年葬于"帐西祖垄相望之新阡"）、项璘（暨妻郑氏）等6通圹志。

图2-24 项公泽为其子项琏所撰《项琏圹志》

其墓地形态，据咸淳十年（1274）项公泽为其子项琏所撰《项琏圹志》曰："余祖、父及妻与弟，三世俱葬于帐西乡蒋奥潭头，同原异垅，茔相去皆数十步。今得卜于对山，特隔一溜，相望咫尺。以咸淳甲戌腊月十八日葬焉。庶俾之神游密侍，亦子孙时思复扫之便云"（图2-24）。所谓"同原异垅"，即同原异坟，指各墓独立但处于同一高丘；"茔相去皆数十步"，五尺为一步，宋营造尺合今30.91厘米[1]，每步约合1.55米。所谓"数十步"，即各墓之间相距一二十米不等。古代的步数，指行进的路线，而非直线距离，而路线存在多种可能性，在地形崎岖的山区，这种数据换算具有不确定性，但可推知墓地形态只能更加集聚，呈现较小空间内的集中分布形态；所谓"今得卜于对山"，项琏墓位于祖墓的对山，彼此相望，受地形制约，各墓位次不可能存在严格的秩序。

1.闻人军：《中国古代里亩制度概述》，《杭州大学学报》1989年第3期。

项氏一家的集体选择，首先出于合族聚葬、生死同心的理念，即所谓"神游密侍"，其次为了上坟墓祭之便利，即所谓"子孙时思复扫之便"。也许另有原因不便明说，可能是集约化用地的需要，风水宝地是有限资源，非有大财力者莫办[1]，宋元鼎革后，项氏家道中衰，集中埋葬不失为一种经济的选择。

为叙述之便，可将项公泽家族墓地所代表的形态和模式，称为小地理空间的山地型家族墓地。

宝祐四年（1256）进士陈著在奉化嵩溪的家族墓地："吾氏由台来，为嵩溪大族。南山之阴，九世祖大府君墓在焉，八世、七世、六世祖墓在焉，诸子孙有不别葬者在焉，尽山两冈无留所。为子孙者，固宜全护其丘陇，封植其草木，以慰祖宗之望。今数十年来，一草不植，一木不条，其墓有陷者破者，夷而侵盗耕种者，出于水者相望，而樵牧必趋，若世其业然。呜呼！世之坟墓，有不幸而无后者，尚有邻里护之，岂意幸而子孙之多，而使祖宗之坟墓重不幸也？"[2]自陈著九世祖以来，诸子孙凡不别葬者，多葬于南山，以至于"尽山两冈无留所"，如此多世代的集中埋葬，应该也是项公泽所谓"同原异垅"的形态。

这种高密度、小空间的山地型墓地，若年代久远，入葬者日多，会出现严重的问题。明代永嘉县项乔家族墓地，在瑶溪附近的黄（皇）岙，传至第六代，坟山"子孙不问昭穆，遇空便葬，有孙踏祖公头上者，伤断山龙脉者，所关非细"。子孙盲目乱葬，不

1.时人用重金购置风水宝地，义乌何恢（字茂宏）死，众子为求"回莺舞凤"的吉穴，"用功力至费百万余"，陈亮感慨道"天下之决者何以过之"。见《陈亮集》（增订本）卷三十六《何茂宏墓志铭》，邓广铭校点，中华书局1987年版。
2.〔宋〕陈著：《本堂集》卷五二《劝修祖墓目子》。

问昭穆（此处的昭穆，应泛指长幼尊卑的秩序），有妨伦理，甚至伤断龙脉。项乔决定另辟墓地，并立族约，规定除非此前在山上已建有"寿圹"之人，"以后虽有力者不许再葬此山"，并于嘉靖二十九年（1550）申请官府立碑禁示[1]。

除了秩序淆乱，山地型墓地还有一突出问题，数代人齐聚一山，熙熙攘攘，后来者必然无法独占好风水。就此而言，小空间山地型家族墓地与其说是人们追求聚族合葬的结果，不如说是财力未充者出于经济考虑的集中埋葬行为。

二、大地理空间的松散型家族墓地

陈傅良《新归阡表》所载温州瑞安林氏家族墓地，值得关注。江南墓志碑刻，无论圹志、墓志铭，或随葬圹内，或立于墓表，多为以个人为中心的叙事文本。而《新归阡表》不同，它详细记录林氏家族世系、发展和家族墓地的形成过程，体例接近金元时期中原北方地区"建立在家族坟墓旁边以记述祖先事迹"的先茔碑[2]。这可能与新归林氏墓地的形态有关。

北宋熙宁、元丰年间，瑞安林石以经学知名，卒于建中靖国元年（1101）。林石有子三人：晞颜、晞孟、晞韩。晞韩早卒，长子、次子亦寿数不长，林晞孟之子松孙，举进士，以学行为乡里所敬，

1.〔明〕项乔：《项乔集·上》卷八《请立族约以守官法》，方长山、魏得良点校，温州文献丛书，上海社会科学出版社2006年版。
2.〔日〕饭山知保：《金元时期北方社会演变与"先茔碑"的出现》，《中国史研究》2015年第4期。先茔碑是金元时期北方地区流行的碑刻，为记录、弘扬家族历史，一般竖立在家族墓地附近，这种碑刻又被称为"某氏阡表""某氏先德碑""某氏世德碑""某氏昭先碑"等。魏峰：《先茔碑记与宋元代家族组织》，肖瑞峰等主编：《跨界交流与学科对话：宋代文史青年学者论坛》，浙江大学出版社2015年版。

晞孟一支得以延续，而晞颜一支至南宋淳熙年间已不记其事。林松孙的生母曹氏改嫁城南张辉，生张孝恺，二人事母极孝，往来密切，此事略见前述温州瓯海发现的张辉家族墓志。

林氏有两处家族墓地：一在梓奥，以林石为祖坟；一在新归唐奥，以林石之父林定为祖坟，《新归墓表》是立于后者的碑刻。林定葬于北宋嘉祐年间，40年后，妻戴氏祔。乾道四年（1168）林松孙"祔唐奥之墓东百步，曾孙讳仲损又祔墓西一里，所凡从先生（林石）考妣葬新归者三世"。随着林松孙妻谢氏、沈氏，子仲损等人相继祔葬，凡129年之间，共"三兆六柩"。同时，又有林晞颜子孙、松孙之弟时可等人"皆以序从葬其下"。至于其他家族成员，凡不葬于新归者，俱葬梓奥。一百多年间，林氏五代以上家族成员聚葬新归、梓奥两地。陈傅良叹曰："元符至今百年间，天下亦多故矣。自公侯将相五世希不失者，有以布衣而燕及其后。……呜呼！以势利者如彼，以德者如此哉！"[1]由陈傅良的感慨可知，这种多世代的家族墓地并不多见。

据《新归阡表》所述，林松孙"祔唐奥之墓东百步"，林松孙之子仲损"又祔墓西一里"，分列祖坟之一东一西，距离在百步、一里开外，可见新归是个较大地理空间的家族墓地，唯墓地可能存在中心或入口等地标性设施，故可竖立"阡表"作为标识。

为叙述之便，可将瑞安新归林氏家族墓地所代表的形态和模式，称为大地理空间的松散型家族墓地。

北宋大观四年（1110）程俱《江氏小山祖墓记》，记录衢州开

1.〔宋〕陈傅良：《陈傅良先生文集》卷四十八《新归阡表》，周梦江点校，浙江大学出版社1999年版。

化县小山江氏族墓，墓地约40亩："有丘墟隐然，域以垣堑，族葬其中，望之松槚蔚然。……繇（十三世）始葬及今十六世，子孙益蕃，属益远。又散处郊邑，或仕或游，藉令归且处，岁时祭扫，上不过四世而已。小山墓地既广，近族之贫者往往寓着其间，岁且久，因以为己产，稍斥卖之。又四域之外，耕艺者相接，岁攘日蹙，莫之谁何。大观三年，乡豪汪氏遂欲葬墓域中，县又取西北隅地构丞舍。会诸孙之官学者皆在里中，大骇且惧，则相与愬于县。"[1]

开化小山江氏墓地，占地广阔，入葬四代人后，矛盾丛生，既有"近族之贫者"私卖墓地，也有异姓豪强的盗葬和官府的侵占。江氏墓地缭有垣墙，四周遍植树木，是具有独立形态的家族墓园，但坟墓呈相对集中的松散形态，管理也松散，甚至发生了为异姓盗葬之事。

与开化小山江氏墓地类似，楼钥外祖父家汪氏家族墓地，"上世葬城南之俞村。……俞村之墓，始于十二府君，其子若孙葬于左右者凡十余所，迨今百七十余载也"[2]，也可视为大地理空间的松散型家族墓地。据考古发现，楼钥外祖父汪思温墓在今宁波市海曙区集士港镇四明山村燕窝山，其子汪大猷墓在今余姚大隐镇章山村狮子山，为独立墓地，可知俞村汪氏家族墓地对族内的显贵人物并无约束力，"有力者"自觅葬地，而不谋求入葬祖茔。

在田野中还有更大地理空间的"异原异垅"墓地，各墓之间，各据形势，距离甚远，但也无妨视为家族墓地在江南地区的表现形

1.〔宋〕程俱：《北山小集》卷一九《江氏小山祖墓记》。
2.〔宋〕楼钥：《攻媿集》卷六十《汪氏报本庵记》。

式之一。

处州丽水、松阳二县交界的通济堰，其堰山范围甚广，在南宋中期为何澹家族占有。何澹官至参知政事，是"庆元党禁"前后的著名人物[1]，乡居期间，介入通济堰事务，并将堰山占为其家族私有坟山[2]。

何偁、何澹、何处仁、何处信祖孙三代坟墓俱在此，均曾发掘[3]，分布在松阴溪和大溪会流处附近长宽各约5里的堰山范围内，各墓独占风水，互不相属。2013年，在堰后村山顶又发现宝祐五年（1257）何宗朴夫妇墓，与其曾祖何偁墓相距约10华里（图2-25）[4]。

据民国《屿湖何氏宗谱》《清源玉溪何氏宗谱》载[5]，以何偁为

---

1. 邓小南：《何澹与南宋龙泉何氏家族》，见《宋代历史探求：邓小南自选集》，首都师范大学出版社2015年版。

2. 开禧元年（1205）何澹重修通济堰，改竹木筱坝为石堰坝，遂占堰山为家族私产，此事虽不见于南宋文献记载，但见于元至正四年（1344）项棣孙撰《丽水县重修通济堰记》和明代王廷芝编撰《通济堰志》（清同治刊本）。《通济堰志》"通济堰规古刻"条跋语云："堰规凡二十条，今除去堰山一条，止存十九。盖旧堰自春初起工，用木筱筑成堰坝，取材于山，拦水入堰。自开禧元年，郡人参政何澹筑成石堤，以图久远，不费修筑，因请有司给此山，今山为何氏已业，非堰山矣。"今据堰山何氏家族墓葬的分布，何澹以其权势私占堰山，应该是可信的。

3. 牟永抗：《丽水青瓷调查发掘记·瓯江水库文物工作报告之二（丽水古墓发掘报告）》，见浙江省文物考古研究所编：《浙江省文物考古研究所学刊（第七辑）》，杭州出版社2005年版。1959年，浙江省文物管理委员会主持瓯江水库考古发掘，清理丽水凤凰山、堰山一带的南宋墓葬四座，"M1为宋枢密院兼参知政事何澹及妻朱慧观，M2为澹子何处仁及妻陈氏，M3为澹父何偁及妻石氏，M4为澹女之子翁王信及妻郭氏"。

4. 吴志标：《南宋参知政事何澹家族圹志考释——兼论从何澹家族分布看何澹主修丽水通济堰之功利关系》，《东方博物（第五十二辑）》。

5. 民国《屿湖何氏宗谱》《清源玉溪何氏宗谱》（藏丽水市博物馆），二谱所载何偁、何澹、何处仁夫妻的生卒年月日和葬地，与出土圹志完全吻合，可见二谱所载的南宋世系和葬地信息高度可靠。

图 2-25　堰山南宋何澹家族墓地部分墓葬分布略图（采自吴志标《南宋参知政事何澹家族圹志考释》）

祖坟，何澹系以及何澹弟何涤系子孙，四代人坟墓散布于堰山范围内，形成规模宏大的松散型家族墓地（图 2-26）。

何氏四代人墓葬多数并未发现，但无妨说，堰山是何氏家族坟山，异姓人家难以插足这片山地[1]。何偁、何澹、何处仁诸墓，相距遥远。按理说，堰山既为家山，墓地规划操之在我，然而众墓各占风水，并无分布规律可循。在通济堰之山水格局中，呈现为"大择葬、小聚葬"，即以择吉为主、聚葬为辅的形态，是较大地理空间的松散型家族墓地（表 2-1）。

1.给事中王信夫妇墓在"城西保定大塘之原"的堰山范围内，因为王信是何澹之亲家翁，二人关系密切。

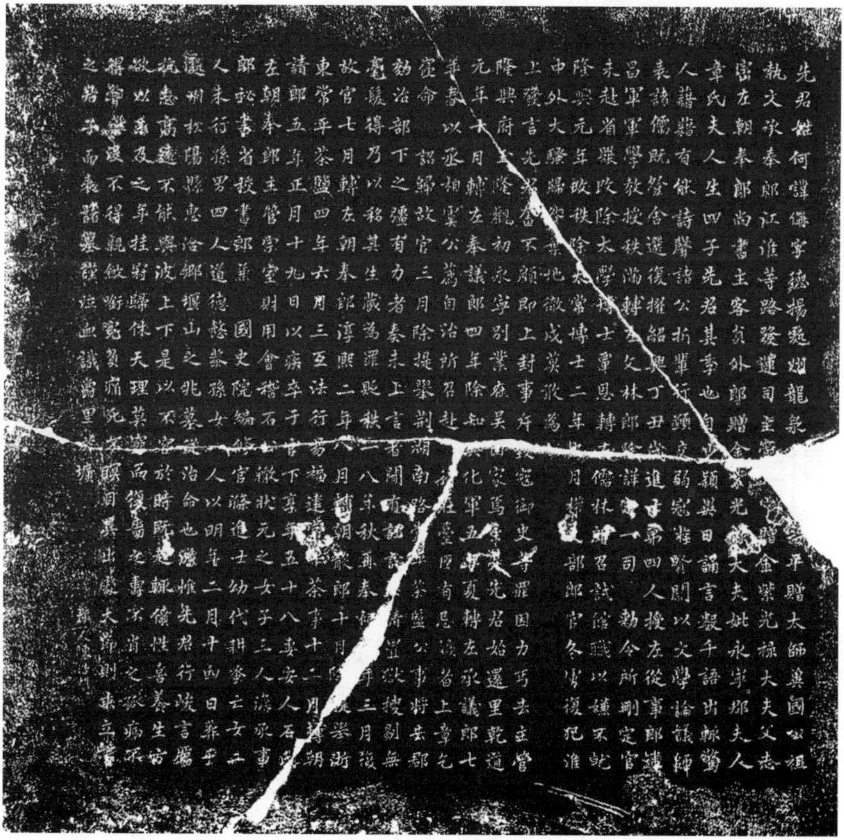

图2-26　通济堰堰山出土的《何偁圹志》

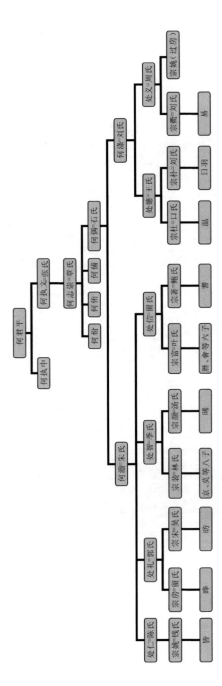

表 2-1 何澹家族世系表及部分成员葬地表（据民国《清源玉溪何氏宗谱》等制作）

何溥：葬地在松阳廿六都通济堰山，《扩志》载"元和乡堰山"，《扩志》载"松阳县惠洽乡堰山之兆基"；何潜：葬于丽水县元和乡凤凰山，坐西朝东；何涤：葬于松阳永墓庵。

处仁：葬地未详葬地，《扩志》载"元和乡堰角南洲之原"，松阳县惠洽乡高峰之原（处仁扩志）；处礼：葬惠洽乡高峰之原（处仁扩志）；处智：葬均溪；

处信：葬张村吴山（《留氏扩志》载葬于"元和乡吴山之原"）。

处德：葬于王庵前；处义：葬于大杉。

宗姚：葬于顺宁庵；宗宋：葬于务溪巾山；宗衷：葬于大杉；宗袤：葬于丽阳山；宗颜：葬于林山；宗富：葬于堰山。

宗杜：葬于堰山；宗朴：葬于曾基后，《扩志》载"松阳县惠洽乡堰后"；宗衢：葬于新坞。

何易：葬于马口前山。

江南地区存在一定数量的族葬墓地[1]，无论小地理空间的山地型墓地，还是大地理空间的松散型墓地。在墓地形态上，均表现为松散的聚集，位次排列无规律可循，呈现为"大择葬、小聚葬"的特征。

家族墓地尚且如此，独占风水的独立型墓地可想而知，与北方中原地区那种规划谨严、秩序井然的士大夫家族墓地，如北宋安阳韩琦、洛阳富弼、陕西蓝田吕氏家族墓地相比，简直不可同日而语。如果以中原士大夫家族墓地的标准来审视江南，则可以推导出一个结论——江南无族葬。

第四节 "江南无族葬"辨

"江南无族葬"是宋人的说法，廖刚《高峰文集》卷十一《夫人廖氏墓志》称"闽中无族坟墓者"；朱熹声称江南"坟墓非如古人之族葬"，墓祭故以随俗为是[2]；陆游《放翁家训》："又南方不族葬，世世各葬，若葬必置庵赡僧，数世之后，何以给之？吾墓但当如先世置一庵客，岁量给少米，拜扫日给之酒食及少钱，此乃久远

1.江南地区可能存在一定绝对数量的松散型族葬墓地，但其普及程度难以具体评估。廖刚《高峰文集》卷十一《夫人廖氏墓志》指出，在北宋大观年间："闽中无族坟墓者，唯谢氏略仿古义。"其说自有夸张，但据此评估族葬墓地数量远较独立坟墓为少，则无疑问。

2.〔宋〕朱熹：《晦庵集》卷六十二《答王晋辅》。

事也"[1]；明初宋濂《宋学士文集》卷三〇《赵氏族葬兆域碑铭》说："盖大江以南拘泥于堪舆家，谓其水土浅薄，无有族葬之者。"

如前所述，江南既然存在一定数量的松散型家族墓地，古人为何又说"江南无族葬"呢？

江南多山多水，又惑于堪舆家，墓地呈现出与中原迥然不同的面貌。若以《周礼》或中原族葬法的标准来审视江南，确实可以认为江南"无有族葬"。形法墓地追求独立的怀抱之地，与族葬冲突。清四库馆臣为东晋郭璞《葬书》所撰提要称："葬地之说，莫知其所自来。《周官》冢人、墓大夫之职皆称以族葬，是三代以上葬不择地之明证。"[2]将堪舆术（形势派）视为族葬的对立因素，一语中的。

一、多占风水

试举二例，足以说明"江南无族葬"。准确地说，是江南很少有人追求多代人合葬，更不存在中原模式的家族墓地。

宁波鄞县史弥远家族是显赫的家族，史浩、史弥远、史嵩之，"一门三丞相"，史弥远、史嵩之是宋宁宗、理宗两朝的权相。当其盛时，史氏家族当然有实力在家乡实践聚族而葬的意图，但实际状况绝非如此。

以史弥远一支为例。史诏—史师仲—史浩—史弥远—史宅之—史尧卿系：史诏墓在鄞县东钱湖镇绿野岙村[3]，史师仲墓在横街村

1.〔宋〕陆游：《放翁家训》，《全宋笔记》第五编，大象出版社2012年版。

2.《四库总目提要》卷一百九《子部十九·术数类二·葬说》。

3.杨古城、龚国荣：《南宋石雕》，宁波出版社2006年版，第13页。

吉祥安乐山乌竹坪[1]，史浩墓在翔凤乡吉祥安乐山采坑[2]，史弥远墓在大慈山北麓，史宅之墓址待考，史尧卿墓在"东湖大慈山秀峰夏家岙之原"[3]，众墓各自独立，距离遥远，互不相属。

以史嵩之一支为例。史诏—史木—史渐—史弥忠—史嵩之、史岩之—史玠卿系：史木葬鄞县世忠寺；史渐葬上水村凤凰山南麓，即今东钱湖南宋石刻公园所在；史弥忠墓在五乡镇宝幢王坟山；史嵩之墓在慈溪县石台乡，即今余姚大隐车厩山，2011年经抢救性考古发掘[4]，距离其祖父史渐墓约30千米；史岩之葬"绍兴府余姚县龙泉乡"，即今慈溪横河镇梅湖水库；而史嵩之长子玠卿于至元二十二年（1285）葬于"慈溪县金川乡东麓之原"。众墓各自独立，或在庆元府鄞县、慈溪县，或在绍兴府余姚县。

一代儒宗朱熹，也不曾选择族葬。

朱熹祖父朱森，墓在福建政和县莲花峰下，祖母程氏，墓在政和奖溪铁炉岭；朱熹父亲朱松，初葬崇安县（今武夷山市）五夫里，后改葬崇安上梅里寂历山，朱熹生母祝氏墓，在建阳天湖之阳；朱熹夫妇墓，在建阳唐石大松谷（图2-27）；朱熹长子朱塾，葬于建阳茶坞；次子朱埜，墓在建阳左衢村；三子朱在，墓在建阳永安寺后；

1.《史师仲墓志铭》载其靖康元年（1126）"葬于鄞县翔凤乡上水奥之原"，而志石出土于五里外的乌石坪，系史浩显贵后迁葬，并建教忠报国寺为坟寺。参见章国庆编著：《宁波历代碑碣墓志汇编》，上海古籍出版社2012年版，第140页。后文《史岩之墓志》《史玠卿墓志》，分别见该书第319、340页。

2.〔宋〕楼钥：《攻媿集》卷九十三《纯诚厚德元老之碑》。此系楼钥为史浩所撰神道碑，尚仆于墓地附近。

3.《史尧卿墓志铭》，章国庆编著：《宁波历代碑碣墓志汇编》，上海古籍出版社2012年版，第305页。

4.宁波市文物考古研究所：《浙江宁波余姚南宋史嵩之夫妇合葬墓发掘报告》，《南方文物》2017年第3期。

图2-27　建阳朱熹墓（采自福建省文物局编《朱子福建史迹图集》）

朱熹长孙朱鉴，墓在建阳秦溪外里；曾孙朱浚，墓在建阳登仙里小溪。更有甚者，朱熹祖父母、父母，竟然均未完成夫妻合葬[1]。

墓地分散，乃"多占风水"之故。朱熹迷信风水，其墓地由术士蔡元定卜定，此事为人周知。朱熹妻刘氏卒于淳熙三年（1176）十一月，次年四月下葬于建阳唐石，其间相隔半年，因为崇安墓地不理想，朱熹"更呼术人别卜他处"，吕祖谦、张栻都曾写信劝他勿听信阴阳风水[2]。

1.〔清〕郭柏苍《竹间十里话》卷六，福州市地方志编纂委员会整理本，2001年。
2.〔宋〕吕祖谦：《答朱元晦书（三十五）》云："某到官行且半载，……尊嫂想已得地，不知安厝有日否？阴阳家说，要不足信，但得深密处足矣。"又，《张南轩先生文集》卷二十三《答朱元晦秘书书（十二）》："尊嫂已遂葬事否？卜其宅兆固当审处，然古人居是邦，即葬是邦。盖无处无可葬地，似不必越它境，费时月，泛观而广求也。君子举动，人所师仰，近世风俗深泥阴阳家之论，君子固不必尔。"参见束景南：《朱熹年谱长编·淳熙四年》，华东师范大学出版社2014年版。

　　江南无族葬，一方面由于江南的自然条件与中原迥异。元代奉化籍学者戴表元，以其祖墓为例，说"江南山稠水迫，难用中原昭穆为穴，穴多者惟以砖椁隔分左右"[1]；另一方面是南方不同于中原的堪舆术数传统，囿于形势派风水教条，多占风水，如宋濂所谓"盖大江以南拘泥于堪舆家，……无有族葬之者"。

　　方大琮批评朱熹多占风水："惟朱文公最喜风水，韦斋（朱松）与祝氏皆别葬，文公又自葬唐石，门人执绋者数日乃至，水心（叶适）笑之，谓其多占风水。"[2]朱熹指摘"永嘉之学"等异己学派一向矫激，叶适则讥讽朱熹迷信风水："二郑（郑伯熊、伯英）因是喜阴阳家，余尝怪苏公子瞻居阳羡而葬嵩山，一身岂能应四方山川之求。近时朱公元晦听蔡季通（蔡元定）预卜藏穴，门人裹糗行绋，六日始至，乃知好奇者固通人大儒之常患也。"[3]

　　父子、祖孙多占风水，各自寻找佳域吉穴，这是江南很少人家谋求合葬的主要原因，偶有族葬，也只是松散型的聚葬，与秩序井然的中原家族墓地根本不同。从这个意义上说，江南确无族葬，即不存在中原模式的族葬。

　　居住址和墓地，是传统家族看重的两个礼仪空间。叶适讥讽朱熹喜阴阳家，致使墓地分散，给子孙、友人的墓祭带来不便。南宋初名相赵鼎，墓在衢州常山县，其《家训笔录》第十三项"田产既不许分割，即世世为一户，同处居住，所贵不远坟垄"，即告诫子

1.〔元〕戴表元：《剡源文集》卷四《中枝山葬记》。
2.〔宋〕方大琮：《铁庵集》卷二四《与林提干进礼书》。
3.〔宋〕叶适：《叶适集》卷十二《阴阳精义序》，刘公纯等点校，中华书局2010年版。

孙最好聚居在墓所附近，以便于族人墓祭，更利于聚族[1]。

如果居住址和墓地距离较近，宋人多乐意在墓志中予以强调。徐邦宪墓在武义县西郊壶山脚下，据出土圹志载其葬地"去耕庐仅半里"。"耕庐"即徐邦宪生前在武义县城内的居址——书台山。书台山在壶山脚斜对面，圹志说"仅半里"，数据基本准确，"半里"应该是个很近的心理距离。但其子徐谓礼却葬于城东，可能是徐谓礼自择风水之故。

丽水出土李垕为其亡室所撰《李垕妻姜氏圹志》曰："余不胜伉俪情重，□远葬，卜所居西偏地吉，顾视不劳举足，大惬余意，遂以嘉定己卯十一月甲寅殡诸圹。至嘉定壬午四月乙酉乃定向亲土焉，亦循阴阳家说云尔。"[2]在时人看来，墓址靠近居址是理想的选择，便于后人守墓、墓祭和生活。然而，生活和聚族的好处，依然不可与阴阳家宣称的利害相冲突。堪舆风水观念对多数人具有决定性的影响，为追求好风水，人们宁愿葬于远离居址的地方。显然，朱熹未曾考虑将墓地作为聚族的向心点。

朱子惑于风水的事实，对后世儒家标榜的价值观造成了困扰。据明温州永嘉人项乔《游九鲤湖武夷山纪事》，嘉靖十六年（1537）项乔游历建阳考亭朱熹晚年故居，得知朱熹子孙昌盛，认为"皆公一人盛德所钟也，公有大造于天下后世学者，故宜然，或谓公善择

1.〔宋〕赵鼎：《忠正德文集》卷一〇《家训笔录》。居址、墓址相对关系的观念在后世可能有所强化，上海嘉定明代唐氏家族墓地的中轴线上出土弘治十三年（1500）唐椿作《唐氏世系》和《唐氏第墓》二碑，前者称为"阳石"，以"述世系余业泊〔唐〕椿一宗之派"，后者称为"阴石"，记"祖今居第前后坟茔"，详细记述唐氏祖居和祖墓在嘉定城内外的变迁和具体位置，并将此碑置于墓所，参见上海市文物管理委员会：《上海明墓·嘉定四先生唐时升家族墓》，文物出版社2009年版。

2.郑嘉励、梁晓华：《丽水宋元墓志集录》，浙江古籍出版社2013年版，第75页。

地里而然，今观故宅，虎高于龙，主低于案，则未必然；或又谓其葬韦斋、祝氏及所自择葬三地，形胜异常，以致然者，此尤事理之必不然也，吾不敢信"。项乔为朱子辩护，称其子孙昌盛，非因风水，乃因其道德功业；然而，朱子迷信风水，事迹昭彰。稍后，嘉靖十八年项乔葬母娄氏时，"谈风水者谓将不利于冢子冢妇，冢妇惊恐"，项乔特撰《风水辨》辨之，或问："朱子，大儒也，兆二亲于百里之远而再迁不已。子以程、朱为不足法乎？"项乔答曰："兆二亲于百里之远而再迁不已，谓朱子纯孝之心，惟恐一置其亲于不善之地则可矣，若谓缘此求荫，恐非圣贤正谊明道之本心也。况生则同室，死则同穴，中古以来未之有改也。使二亲而有灵，夫岂安于百里之暌离，而不抱长夜之恨乎？其所以屡迁者，或以藉以求荫焉耳。呜呼！其求之者力矣，何后世子孙受荫，不过世袭五经博士而已。岂若孔子合葬于防，崇封四尺，未尝有意荫应之求，而至今子孙世世为衍圣公耶！"终于承认迷信风水是朱子的千虑一失[1]。

二、朱熹与吕祖谦丧葬观的比较

朱熹、吕祖谦是乾淳年间最具代表性的学者，二人以同志之交，分别撰有《家礼》《家范》，对丧礼各有较系统的整理，但二人对丧葬的具体言行，颇多不同，别有意味。

《朱子家礼》是指导一般士庶家族的祠堂礼、冠、婚、丧（葬）、祭仪礼的实用书，在后世成为指导家庭伦理纲常、日常生活的基本准则。《家礼》卷四《丧礼》是朱熹构思最早、用功最深、

1.〔明〕项乔：《游九鲤湖武夷山纪事》《风水辨》，二文俱见《项乔集（上）》，方长山、魏得良点校，温州文献丛书，上海社会科学出版社2006年版。又，据项乔《诰封母太宜人娄氏圹志》，知《风水辨》撰于嘉靖十八年（1539）。

篇幅最大的部分，主要有三部分组成：第一为制作，即丧礼所需的服装、器物的材料、规格尺寸、制作工艺，如缞、绖、杖、深衣等；第二为程序，从始死到成服、居丧到最后除服的各个环节，成服以前的初终、小敛、大敛，成服后的治葬、反哭、虞祭、卒哭、祔，居丧期间的小祥、大祥、禫等环节的仪式、服装和器物准备；第三是服纪，即服制，以死者与丧主之间的亲疏关系，确定相应的服丧期限和礼仪。服纪是丧礼中最繁难、争议最多的部分。丧礼的复杂性与重要性，是婚礼、冠礼所无法相比的[1]。但是，丧礼中最复杂的程序和礼仪，并不体现在考古发现的墓葬物质遗存中。《朱子家礼·丧礼》偏重强调技术性、程序性的原则和内容，尤其强调墓室"无使土亲肤"的要求，而对与思想观念关系更密切的合葬、族葬、昭穆之类，则只字不提。这应该与《家礼》用以指导士庶日常生活的性质以及朱熹的理念有关。

相对而言，吕祖谦《家范·葬仪》的条目设计更加简洁，突出强调"入土为安"的常识，《葬仪》第一个条目就是"筮宅"："既殡，谋葬，择地得数处。执事掘兆四隅，外其壤。掘中，南其壤。"开门见山，强调人死入土的迫切性。与吕祖谦《家范》相比，朱熹《家礼》稍显繁复，但更为体系化、程式化。当然，《家礼》又较司马光《书仪》简明。

吕祖谦《家范·葬仪》、朱熹《家礼·丧礼》均本于司马光《书仪》和儒家经典的核心价值，唯详略有差。二人涉及的共同议题，在文本上的差异并不大，毕竟其经典依据大体重合，只是在内

1.《〈内外服制通释〉和〈家礼〉的大众化》，王宇：《师统与学统的调适：宋元两浙朱子学研究》，社会科学文献出版社 2019 年版。

容的侧重点和程序的系统性上有所差异（表2-2）。

表2-2 司马光《书仪·丧仪》、吕祖谦《家范·葬仪》、朱熹《家礼·丧礼》条目表[1]

司马光《书仪·丧仪》	吕祖谦《家范·葬仪》	朱熹《家礼·丧礼》
丧仪一：初终；复；易服；讣告；沐浴、饭含、袭；铭旌；魂帛；吊酹赙襚；小敛；棺椁；大敛殡 丧仪二：闻丧、奔丧；饮食；丧次；五服制度；五服年月（斩衰三年；齐衰三年；齐衰杖期；齐衰不杖期；齐衰五月；齐衰三月；大功九月；小功五月；缌麻三月）；成服；夕奠 丧仪三：卜宅兆葬日；穿圹；碑志；明器、下帐、苞筲、祠版；启殡；朝祖；亲宾奠（世俗谓之祭）、赙赠 丧仪四：陈器；祖奠；遣奠；在涂；及墓；下棺；祭后土；题虞主；反哭；虞祭；卒哭；祔 丧仪五：小祥；大祥；禫；居丧杂仪；讣告书；致赙襚状；谢赙襚书；慰大官门状；慰平交；慰人名纸；慰人父母亡防状；父母亡答人状；与居忧人启状；居忧中与人防状；慰人父母在祖父母亡启状；祖父母亡答人启状；慰人伯叔父母姑亡；伯叔父母姑亡答人慰；慰人兄弟姊妹亡；兄弟姊妹亡答人慰；慰人妻亡；妻亡答人；慰人子侄孙亡；子孙亡答人状	筮宅；祭后土；卜日；启殡；朝祖；祖奠；亲宾奠、赙赠；陈器；士葬仪；遣奠；在涂；及墓；下棺；祭后土；题虞主；反哭；虞祭；卒哭。 附记：朝夕奠；朝奠、望奠、荐新奠	初终；沐浴、袭、奠、为位、饭含；灵座、魂帛、铭旌；小敛；大敛；成服；朝夕哭奠、上食；吊、奠、赙；闻丧、奔丧；治葬；迁柩、朝祖、奠赙、陈器、祖奠；遣奠；发引；及墓、下棺、祠后土、题木主、成坟；反哭；虞祭；卒哭；祔；小祥；大祥；禫；居丧杂仪；致赙奠状；慰人父母亡疏；父母亡答人疏；慰人祖父母亡启状；祖父母亡答人启状

---

1. 曾礼军：《吕祖谦〈家范〉与朱熹〈家礼〉的比较研究》，《朱子学刊》2017年第2辑。"三书条目比较表"移录自该文。

《家礼》《家范》的具体文本貌似大同小异，但在具体丧葬行为中，朱、吕二人差异极大。吕祖谦在武义明招山为其父母吕大器、曾氏以及前三任妻子经营丧事，均以"入土为安"为要务，在三个月以内完成下葬[1]。据考古勘探所知，吕祖谦和前韩氏、后韩氏墓地位于明招山大坑的小山丘，并无好形势可言，墓室也简陋。朱熹说："因说地理曰：'程先生亦拣草木茂盛处，便不是不择。伯恭（吕祖谦）却只是胡乱平地上便葬。若是不知此理，亦不是。若是知有此理，故意不理会，尤不是。'"[2]吕祖谦于丧葬漫不经心，"只是胡乱平地上便葬"，朱熹对此深不以为然。

反观朱熹，其对风水择址和墓室密封性远比吕祖谦重视。淳熙三年（1176）十一月，朱熹为亡室刘氏寻找墓地，颇费周折，曾引起吕祖谦批评。至于朱熹改葬生父朱松，而其生母祝氏墓地"东北距先君（朱松）白水之兆百里而远"，朱熹为长子朱塾治丧，从

1.曾氏于乾道二年（1166）十一月一日卒于临安至建康的船上，次年正月二十二日下葬；吕大器"乾道八年二月七日，以疾终于家，是年五月十六日葬于婺州武义县明招山祖茔之次"；前韩氏绍兴三十二年（1162）六月二十三日卒于临安，九月二十六日葬于明招山；后韩氏"改月而葬，与长姊同域异穴"；芮氏卒于淳熙六年（1179）七月二十八日，同年九月十五日葬于明招山；吕祖谦本人卒于淳熙八年七月二十九日，是年十月三日葬于明招山祖茔。相关墓志参见傅毅强、郑嘉励：《武义宋元墓志集录》，浙江古籍出版社2019年版。
2.《朱子语类》卷八十九。

"初终"到下葬，相隔近两年¹。处处与吕祖谦不同。

朱、吕二人丧葬观的最大差异，尚不限于此。开禧三年（1207）进士、兴化军莆田人方大琮说：

> 吕氏自南渡来，子孙虽分散四出，多归葬婺之明招山，故成公为人墓志，遇附葬者必喜道之，然或者谓吕之子孙不甚寿，亦祖山掘凿太过也。惟朱文公最喜风水，韦斋（朱松）与祝氏皆别葬，文公又自葬唐石，门人执绋者数日乃至，水心（叶适）笑之，谓其多占风水。前辈之不同盖如此。²

吕祖谦出身于北宋大族东莱吕氏，中原士大夫家族有营造家族墓地的传统，安阳韩琦、洛阳富弼、蓝田吕氏家族墓地均为其例。吕祖谦七世祖吕夷简在北宋天禧年间置家族墓地于郑州新郑神崧里，迁祖吕龟祥、父吕蒙亨灵柩于其中。庆历四年（1044），吕夷简卒，亦葬该处。此后，诸子孙如吕公著、吕希哲等皆祔。宋室南渡前夕，神崧里已形成八代人聚葬的墓地，连吕好问、吕祖谦祖父吕弸中等人寿穴均已安排就绪。南渡以后，吕氏子孙分散四出，但

1.据朱熹《皇考左承议郎尚书吏部员外郎兼史馆校勘朱府君（松）迁墓记》，朱松绍兴十三年（1143）三月辛亥卒于建州，"初，府君将没，欲葬崇安之五夫。卒之明年，遂窆其里灵梵院侧。时熹幼未更事，卜地不详。既惧体魄之不获其安，乃以乾道六年（1170）七月五日迁于里之白水鹅子峰下"；据《尚书吏部员外郎朱君孺人祝氏圹志》，祝氏乾道五年九月戊午卒，"越明年正月癸酉，葬于建宁府建阳县后山天湖之阳，东北距先君白水之兆百里而近"；又据朱熹撰《亡嗣子圹记》，朱塾"绍熙辛亥（1191）正月癸酉卒，明年十有一月甲申，葬大同北麓，上实天湖"。三文俱见朱熹：《晦庵集》卷九四。
2.〔宋〕方大琮：《铁庵集》卷二四《与林提干进礼书》。

不分房派，从南宋初至元代，凡五代家族成员（包括少数第六代成员）悉数聚葬明招山，形成江南地区罕见的家族墓地。

可能与中原故家大族的传统有关，方大琮敏锐地发现，"成公为人墓志，遇附葬者必喜道之"。查吕祖谦《东莱吕太史集》，吕祖谦撰《金华时澐母陈氏墓志铭》，开篇即宣扬族坟墓"居焉而父子有秩，兆焉而昭穆有班，奇邪谲怪之说未尝出于其间"对于"维死生之大纪"的重要性，而正文用来记述志主生平事迹的篇幅反而不多；又如《金华游玶母陈氏墓志铭》，吕祖谦称游玶"祖墓岸城濠，湫隘无以族昭穆，乃卜地于城之东"[1]。吕氏不只鼓励他人合葬、族葬，自家更在明招山践行族葬，即所谓"族昭穆"。

事实上，吕祖谦的主张在当时的士大夫阶层中产生了影响和示范效应，时人称"吕伯恭办丧葬，一切如礼经，除朝夕奠之外，无一事不焚纸钱，盖其自信如此耳"[2]。

与此相反，朱熹多占风水，致使坟墓分散。方大琮称"前辈之不同盖如此"，足见二人行为差别之大。因为自然环境、人文传统、风水观念的不同，中原、江南分属两大不同文化区域，吕祖谦代表中原传统，而朱熹更具江南文化传统的背景。

中原与江南，有不同的历史背景和文化传统。

1.《吕祖谦全集》第一册《东莱吕太史文集》卷十三，浙江古籍出版社 2008 年版。
2.〔宋〕林光朝：《艾轩先生文集》卷六《与东之一》："司户兄葬事在甚时？欲于墓傍穿一穴，此说极当。周人族坟墓，只是要人心稍安稳，此外不须问也。儒者亦须自见得如此。委巷之人，不通乎古，便事事听人说，何尝自有见处！何处日者不说一边话，何处士大夫不道他晓得风水，至竟无一着实处！吕伯恭办丧葬，一切如礼经，除朝夕奠之外，无一事不焚纸钱，盖其自信如此耳。"

第三章　从中原到江南

唐宋以来，以河南、关中为中心的北方中原地区（简称"中原地区"）和以两浙为中心的江南地区（简称"江南"），是两大核心文化区域[1]。由于自然条件、历史传统不同，中原与江南的文化差异极大，在于墓葬，尤其如此。

北宋时期中原地区的地下墓室，主要有三种形态：一是土洞墓，为长斜坡或竖井式墓道的土洞墓室，例如陕西蓝田吕大防、吕大临家族墓；二是平面呈四边形、六边形、八边形或圆形的穹窿顶仿木建筑结构砖室墓，壁面多绘彩画，例如河南白沙宋墓；三是石椁墓，首见于熙宁八年（1075）为韩琦特诏建造的石藏，以石条、石板构筑方形石椁，上层覆以圆形穹窿，又如洛阳富弼、陪葬永厚陵的燕王赵颢墓。第三种石藏仅限于帝后、亲王、宰执等地位尊崇者，前两种是流行的墓室。中原地区，地势平旷，土壤深厚，直立性好，又少地下水，三者均以深埋为特征。

而江南多山多雨，地下水位高，营造墓室以密封和防水为要务。自古墓择高阜，北宋中期后流行的砖（石）椁石板顶墓室是与江南自然条件相适应的做法，在江南照搬中原土洞或仿木结构墓

1.中原和江南地区，作为文化区域概念，并无严格的定义。本书所谓中原地区，是以今河南、关中地区为中心，包括今山西、山东、河北等局部区域；江南地区，是以今浙江为中心，即大致相当于吴越国全盛时期的北起苏州，南至福州，包括今浙江、上海全境的疆土。

室，必不可行。

南北方的地表墓园，目前缺乏可比对的材料，若以高级墓地的山门阙角为例，中原地势平旷，墓地四隅的阙角为实用性的土木建筑，而江南山地型坟墓，多为砖石模型小品，如金华郑刚中、绍兴兰若寺墓地所见之物。南、北方墓园规制的差异，由此略可窥其一斑。

南北方更大的差异，在于风水观念和墓地形态。中原的五音墓地与族葬兼容；江南的形法墓地与族葬冲突。中原士大夫家族素有规划家族墓地的传统；而"江南无族葬"，多占风水。中原家族墓地，各墓位次固定，朝向统一，秩序井然；江南数量有限的家族墓地，各墓随形就势，朝向不一，位次不定，是松散型的聚葬。

我们的问题是，北宋亡国后，宋室南渡，皇室、勋臣、品官、士大夫、平民，各色人等由中原徙居江南，中原移民将如何应对江南的自然环境和丧葬习俗？不同阶层会采取不同的"在地化"策略吗？这一议题有无可能勾连起宋元明时期中原与江南多维度的时空连接和比较研究？

第一节　中原的五音墓地与昭穆墓地

中原士大夫家族具有悠久的族葬传统。近年经过考古发掘，河南安阳韩琦、陕西蓝田吕氏、洛阳富弼家族墓，均为世代延续、精心规划的家族墓地[1]。韩琦家族和蓝田吕氏家族墓地分别代表两种不同类型的家族墓地，为便于叙述与讨论，可称前者为"五音墓地"，后者为"昭穆墓地"。

一、安阳丰安韩琦家族墓地

韩琦家族墓地在今河南安阳市内，共分两处：一为新安茔，葬有韩琦生父韩国华夫妻及韩琦诸兄弟、子侄等；二为丰安茔，即葬有韩琦本人在内并经考古发掘的墓地。

考古揭示的丰安茔是位于"南水北调"工程干渠范围之内的五座墓葬，可分为两组：西侧一组M1（韩琦及妻安国夫人崔氏墓，安国夫人崔氏生韩忠彦、端彦、良彦）居北，M3（韩琦长子韩忠彦及妻墓）、M2（《考古报告》推测为韩琦次子韩端彦墓），东西并列在其西南；东侧一组M4（韩琦继室普安郡太君崔氏墓，普安郡太君崔氏生韩粹彦）居北，M5在其西南。在干渠以外，西侧有M6（韩琦长孙韩治夫妻墓），干渠以东有M7（韩粹彦夫妻墓）、M8（韩纯彦夫妻墓）和M9三座墓葬。但干渠以外的区域，墓葬数量偏少，范围也不够完整（图3-1）[2]。据北京大学考古文博学院刘未分析，干渠内的两组墓葬系据"商姓昭穆贯鱼葬"规划的五音墓地，转述如下[3]。

1.河南省文物局编著：《安阳韩琦家族墓地》，科学出版社2011年版；陕西省考古研究院等：《蓝田吕氏家族墓园》，文物出版社2018年版；洛阳市第二文物工作队编：《富弼家族墓地》，中州古籍出版社2009年版。

2.河南省文物局编著：《安阳韩琦家族墓地》，科学出版社2011年版。

3.刘未：《昭穆贯鱼：北宋韩琦家族墓地》，《文物、文献与文化：历史考古青年论集》，上海古籍出版社2017年版。又，刘未《宋元时期的五音墓地》（未刊稿）对五音墓地有更全面的研究。本书关于五音墓地的叙述，综合参考了刘未已公开发表的相关成果。

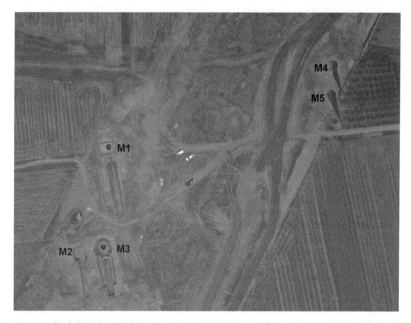

图 3-1　韩琦家族墓地（丰安茔）平面图（采自刘未《昭穆贯鱼：北宋韩琦家族墓地》）

　　宋金时期，中原地区流行以"五音姓利"指导墓地排列。地理术士以音韵将姓氏分为宫、商、角、徵、羽五姓，并与五行生克联系，推断阴宅的方位吉凶，用以指导墓地选址及排布，即所谓"五音姓利"。五音墓地以方形或长方形墓园为独立单位，每个墓园四边平均分作七份，分别以甲、乙、丙、丁、庚、辛、壬、癸"八天干"和乾、坤、艮、巽"四卦"来表示一周 24 个方位。墓园之内，因此划分为 49 个穴位（图 3-2）。

　　墓园的格局是固定的，但五姓所宜穴位各有差异。五音墓地最典型的取穴方法称为"昭穆葬"，亦名"贯鱼葬"，《重校正地理新书》卷十三《步地取吉穴八条》称"河南、河北、关中、垅

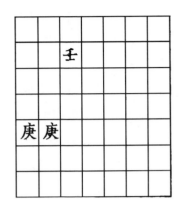

图3-2 韩琦家族坐穴图［西侧一组，M1（韩琦及妻崔氏）居北为壬穴，其西南之M3（韩忠彦妻吕氏）、M2分别为庚穴及外庚穴。东侧一组，M4（韩琦妾崔氏）居北为壬穴，其西南之M5为庚穴。采自刘未《昭穆贯鱼：北宋韩琦家族墓地》］

外"等地并用此法，昭穆葬正是流行于中原核心区的葬法。依据该葬法，墓园内诸姓所宜坐穴次序如下：宫、羽两姓，为甲、庚、壬、癸、辛穴；角姓，为丙、壬、甲、乙、癸穴；徵姓，为庚、甲、丙、丁、乙；商姓，为壬、丙、庚、辛、丁。每组姓氏均有五个方位的穴位可供选择，每穴又有内外之分，一处墓园最多可用十穴。四组姓氏安葬的方位序次，即所谓"大利向"，各不相同，正好分别朝向四方。

熙宁八年（1075），韩琦葬于丰安茔西北。在干渠考古发掘区内的五座墓葬，分成两组。如果将这两组墓葬分别用"四十九穴方格"墓园网络加以笼罩，各墓之间的相对位置关系就能看出：西侧一组，M1居北为壬穴，其西南之M3、M2分别为庚穴及外庚穴[1]；

1.在M2、M3以西约80米平行位置另有M6，墓主系韩琦长孙韩治（韩忠彦子）及其妻平阳郡君文氏，据出土《文氏墓志》曰："祔于相州安阳县丰安村忠献公茔域之西南隅。葬师曰：贯姑夫人之庚穴云。"所谓"姑夫人"即韩忠彦妻吕氏，亦可证M3为庚穴。

巽	巳	丙	午	丁	未	坤
辰		穴		穴		申
乙	穴				穴	庚
卯						酉
甲	穴				穴	辛
寅		穴		穴		戌
艮	丑	癸	子	壬	亥	乾

图3-3 五音墓地墓园的基本模式

东侧一组，M4居北偏西为壬穴，其西南之M5为庚穴（图3-3）。

韩属商姓，下穴常用壬、庚二穴。丰安西茔、东茔的两组墓地，貌似无序，经“四十九穴”墓园方格网覆验，不同家族成员的位次排列昭然若揭，既符合商姓昭穆葬的坐穴规定，又兼顾了不同人之间的长幼序列。

二、新郑神崧里吕夷简家族墓地

2014年浙江省文物考古研究所调查武义明招山吕祖谦家族墓地期间，在宁波天一阁博物馆发现民国《（鄞县）木阜吕氏宗谱》，该谱卷四收录有署名吕好问《吕氏坟域图后集序》、吕用中《吕氏坟域图志》二文，记录南渡以前东莱吕氏家族在河南新郑神崧里的家族墓地甚详，知其性质为五音墓地[1]。

东莱吕氏先祖葬于太原榆次县，吕祖谦七世祖吕夷简知制诰时

1.民国《（鄞县）木阜吕氏宗谱》，天一阁藏民国文献堂木活字本。该宗谱存有北宋神崧里吕氏家族墓地的重要史料，最初系兰溪友人程峤志先生告知，2014年9月在天一阁博物馆章国庆先生帮助下，由杭州市社会科学研究院南宋史研究中心魏峰博士亲往访得。稍后，笔者将电子文本发给刘未先生。刘未撰专文以复，认定其为五音墓地。本书涉及对吕好问、吕用中二文的分析，大体移录自刘未当时的文字。民国《（鄞县）木阜吕氏宗谱》的发现和解读，是认识北宋神崧里、南宋明招山东莱吕氏家族墓地的基础，其间离不开众师友的无私相助。

改葬祖龟祥、父孟亨于郑州新郑神崧里[1]。神崧里吕氏家族墓地由吕夷简开创，从北宋天禧四年（1020）至靖康元年（1126），延续一百余年，形成多房支、共八代族人聚葬的大型墓地，墓地拓展至毗邻的新郑溱泉乡[2]。神崧里墓地的形成过程和布局详载于民国《（鄞县）木阜吕氏宗谱》所收两篇文字。吕好问《吕氏坟域图后集序》云：

> 寿州讳龟祥，文靖之祖也，赠太师、尚书令、兼中书令、代国公，及代国夫人李氏，葬东茔之甲穴。大理寺丞、赠太师、尚书令、兼中书令、魏国公讳蒙亨，文靖之父也，及魏国夫人王氏，葬东茔之庚穴。又葬文靖之叔虞部员外郎、知海州、赠职方郎中讳蒙巽，及内黄县君扈氏，葬东茔之壬穴。又以文靖之弟太子中允讳尧简、次文靖之长殇赠赞善大夫讳公铼，于东茔之庚穴。后又以海州之子大理评事、赠刑部侍郎讳居简，及永宁县太君李氏，附东茔之庚穴。
>
> 文靖相仁宗，终太尉、许国公、赠太师、尚书令、兼中书令、秦国公、谥文靖讳夷简，配享仁宗庙庭，及秦国夫人马氏，葬西茔之甲穴。文靖之介弟刑部员外郎、赠金紫光禄

1.〔宋〕范镇：《怀忠荐福禅院记》，见民国《（鄞县）木阜吕氏宗谱》卷四（天一阁藏民国文献堂木活字本，叶一）。据《续资治通鉴长编》《宋会要辑稿》记载，天禧三年（1019）九月吕夷简尚为起居舍人，四年正月已为知制诰，九月为刑部郎中、龙图阁直学士、权知开封府。推知改葬之事，即神崧里墓创建于天禧四年。

2.神崧里吕氏家族墓地约在今河南省新郑市郭店镇武岗村、李坟村、岗王庄一带（国家文物局主编：《中国文物地图集·河南分册》，中国地图出版社1991年版，第18页）。黄本诚《新郑县志》卷一一《祠祀志》：“今郭店西南冈下有冢，盖文靖公夷简墓也。”（清乾隆四十一年刻本）

大夫讳宗简，及太宁太君鲁氏，葬西茔之庚穴。文靖之长子翰林侍读学士、赠司徒讳公绰，及英国太夫人上官氏，葬西茔之壬穴[1]。文靖之次子讳公弼，在英宗、神宗朝为枢密使、赠太师、中书令、谥惠穆，及内黄郡夫人扈氏、清源郡夫人王氏，祔西茔之庚穴。次文靖之第三子讳公著，相哲宗，终司空、申国公，及申国夫人鲁氏，葬第二穴。次文靖第四子户部尚书讳公孺，及南阳郡君张氏、文安郡君郑氏，葬第三穴。申国薨于位，敕具一品礼葬，三坟同作一域。申公子荥公请增修文靖坟一品礼，诏从之，二茔以是各具山门阙角之制。次侍读次子中散大夫、少府监希道，及华源郡君王氏，葬第四穴。次惠穆长子朝散大夫、西京留守御史台讳希彦，及仙源县君王氏、永嘉郡君郭氏，葬第五穴。次惠穆次子大理评事、赠殿中丞讳希仁，及施氏，葬西南隅。

又侍读长子判吏部南曹、赠金紫光禄大夫讳希杰，及荥阳郡太君王氏葬东茔北，别为茔，居甲穴。侍读之第四子宣德郎、监西京粮料院讳希亚，大监次子宣德郎讳延问及梁氏、刘氏，葬西茔之北。

申公之次子左司郎中讳希绩，及靖安县君吴氏、嘉兴县君钱氏，贯东茔之丁穴，别为域，葬庚穴。申公第三子中书

1.〔宋〕王珪：《吕谏议公绰墓志铭》，《新刊名臣碑传琬琰之集》中集卷一五："公考终之岁，以十月朔谒告拜文靖墓下，既悲恸，召寺僧指地之北偏曰：余其归此。或窃怪之。公曰：死生不有数邪！明年某月某日遂葬公于郑州新郑县怀忠乡神崧里，从文靖之茔，乃先指之壬吉，果符其言。呜呼！可谓达矣。"由是知，吕公绰所葬之壬穴系预先规划者。

舍人、宝文阁待制讳希纯，及蓬莱县君宋氏、大宁县君程氏葬壬穴。大监之第四子通直郎讳昭问及旌德县君郭氏，次第五子淮南茶盐司勾当公事讳徽问及程氏，皆贯新城丁穴。

又侍读之第三子太常寺太祝讳希俊及傅氏，次今朝散郎疑问之配天台县君王氏，皆贯西茔之丁穴。次西茔之望丁贯庚，别葬尚书之子光禄丞讳希述，及顺阳县君张氏。次西台之长子将作丞讳淑问，及仁寿县君张氏。次西穴，光禄丞之长子陇安县丞、奉议郎讳端问，其西南台二子经略司勾当公事讳洽问及荣德县君杨氏。次西南第二穴，国子监丞讳渊问、将作之长子登州推官讳师中。

又东茔之南别为域，刑部之长子、都水丞讳公懋葬甲穴。次子徽猷阁待制、知晋州讳公雅，及咸宁县君安氏葬庚穴。次晋州待制之次子中散大夫讳希复及寿昌县君陈氏，次泗州知录讳希直及二孙氏皆祔庚穴。知鄮陵县丞、奉议郎讳希朴，静海丞讳希邵皆贯丁穴。北茔之东北一域，葬晋州、都水、光禄之所生。

今因葬荥公及荥阳子恭人张氏于东茔贯丁之甲穴，遂图前后葬者于次，以告来者。政和七年正月一日。好问谨记。[1]

又，吕用中《吕氏坟域图志》云：

宣和元年，于祖坟之西别为二茔，具山门阙角之制。甲

1.民国《(鄞县)木阜吕氏宗谱》卷四，天一阁藏民国文献堂木活字本，叶三至四。

穴葬侍读长子南曹、赠少保讳希杰，并国夫人王氏。庚穴葬少保之子龙图阁学士、赠资政殿学士嘉问，并庆国夫人王氏。壬穴资政长子前淮南路提举茶盐公事讳建中寿穴。又以资政长孙、文林郎讳大成，并宁德县君蔡氏祔东茔之甲穴。次资政第四孙登仕郎讳大祉祔东茔之庚穴。西茔甲穴葬资政第二子通直郎、监在京水磨都茶场讳安中，并令人王氏。庚穴葬资政第三子润州司理参军择中。壬穴葬资政第五子奉议郎、京兆府司录参军黄中。西茔之南别做茔，甲穴葬资政长女四十娘，庚穴葬资政孙女五娘，壬穴葬资政孙女十娘。

宣和四年八月庚寅，葬尚书右丞、赠太师讳好问之室秦国夫人王氏于祖坟之东二里许，隶新郑县溱泉乡北平康原，实居茔之甲穴。靖康元年十月二十九日葬朝奉大夫、通判广德军讳疑问并宜人王氏、刘氏于茔之庚穴。其壬穴则开封府司工曹事、朝奉大夫讳切问之寿穴也。右丞之长子中书舍人讳本中之室永嘉郡夫人李氏，靖康元年十月葬于秦国夫人之坟南百余步，别立茔穴域，是为甲穴。庚穴先以宣和四年八月葬驾部员外郎讳弼中之室安氏、章氏。为直秘阁用中之寿穴。[1]广德长子、福昌主簿岩中之室刘氏祔葬于坟域之西。建炎元年五月右丞执政请于朝，将建寺于秦国茔西，以元干净明度禅院为额，有诏许之。

靖康元年五月十八日，葬通直郎、新淮阳军宿迁丞讳钦问及孺人常氏于颍昌府阳翟县大隗乡西白鹿村，用域中第三穴。

1.此句前疑脱"壬穴"二字。

其坟之西数十步葬宿迁之第三子五十三丞务与中，其西南数里晏元献公坟。

靖康元年十月二十九日，于殿中丞坟西别作一茔，甲穴葬户部尚书长孙奉议郎端问，庚穴为尚书第二孙右奉直大夫、提点江淮荆浙坑冶铸钱等事讳敏问寿穴，壬穴为尚书第三孙金部员外郎庭问寿穴。又于惠穆公神道碑楼西别为一茔，第一穴葬尚书第四孙将仕郎、太原府交城县主簿讳康问，第二穴葬尚书第五孙修职郎、德顺军隆德县主簿讳勉问，第三穴葬尚书长孙女大娘。

政和丙申九月，于祖坟东南作一茔（与周越侍郎家茔域相邻），甲穴葬大监之第七子朝散郎、京畿京西路提举炭事讳舜问及安人清源王氏、安人太原王氏，后又举安人杨氏祔也。

先公薰葬桂林二十有二年，绍兴癸酉，始克扶护度岭，改葬婺州武义县明招山，先兄驾部安人文氏祔，因刊"怀忠坟域"于石，出祖葬者亦祔于末，使子孙有所考焉。绍兴二十三年闰月二十六日，用中记。[1]

吕好问、吕用中二文，为重要的新见史料，故而不避冗长，全文征引于此，并据此制作《新郑神崧里吕氏墓地坐穴排列表》如下：

1.民国《（鄞县）木阜吕氏宗谱》卷四。吕用中《吕氏坟域图志》作于绍兴二十三年（1153），其事在吕用中将乃父吕好问棺柩自桂林改葬武义明招山之初，故刊刻"怀忠乡神崧里坟域图于石"，俾使子孙有所考焉。据该文可知，在南渡以前，吕祖谦曾祖父吕好问、伯祖吕本中、祖父吕弸中、叔父吕用中等人的寿穴在神崧里墓地中均已备妥，奈何靖康丧国太促，吕好问一族流离江南，河南祖茔遂废弃。

表3-1 新郑神崧里吕氏墓地坐穴排列表

墓园		甲 穴	庚 穴	壬 穴
祖坟	东茔	龟祥	龟祥子蒙亨	龟祥子蒙巽
		祔庚穴：蒙亨子尧简、夷简殇子公铼、蒙巽子居简		
	西茔	蒙亨子夷简	夷简弟宗简	夷简长子公绰
		祔庚穴：夷简次子公弼（第一穴）、夷简三子公著（第二穴）、夷简四子公孺（第三穴）、公绰次子希道（第四穴）、公弼长子希彦（第五穴）、公弼次子希仁（西南隅） 茔之北：公绰四子希亚、希道次子延问 贯丁穴：公绰三子希俊、希喆次子疑问夫人 望丁贯庚：公孺长子希述、希彦长子淑问 次西穴：希述长子端问、希彦次子洽问 次西南第二穴：希彦四子渊问、淑问长子师中		
	东茔之北	公绰长子希杰		
	东茔丁方	公著长子希喆	公著次子希绩	公著三子希纯
		贯丁穴：希道四子昭问、希道五子徽问		
	东茔之南	宗简长子公懋	宗简次子公雅	公雅次子希复
		祔庚穴：公雅三子希直		
		贯丁穴：公雅四子希朴、公雅五子希邵		
	西茔希仁坟之西	公孺长孙端问	公孺次孙敏问寿穴	公孺三孙庭问寿穴
	西茔公弼碑楼之西	公孺四孙康问	公孺五孙勉问	公孺长孙女大娘
	祖坟东南	希道七子舜问		
祖坟之西	东茔	公绰长子希杰	希杰长子嘉问	嘉问长子建中寿穴
		祔甲穴：嘉问长孙大成 祔庚穴：嘉问四孙大祉		
	西茔	嘉问次子安中	嘉问三子择中	嘉问五子黄中
	西茔之南	嘉问长女四十娘	嘉问孙女五娘	嘉问孙女十娘
祖坟之东	北茔	希喆长子好问夫人	希喆次子疑问	希喆三子切问寿穴
	南茔	好问长子本中夫人	好问三子弼中夫人	好问四子用中寿穴

吕氏墓地较为明确的墓园计有12所，主要分布于三个区域：（1）祖坟东、西茔。东茔以第一代始祖龟祥父子为主体，祔葬第三、第四代家族成员；西茔以第三代长房夷简兄弟、父子为主体，并祔葬第四、第五代家族成员，外围另有第五、第六、第七代家族成员。东、西茔以南又有宗简、公著、公孺、希道等支系形成的墓园5所。（2）祖坟之西新茔。为第五代长房希杰一系[1]。（3）祖坟之东新茔，为第四代精英吕公著长房希哲子孙。

诸墓园内坐穴次序均为甲、庚、壬，墓园间排列次序总体为自东向西，墓园外墓穴及分支墓园的选择多以丁、庚二方为准。吕属羽音，上述特征与"宫羽姓昭穆贯鱼葬"原则相符，可知神崧里吕氏家族墓地属五音墓地。

在观念史的层面，五音墓地是世俗风水吉凶观念与士大夫族葬伦理观念的复合体。唯五音墓地在中原盛行一时，与儒家正统价值不尽相符，程颐《葬法决疑》曰："后代阴阳家流，竞为诡诞之说，葬书一术，遂至百二十家。为害之大，妄谬之甚，在分五姓。……而今之葬者，谓风水随姓而异，此尤大害也。"[2]为与"五音"抗衡，程颐遂有"下穴昭穆图"的设计。其实，五音昭穆贯鱼葬与儒家族葬追求的以坐穴位次规范长幼尊卑秩序的做法并不完全冲突，只是"随姓而异"的墓园内部和不同墓园之间的斜向排列方式，与程颐主张"尊者居中，先左后右"的排序方式完全不同。

1.吕希杰曾在祖坟东茔之北规划墓园，据甲穴。宣和元年于祖坟之西另外规划墓园两所，希杰迁东茔甲穴。

2.程颐：《河南先生文集》卷十《伊川先生文六·礼》，见程颢、程颐：《二程集》，王孝鱼点校，中华书局1981年版。

三、蓝田吕氏家族墓地与昭穆葬实践

与安阳韩琦、新郑吕夷简家族墓地不同，蓝田吕氏是另一种完全不同形态的家族墓地，称为昭穆墓地。

蓝田吕氏是关中世家，吕大忠、大防、大钧、大临兄弟，人称"蓝田四吕"。吕氏兄弟从学于张载、程颐，崇古好礼，稽古考订礼文制度，撰有《吕氏乡约》《考古图》等著作，并践行古礼于家族和乡里之间，时有"关中言礼学者首推吕氏"之誉。吕大防，称"元祐宰相"，官位显赫一时。

蓝田吕氏家族墓地共有五代人，若将第五代成员吕义山殇子吕麟、景山未嫁女吕嫣、锡山女文娘等人剔除，严格说来，是从吕通（祖坟）、吕英、蕡（第二代）、第三代"大"字辈至第四代"山"字辈，共四代人，凡29座墓。自熙宁七年（1074）吕蕡葬入蓝田县"太尉原"墓地，至政和七年（1117）吕大圭最后埋入，墓地前后存续43年[1]。

根据出土墓志，列其世系如下（表3-2）：

据《宋承务郎致仕吕公（吕大雅）墓志铭》载："（吕）通生二子，长曰英，著作佐郎，赠朝散大夫；次曰蕡，尚书比部郎中，赠太师，追封莘国公。莘公羁旅入关，以笃行称长者，居京兆府蓝田县，为其县人。大夫公官于汝，后居郏城，子孙因家焉。莘公诸子仕益显贵，追先公之志，卜葬于县之白鹿乡太尉原，自其祖太师（蕡）始，故家郏城者，必反葬从先茔也。"蓝田太尉原吕氏墓地是以吕通为祖坟的四代人聚葬墓地，长房吕英一支居住在河南郏城（今郑州中牟），死后葬于蓝田。二房吕蕡，始徙居蓝田，遂为邑

1.陕西省考古研究院等：《蓝田吕氏家族墓园》，文物出版社2018年版，第114页。

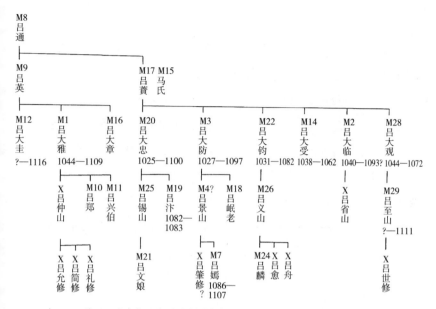

表3-2　蓝田吕氏家族五代世系表（名字上方为墓号，未葬入墓地者以"X"表示。采自许雅惠《宋代士大夫的金石收藏与礼仪实践》）

人，子孙显贵，是经营墓园的决定性人物。又，据《宋故朝奉郎守尚书比部郎中致仕轻车都尉赐绯鱼袋吕府君（吕蕡）墓志铭》载，吕蕡于熙宁四年（1071）致仕，"公有季子未仕，乃以子婿乔岳应令。至是，复置其子，而以兄之子大圭奏任恩例，人皆义之"，其对宗子一派的照顾，可谓无微不至。蕡卒于熙宁七年七月，同年九月葬于"蓝田县玉山乡太尉原"，并将原在"骊山李村原"墓地的包括吕通、吕英等人在内的坟墓一并迁来，"其治命曰：吾葬兵部府君（吕通）之墓，骊山西原道险非计，当迁于平易地，使世世不以葬劳人，且慎毋诔术家五姓、语及浮屠氏之斋荐者，故今并以兵部之丧改窆于新兆云"。夫子自道，吕蕡将太尉原墓地的成因交代清楚了[1]。

　　墓地排列有序，自西南向东北，横向上，分为四排：第一排，为吕通夫妇墓；第二排，为吕英、吕蕡墓，另有马氏墓，其身份为吕蕡侧室，因特许入葬；第三排，为"大"字辈成员，自西向东，分别为吕大雅墓（M1）、大临墓（M2）、大防墓（M3）、大圭墓（M12）、大忠墓（M20）、大钧墓（M22）、大观墓（M28），M2、M3虽无墓志出土，《蓝田吕氏家族墓园》考古报告据"吕与叔"铭石敦确定M2为吕大临墓，M3为吕大防衣冠冢；第四排，为"山"字辈家族成员，根据墓志和器物铭文，分别为吕仲山妻墓（M6，排在吕大雅墓后）、吕省山妻墓（M5，在大临墓后）、吕景山墓（M4，在大防墓后）、吕锡山妻侯氏和继室齐氏墓（M25，排在大忠墓后）、吕义山墓（M26，在大钧墓后）、吕至山墓（M29，在大观墓后），多各自祔于其生父墓后。

　　据《蓝田吕氏家族墓园》考古报告推测，吕大防墓后的M4应为景山夫妇墓；M6、M5两座女性单人墓，分别是吕大雅之子仲山妻和吕大临子省山妻，丈夫因故未能入葬祖茔[2]。又，早夭男子如吕大章（M16）、大受（M14）以及未嫁女子如吕嫣、文娘等，则祔葬于与其相应的祖父左右。20座成人墓葬，深度与规格皆有定数，

1.〔宋〕张闳中：《宋承务郎致仕吕君（吕大雅）墓志铭》，见陕西省考古研究院等：《蓝田吕氏家族墓园》（全四册），文物出版社2018年版，第229—232页；〔宋〕赵瞻：《宋故朝奉郎守尚书比部郎中致仕轻车都尉赐绯鱼袋吕府君（吕蕡）墓志铭》，《蓝田吕氏家族墓园》（全四册），文物出版社2018年版，第603—606页。
2.《蓝田吕氏家族墓园》对第四排墓主人身份可能有误判。例如M4不应该包括吕景山，M25不应包括吕锡山，宋室南渡后，两人流寓南方，应无机会归葬祖茔。参见许雅惠：《宋代士大夫的金石收藏与礼仪实践》，《浙江大学艺术与考古研究》第三辑，浙江大学出版社2018年版。

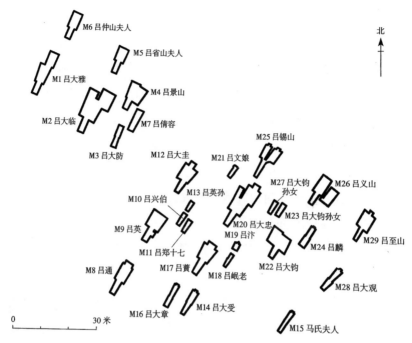

图3-4 蓝田吕氏家族墓园平面图（采自陕西省考古研究院等编著《蓝田吕氏家族墓园》）

9座未成年人墓，埋藏较浅且形制简陋。墓园整体规划纵横有序，规律明显（图3-4）。

横向的位次排列，显然有辈分的涵义：第一排，为辈分最高的吕通；第二排，吕英、吕蕡、马氏墓，为吕通子辈；第三排，为吕通孙辈；第四排，为吕通曾孙辈。举凡夭殇，均祔葬于其祖父左侧稍后处。

第三排"大"字辈的排列，最具匠心：先以长房嫡孙吕大圭居中心尊位，次以年齿为序，以左（东）为尊，先左后右，左昭右穆，依次分列左右：大忠，年齿最长，居左一位；年齿第二的大防，居右一；大钧，排行第三，居左二（大章、大受排行第五、第六，但因夭殇，葬于祖父身侧，而未进入"大"字辈行列线上）；大临，排行第七，居右二；大观，排行第八，居左三；大雅，排行第九，居右三。由此可知，第三排的位次排列，先以长房长孙为中心，次按序齿先后，遵循以"左"为尚的原则下穴。

第四排的6座墓葬，为"山"字辈成员。据考古报告判断，其位次排列与二、三排不同，依年龄次序按先左后右布置的横向排列原则不再体现，纵向间的继承关系成为唯一明确的规律，可能与"大"字辈子嗣均为单传有关[1]。

除横向四列外，纵向的中轴线，则为吕通、吕英、吕大圭三墓之长子长孙序列，亦值得关注。

吕氏家族墓地以横向体现昭穆，父为昭，子为穆，孙为昭，曾孙为穆，父子昭穆不同，故不予同排；祖父与夭殇之孙辈，同为昭昭或穆穆，则予同排（孙男居祖父左侧稍后处，孙女置于右侧稍后处）；同一横向排列中，以年齿为序，以先左后右次序分列；同时又以纵向的中轴线确立嫡长系列——因此形成纵横分明、长幼（辈分、亲疏）有序且不受"五音姓利"等堪舆术数影响的昭穆墓地。

这种摈弃时俗的理想化设计，与蓝田吕氏的刻意追求有关。吕氏虽以支子（吕蕡支）显贵，墓地也由支子主持建设；嫡长子吕英远居河南，但既为宗子，墓地则仍以宗子为中心，遵循"议尊不议

1.陕西省考古研究院等：《蓝田吕氏家族墓园》（全四册），文物出版社2018年版，第1116页。

贵"的大宗之法[1]。《宋吕夫人仁寿县君樊氏（吕大忠继室樊氏）墓志铭》曰："吕氏世学礼，宾、祭、婚、丧，莫不仿古，平居贵贱长幼必恭，夫人身率而行之，闺门肃乂如学校官府云"；《宋故乐寿县太君种夫人（吕大钧妻种氏）墓志铭》载吕大钧"晚节以三代绝学为己任，望圣人德业欲一朝而至焉。……故凡丧、祭、冠、婚至于乡饮、相见之仪，莫不推明讲习，可以想见古风，自是关中士大夫班班师放（仿），实叔子倡之"[2]。凡此，足以证明蓝田四吕恪守并践行古礼的情怀。

蓝田吕氏墓园的布局，犹如家族世系表一般的纵横分明，全无以堪舆卜址、定穴之迹象，为同期士大夫家族墓地所仅见，这

1."关中礼学"代表人物张载、吕大钧的"宗子法"，主张宗子主祭祀的"大宗之法"，他们的复古主张可能对墓地规划具有直接影响，参见范立舟：《张载对宗法制度的构思及其"民胞物与"的大同理想》，《杭州师范大学学报》（社会科学版），2017年9月第5期。又，北宋大儒程颐、张载曾主张"夺宗法"。张载《经学理窟·宗法》："宗之相承固理也，及旁支昌大，则须是却为宗主，……至如人有数子，长者至微贱不立，其间一子仕宦，则更不问长少，须是士人承祭祀"；程颐说："立宗必有夺宗法，如卑幼为大臣，以今之法，自合立庙，不可使从宗子以祭"，明确表示"宗法须是一二巨公之家立法"。程颐、张载主张以尊贵的旁支之家"夺宗"，希望改变古礼宗子"议尊"的标准，而改为更有利于家族发展壮大的"议贵"原则。但在蓝田吕氏墓园的规划中，则遵循"议尊不议贵"的"大宗之法"的古礼。如果采纳程颐"宗法须是一二巨公之家立法"的意见，则应以更加尊贵的"旁支"吕黄为宗子（族长）。论官位，吕大圭不及吕大防；论学术造诣，吕大圭亦不及大钧、大临。但是，吕英、吕大圭居于墓地中轴线上，显然以长子嫡孙继承宗子。蓝田吕氏固为"关学"张载、"洛学"程颐的信徒，但他们的家族墓地对"大宗之法"的维护，比主张"夺宗"的张载、程颐更加保守、古典。

2.〔宋〕阎令：《宋吕夫人仁寿县君樊氏（吕大忠继室樊氏）墓志铭》，《蓝田吕氏家族墓园》，第658页；〔宋〕苏昞：《宋故乐寿县太君种夫人（吕大钧妻种氏）墓志铭》，《蓝田吕氏家族墓园》，第700页。

应该是他们效仿《周礼》族坟墓设计的昭穆葬[1]。熙宁七年（1074）吕蕡卒，四吕居父丧，衰、麻、敛、奠、祭之事，一本于古礼，凡流俗委巷浮屠烦鄙不经之事一概不用，张载曾对程颐说："关中学者，用礼渐成俗"，程颐附和道，"自是关中人刚劲敢为"[2]。

遗憾的是，今天已见不到蓝田四吕规划墓地所依据的文本，但其"制礼"过程，参酌过《周礼·春官》"冢人""墓大夫"，乃至近世程颐、张载等人的主张，殆无疑问。在墓地中设立始祖位，父一列，子一列，孙一列，玄孙又为一列，"昭与昭并，穆与穆并"，以及在第三排"皆以齿列昭穆"，与元人赵昞《族葬图说》的相关规定近似：

> 墓之葬，则以造茔者为始祖（……墓居茔之中央北首，妻没则祔其右，有继室，则妻居左而继室居右。二人以上，则左右以次祔焉。其有子之妾又居继室之次，亦皆与夫同封。按礼虽以地道尊右，而葬法《周礼》昭穆之制，昭穆尚左，故不得不遵用焉）。子不别嫡庶（不分孰为妻及继室所出，孰为侧室所出），孙不敢即其父（不分兄或弟所生，及嫡庶贵贱

1.吕氏墓园并无风水要素，《蓝田吕氏家族墓园》第四册《结语》，认为墓地根据郭璞《葬书》择址，其说可商，其选址应该以理解为遵循程颐《葬说》"以慎五患"的朴素理念为宜。报告编写者一方面认为墓地是蓝田吕氏效仿《周礼》"族坟墓"的结果，另一方面又认为"吕氏墓园在选址方面应包含有'五音姓利'之说的某些因素，此条与宋陵有相近之处"（第1107页）。其实，吕氏墓地并无五音因素，正如《吕蕡墓志》所言，"毋訹术家五姓、语及浮屠氏之斋荐者"。

2.李如冰：《宋代蓝田四吕及其著述研究》，人民出版社2012年版，第220页。

也），皆以齿列昭穆（诸子，尊祖之东南昭位，北首并列，以西为上。其正妻、继室，有子之妾，各祔其夫之东，仍皆与夫同封……）。尊尊也（知其有祖，而不敢私祔其父也）。曾玄而下，左右祔（诸曾孙不分何房所出，皆序齿列葬子之南。玄孙序齿列葬孙之南），以其班也（左皆曰昭，右皆曰穆），昭与昭并，穆与穆并（兄弟同列，祖孙同班，在昭位则用昭制，在穆位则穆制也）。百姓可行也[1]。

蓝田吕氏墓地的规划形态，与赵昞《族葬图说》不尽相同，但有较多的相似之处[2]，其"取墓大夫、冢人之义，参酌时宜"的制礼原则，必然共通。可以相信，自北宋程颐、蓝田四吕以来，以迄于元代，士大夫对族坟墓的设计与构建，具有一脉相承的逻辑，唯其具体演进过程，尚待揭示。

蓝田吕氏家族墓园作为高度理想化的"昭穆墓地"，虽为孤例，但典型犹存，与以吕夷简、韩琦家族墓地为代表的五音墓地，堪称北宋中原士大夫家族墓地两种具有代表性的形态。

1.〔元〕赵昞：《族葬图说》，〔元〕佚名：《居家必用事类全集》乙集，王云路等点校，浙江大学出版社2010年版。
2.赵昞倡导的族葬制，据其绘制的《坟图》，与蓝田吕氏墓园有所不同。赵昞的设想是将族葬与朱熹所倡祠堂之制相配合，以祠堂家祭高、曾、祖、考四代，族葬墓地则秉行"以造者为始祖"，只别昭穆，不分嫡庶。但在蓝田吕氏墓园中，以中轴线确立嫡系成员，似较赵昞族葬图更加严格遵循古礼。

第二节 南渡移民视角下的江南墓葬新观察

宋室南渡后，大量中原移民迁入江南地区，吴松弟《北方移民与南宋社会变迁》从迁徙过程、移民数量、地区分布，以及就政治、经济、文化等方面分析北方移民对南宋社会的影响，指出靖康之乱后的北方移民活动前后持续长达60年，规模远大于西晋永嘉之乱、唐安史之乱后的移民潮[1]。两浙地区是南渡移民的主要徙居地，正如建炎年间右谏议大夫郑毂所言："平江、常、润、湖、杭、明、越，号为士大夫渊薮，天下俊贤多避地于此。"据魏峰研究，移民起初较多集中于杭州、苏州、湖州地区，未几，台州、温州、衢州、婺州等相对偏远的地方，因为远离战争前线，亦相继成为重要迁入地[2]。

移民为适应江南的自然条件，在埋葬习俗上，尤其是地下墓室部分，多采用江南通行的砖（石）椁石板顶墓室，例如温州赵叔仪墓、杭州半山韦谦墓、武义明招山吕好问墓等，这些第一代移民的墓室均已完成在地化。

但是，墓地形态的在地化改造，较地下墓室更复杂，需要具体分析，概而言之，有三种类型。

1.吴松弟：《北方移民与南宋社会变迁》，"大陆地区博士论文丛刊"，台湾文津出版社1993年版。其主要内容，后收入氏著《中国移民史》（第4卷），福建人民出版社1997年版。

2.魏峰：《宋代迁徙官僚家族研究》，上海古籍出版社2009年版，第23、39页。

一、承袭中原旧俗：以风车口墓地为例

湖州埭溪镇风车口南宋墓地，坐南朝北，呈两级台地形式，系在两山之间经人为填筑而成，工程浩大。

第一级台地上，有两座石椁石板顶墓（编号为M1、M2），两墓偏居台地一侧，呈东西走向，横贯于台地上，与墓地整体朝向相违。两墓共用排水暗沟，知其出于统一规划。而台地中轴上的M3，规模甚小，正中置一石棺（石函），函内除装盛一铁券外，别无他物，发掘报告推测为"火葬墓"[1]（图3-5）。

图3-5 风车口墓地M1、M2、M3位置（自东向西）

台地中心位置，让位于规格最小的M3，而两座高规格石椁墓则偏居一隅。如此"反常"的现象，以浙江本地丧葬传统观之，殊不可解。墓地朝向为坐北朝南，墓室却东西横贯，也不符合江南惯例，反与安阳韩琦夫妻合葬墓、韩琦长孙韩治夫妻合葬墓类似，石

1.浙江省文物考古研究所编著：《浙江宋墓·湖州风车口墓地》，科学出版社2009年版。

墓室均采用横贯的形式。

若套用中原五音墓地的标准，五姓各有所利方位。"商姓宜西山之东，为西来山之地，兼南北相望长远，东有洪津北去为妙"，"明堂内水出破巽为大利向"，"丙向坐壬穴，以巳午为案，水出辰巳中间，令玄武山遮转，东北流入大水，吉"。风车口墓地位于北注太湖的东苕溪西侧，与商姓地理形势和墓穴朝向规划原则相符；商姓的昭穆葬墓园，内以"壬穴为尊，丙穴为次，庚穴为卑"，"正中一分名曰地心明堂"，若以"七七四十九穴"墓园方格网笼罩在第一级台地上，推得 M1 位于壬穴，M2 位于庚穴，唯丙穴空置，而台地正中心所谓"火葬墓"（M3）内出石函、铁券，正是"斩草埋券"的明堂（地心）之位。第一级台地的穴位排布与商姓墓园相符，故而推知风车口墓地是以商姓昭穆贯鱼葬原则设计的墓地[1]（图 3-6）。

可惜风车口墓地未出墓志，但推测其为南渡中原旧族在江南按照五音规划的墓园似无不可，刘未据后世族谱认为，风车口可能是韩琦第六子韩嘉彦父子墓地[2]。

因为自然条件与人文传统的差异，以五音姓利为核心的中原地理术不可能因为北人南迁而大规模实践于江南，在已知的浙江南宋墓葬中，风车口尚属孤例，但中原南渡旧家在新徙居地承袭中原丧葬旧俗的做法，颇可关注。

---

1. 刘未：《鸡冠壶：历史考古札记·风车口》，上海古籍出版社 2019 年版，第 204 页。
2. 刘未：《鸡冠壶：历史考古札记·风车口》，据民国《萧山一都韩氏家谱》推测其为韩琦第六子嘉彦徙居湖州与其二子在当地的葬地。

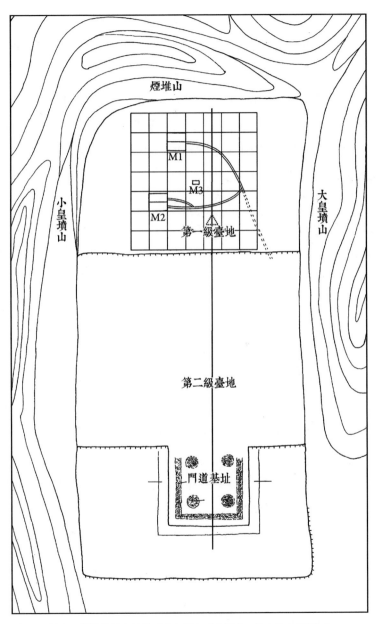

图3-6　风车口墓地规划分析图（采自刘未《鸡冠壶：历史考古札记》）

二、全面在地化：以巩庭芝和韩琦后裔为例

大多数南渡人士迁入江南境域后，无论地下墓室，抑或墓地形态，均会采取在地化策略。

建炎间，郓州（山东东平须城）人巩庭芝徙居婺州武义县太平乡曲湖旁（今武义泉溪镇巩宅村）。巩庭芝，绍兴八年（1138）进士及第，在武义率先以中原之学授徒，世称山堂先生，宋濂称"武义人士知尚义理之学自庭芝始"。

巩庭芝有三子：湘，绍兴十二年进士；法，省试不利，卒，其遗孀杨氏抚养孤子巩丰、巩嵘成人，先后登进士第，名声振于东南；沆，亦举进士。陆游为巩法妻杨氏所撰墓志称："予少时，犹及见赵魏秦晋士大夫之渡江者，家法多可观，虽流离九死中，长幼逊悌，内外严正，素如也。距今未五十年，散处四方，不能如故时。久而不变如巩氏者，盖鲜矣。"[1]洪咨夔《吏部巩公（嵘）墓志铭》："靖康、建炎间，中原学士大夫多辟地南徙。巩至自东平，吕至自东莱，爱宝婺溪山之胜，家焉。地偏俗古，文物未振。山堂巩先生首以北方之学授徒，著录常数百人。吕成公继讲道明招精舍，负笈佥集，声气熏浃，渊源濡渐，类为世间人。公讳嵘，字仲同，山堂季孙，成公门弟子也。幼神气明粹，风骨凝重。大父爱其似北人，曰：必昌吾宗。"[2]巩庭芝祖孙三代，俱以中原故家的身份与礼法为荣，在武义合家聚居50余年，为时人推重。

然考巩庭芝三代人坟墓：巩庭芝夫妇墓，在武义县太平乡福圣

1.〔宋〕陆游：《渭南文集》卷三四《杨夫人墓志铭》。巩法、杨氏之子巩丰墓志，见叶适：《叶适集》卷四八《巩仲至墓志铭》。
2.〔宋〕洪咨夔：《平斋集》卷三一《吏部巩公（嵘）墓志铭》。

院西山，巩丰祔其下方，
墓址今日犹存，距其故居
巩宅约5华里，选址与江
南形法墓地无殊（图3-7）；
巩湘、巩法夫妇墓，在巩
宅护国寺东、西两旁的曲
湖"旧居之麓"[1]；而巩嵘
"绍定己丑（1229）正月庚
午朔诸孤葬公金华寿溪清
福寺之原"，别葬于金
华县[2]。

以中原家法为荣的东
平巩庭芝家族，在武义、
金华的墓地，多占风水，
分散各处，行为模式与江

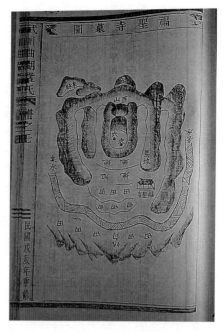

图3-7　民国《武川曲湖巩氏宗谱》所附巩庭芝、巩丰坟图

南土著大族相同。以江南之现实条件，固然无法照搬中原丧葬旧
俗；但由此可见坟墓作为丧礼的物质载体，是丧葬习俗的末端，尤
其是深埋地下的墓室，古人对此多抱持实用主义的态度。中原故家
在祠堂、丧、祭、冠、婚、乡饮等仪礼以及学术思想传承方面，有

1.2014年，笔者趁明招山吕祖谦家族墓地调查余暇，至巩宅现场考察，墓址无存，但
空间关系尚可指认。
2.参见民国《武川曲湖巩氏宗谱》之甲《志传》、之壬《坟图》，民国戊辰年重修本。
洪咨夔《吏部巩公（嵘）墓志铭》载为"绍定己丑正月庚午朔，诸孤葬公于金华县寿
溪原"。族谱电子本系武义博物馆傅毅强先生提供。2014年笔者在武义调查明招山吕
祖谦家族墓地期间，对巩氏诸墓进行多次实地调查。

足够多样的方式彰显其北人家族的身份和优越感，而坟墓实非首要选项。

再举一例，韩琦家族在安阳至少有两处家族墓地。韩琦共有六子，依次为韩忠彦、端彦、良彦、纯彦、粹彦、嘉彦。南渡以后，子孙散居湖州、绍兴府、临安府、衢州、台州等地，在他们死后，各自便宜行事，就近葬于徙居地。

以长房韩忠彦一支为例，忠彦长子韩治，墓在安阳。韩治有五子：韩肖胄、肯胄、肤胄、肩胄（早卒）、膺胄。南渡后，韩肖胄、膺胄徙居绍兴，据《嘉泰会稽志》卷六"冢墓"，韩肖胄、膺胄、韩髦（肖胄子）墓在会稽县太平乡[1]。近年，绍兴陆续出土韩肖胄之孙隽卿、幹卿墓志：韩幹卿墓在"会稽县（五云乡）净胜山昌源之原"，韩隽卿墓在"会稽山五云乡之原"，其子韩墀"葬会稽县五云乡昌源之原"，祔于其父墓侧。三者可能为一地，故而墓志集中出土。韩肯胄曾孙韩噩，则葬于"会稽县五云乡铸浦之原"[2]，与"昌源之原"恐非一地，但属同乡。韩肤胄之子韩磊，徙居台州临海县，墓在县东北25里的慈云寺（今临海市大田街道云溪村慈云自然村慈云寺），有墓志出土。据族谱记载，韩肤胄葬于绍兴云门山，而韩磊墓在临海，父子并未合葬[3]。

韩治一脉的韩肖胄、肯胄、肤胄、膺胄四派，均曾在绍兴为官，俱有坟墓在绍兴，但各大房派似各有其墓地中心。从有限的出

1.《嘉泰会稽志》卷六《冢墓·近代冢墓·会稽县》，宋元浙江方志集成，杭州出版社2009年版。又，据同卷，北宋名臣富弼之孙富直柔南渡后，亦葬于会稽县。
2.绍兴市档案局（馆）、会稽金石博物馆编：《宋代墓志》，西泠印社出版社2018年版。韩隽卿、幹卿、墀、噩墓志，分别见于该书第84、86、90、180页。
3.彭连生：《临海宋韩磊墓志铭考释》，《东方博物（第六十九辑）》。

土墓志和族谱材料分析，韩肖胄支作为迁徙官僚家族，在绍兴聚居，可能在会稽县太平乡、五云乡各有松散型家族墓地，而韩肯胄、肤胄派则另有墓地。但墓地对其子孙似无约束力，韩磊葬于台州，即为明证。

韩治一脉诸派，可能曾有在徙居地重建家族墓地的构想，但在实际生活中，中原族葬习俗并无刚性的约束力，在徙居地也不存在统一规划的多房派、多代人聚葬的墓地，而分别采取了程度不等的在地化策略。

族葬是儒家伦理的理想，对不同阶层族群的吸引力和约束力，程度不等，更无强制性。即使不存在南北差异，在徙居地、宦游地下葬，而不归葬故里，也是当时许多人的选择。

与明清时期不同，南宋的籍贯和"落叶归根"观念尚在形成过程中。虽然父祖坟墓是宋人户籍登记的重要依据，但许多士人葬父母于宦游地，或葬于置有别业田产的退居地，遂占籍坟墓所在地。南宋罗愿《罗鄂州小集》卷三《程仪同庙记》评论士大夫不归乡里："先世之丘墓往往随宦留止，不能复还，使其子孙为羁人于四方，数世之后，燕秦楚越矣。"[1]这也会制约家族墓地的形成。

三、道与术之间：以绍兴茶山、武义明招山为例

在承袭中原旧俗与在地化之间，存在着第三条道路，即第三种类型的家族墓地。

1.《宋会要辑稿》选举三"科举条制"，嘉祐三年（1058）三月十一日依礼部言，允许在祖父坟墓所在之地取解的科场条制，由于祖坟较田产更加固定，故以祖坟所在地当作士人"本贯"的观念，已经为北宋人较普遍接受。参见包伟民、魏峰：《宋人籍贯观念述论》，《浙江大学学报（人文社会科学版）》，第37卷第1期，2007年1月。

曾几，字吉甫，官至左通奉大夫、充敷文阁待制、赠少师，谥文清。其先赣人，其父曾準徙河南（今河南洛阳），为河南人。"南渡不常厥居，祖文清公葬山阴，因家焉。"[1]曾几祖先虽为赣人，但据其历史背景和自我文化认同，可以南渡中原故家的身份视之。

曾几墓在绍兴府山阴县承务乡凤凰山，即茶山。近年集中出土了包括曾楙夫妻、曾桌夫妻、曾棐、曾勳夫妻、曾庶夫妻、曾炁妻钱氏、曾知白在内的一组墓志，据此可以部分还原以曾几为祖坟的绍兴茶山墓地的形态[2]。

曾几，子3人：逢、逮、迅；女1人，嫁吕祖谦父吕大器；在曾几去世的乾道二年（1166）前后，有孙7人：槃、桌、梁、棨、楙、棐、棠；曾孙男女13人[3]。

曾楙，系大房曾逢之子，淳熙十四年（1187）"归祔于绍兴府山阴县承务乡凤凰山先茔之侧"；其弟曾棐于庆元年间葬于"承务乡凤凰山"；曾楙之子曾勳于庆元四年（1198）"葬于山阴县承务乡凤凰山承议墓（曾楙）之侧"；而曾棐之子曾知白于宝祐五年（1257）"祔于山阴茶山提辖公（曾棐）茔之左"。

曾桌，系二房曾逮之子，嘉定八年（1215）"葬于绍兴府山阴县承务乡凤凰山先茔之侧"，其妻韩氏于嘉定三年（1210）"祔于绍

1.绍兴市档案局（馆）、会稽金石博物馆编：《宋代墓志》，西泠印社出版社2018年版，第104页。

2.本书所引曾几家族出土墓志，俱见绍兴市档案局（馆）、会稽金石博物馆编：《宋代墓志》，西泠印社出版社2018年版。曾楙夫妻、曾桌夫妻、曾棐、曾勳夫妻、曾庶夫妻、曾炁妻钱氏墓志，分别见该书第100、102、104、108、110、114、116、118页。又，据墓志，宝庆二年（1226）曾棠之子曾庶、堅父子俱死于楚州叛军，后归葬于"山阴之东山"，未知与茶山是否为一地。

3.〔宋〕陆游：《渭南文集》卷三二《曾文清公（几）墓志铭》。

兴府山阴县茶山之原"，确证茶山与凤凰山实为一地。曾桌之弟曾棠，亦葬茶山。

据钱时撰《曾烝妻钱氏墓志铭》，烝为曾棠之子，是曾几的曾孙辈。墓志曰："宝庆三年（1227）春，予（钱时）陪越率游茶山，谒故敷文殿待制、礼部侍郎文清曾公祠，始获拜益国夫人钱氏（曾几妻）遗像。……道州守讳棠，其仲子子也，相与从容终日，且指他日归藏之所，洁觞豆，款精舍焉。今予此来，则道州与子从事烝即其处坟久矣。"待嘉熙三年（1239）曾烝妻钱氏卒，明年"葬茶山，祔从事（曾烝）兆"。自曾几、钱氏夫妻合葬墓（祖坟）以下，经曾几仲子曾逮，至第三代曾棠、第四代曾烝，俱葬于茶山。

在南宋末期以前，茶山至少形成了两大房派、四代人聚葬的家族墓地，前述墓志在盗掘中集中出土，亦可推知其墓地呈相对密集分布的形态，江南山地无法按照五音或昭穆葬原则来规划。如果以传统"道术观"来阐释该现象："道"是目的，是观念价值；"术"是为实现目的而采取的手段，是"权变"的技术——曾几家族在茶山建设家族墓地，并在其内设置曾文清公祠，在"道"的层面，可谓承续了中原士大夫以族葬聚族的传统，但墓地形态一改中原旧规，在"术"的层面，已经过在地化改造以适应江南实际。

在"道"的传承和"术"的权变之间，比茶山曾几家族墓更加典型的案例是武义明招山吕祖谦家族墓地。

吕祖谦，出身于大族东莱吕氏，乾淳年间，与朱熹、张栻并称"东南三贤"。其家族墓地位于武义县东约15华里的明招山。南渡以来，自吕祖谦曾祖父吕好问，至吕弸中、用中、忱中从"中"字辈，吕大器、大伦"大"字辈，吕祖谦、祖俭"祖"字辈，吕乔年、延年"年"字辈，凡五代家族成员（包括少数"之"字辈第六代成员在内），悉数聚葬于此。据明人阮元声编《宋东莱吕成公外录》载，明招山有"坟九十六处"，是江南规模空前的家族墓地[1]（图3-8）。

东莱吕氏乃"三世四相"的宰辅之家，吕祖谦七世祖吕夷简、六世祖吕公著、曾祖父吕好问等人，相继执政；东莱吕氏也是"学术世家"，《宋元学案》凡九十一学案，吕氏诸儒居三十一，四人更为学宗，即吕公著"范吕诸儒学案"、吕希哲"荥阳学案"、吕本中"紫薇学案"和吕祖谦"东莱学案"。

如前所述，吕夷简在河南新郑神崧里以"宫羽姓昭穆贯鱼葬"原则规划的五音墓地，在南渡以前，已是八代人聚葬的大型墓地，连吕好问、弸中、用中等人寿穴也已安排就绪。

东莱吕氏南迁后，神崧里墓地废弃。绍兴元年（1131），吕好问在流亡中卒于广西桂林，并藁葬于当地。绍兴五年，战事稍定，吕氏陆续内迁。吕好问长子吕本中，寓居信州（今江西上饶）；次子吕弸中，即吕祖谦祖父，寓居婺州（今金华市）；三子吕用中，居绍兴；四子吕忧中，居住地不详，或在衢州、婺州一带。四大房派中，无人定居武义县，最近的婺州距离明招山约百里之遥（附

1.〔明〕阮元声编：《宋东莱吕成公外录》卷四"敕葬吕氏武义县十五都明招山世代坟图"曰："宋敕葬明招山建祠、塑像、设位，赐寺惠安、崇兴、龙安三寺，遗有祀田三百余亩，地四十亩零，塘十余口，山十九顷。府县志载，春秋祭墓，子孙与祭。……墓前享亭十二间，碑文十通，坟九十六处，如有近邻土豪侵占拆毁，许僧人报知呈告。"北京图书馆编：《北京图书馆藏珍本年谱丛刊》（第31册），北京图书馆出版社1999年版。据金华知府阮元声序，该书撰于明崇祯五年（1632）。

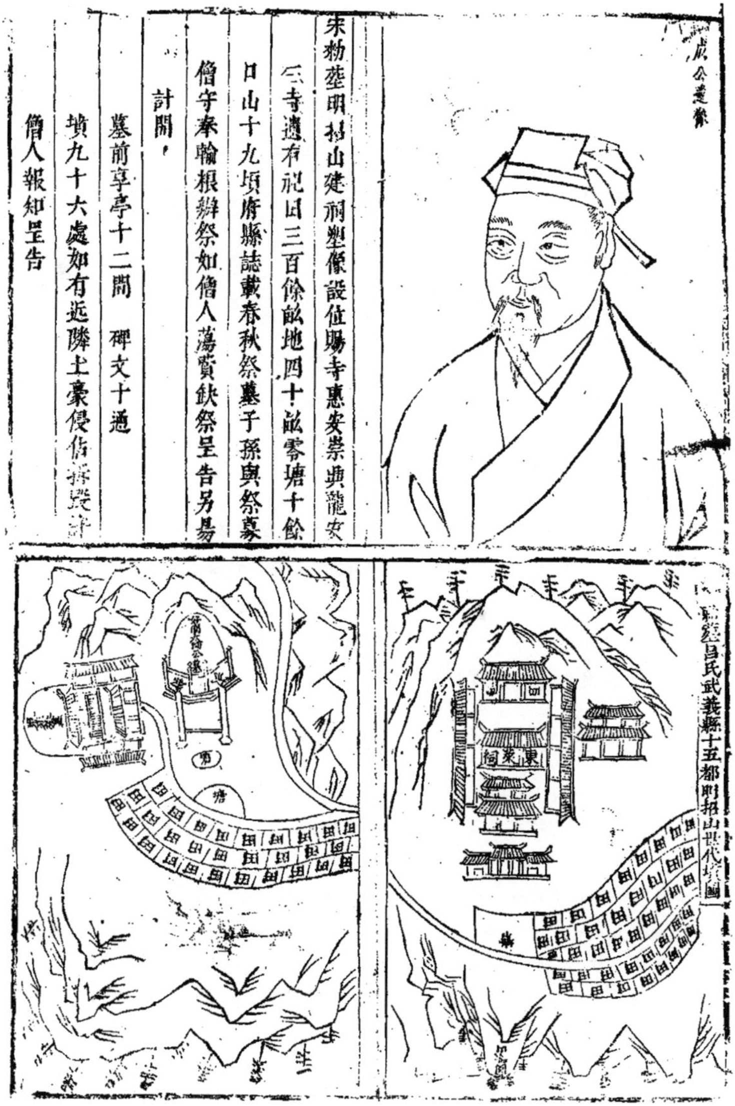

图3-8　〔明〕阮元声编《宋东莱吕成公外录》所附《明招山坟图》书影

《吕祖谦家族世系表》（表3-3）[1]。

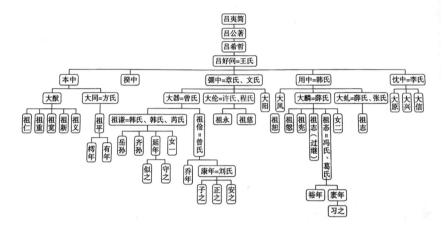

表3-3　吕祖谦家族世系表

注：1. 吕梦奇—吕龟祥—吕蒙亨—吕夷简。吕夷简共有五子：公绰、公弼、公
著、公孺、公竦。五大房各有世系，此处仅列出与吕祖谦曾祖父吕好问一支相关
世系，为避免繁冗，北宋以前只做成"一系单传"的模式。

2. 该世系参考吕祖谦《东莱公家传》、明招山出土墓志、溧阳《棠阴吕氏宗谱》、
缙云《河东吕氏宗谱》等编制。

<hr />

1.《吕祖谦家族世系表》据吕祖谦《东莱公家状》，陆游《渭南文集》卷三六《吕从事
（大同）夫人方氏墓志铭》，以及傅毅强、郑嘉励编《武义宋元墓志录》（浙江古籍出
版社 2019 年版）明招山出土吕氏家族墓志，缙云县博物馆藏民国《河东吕氏宗谱》等
制作。又，吕好问一家从建炎元年到绍兴元年，颠沛流离，起初止于桂林。绍兴三年，
吕本中携家离开桂林，先后寓居临川、福州；绍兴七年，吕大器尚在桂林，而吕本中
在平江。据此可知，吕祖谦家当时尚未选定以婺州为居所。吕氏迁居婺州，是由吕弼
中完成的，应该发生在吕本中逝世之前，吕本中《病中得舍弟信》："频通婺女讯，兼
得会稽书。岁月呻吟里，文章困睡余。百年判憔悴，万事付迂疏。尚欲身强健，想从
得定居。"吕弼中似以婺州、吕用中以绍兴府为居所（参见陈开勇：《宋代开封—金华
吕氏文化世家研究》，中国社会科学出版社 2010 年版，第 32 页）。周必大《思陵录》
载，周必大在宋陵攒官，主管明道宫吕大麟曾自城中来访，亦可为吕用中、吕大麟房
支寓居绍兴之证。至于吕忱中支寓居于衢州开化或婺州一带，胡寅《斐然集》卷二六
《左朝散郎江君（衮）墓志铭》或可佐证。

天一阁博物馆藏民国《（鄞县）木阜吕氏宗谱》收录吕大麟撰《婺州武义县来苏乡明招山吕氏坟域图志》，叙述淳熙元年（1174）以前明招山墓地的形成过程甚详，兹录全文如下：

> 吕氏之先葬于太原，自代公、魏公以下悉葬于郑州新郑县怀忠乡神崧里。戎狄乱华，中原陷没，予家子孙南渡者，皆不克归葬，各适所寓之地而安厝焉。
>
> 绍兴十六年，从兄仓部讳大器、朝奉郎讳大伦始卜伯父驾部讳弸中葬于婺州武义县明招山惠安院之西，盖距二十里也。
>
> 十七年，朝奉葬安人（作者按，吕大伦妻许氏）于本寺明招岭之垄下。
>
> 先君秘阁讳用中，以大父右丞东莱讳好问旅葬桂林炎荒之地，不可以久厝，择地累年，乃得穴于驾部坟山之东。二十三年，始克迁东莱公之葬于兹地。驾部硕人文氏亦自桂林迁奉与驾部同穴。
>
> 后五年，叔父提举公讳忱中，葬子大兴于本院虎山之后。三十一年，朝廷赐惠安院为东莱公功德院，其额增"元净"二字。
>
> 三十二年秋，大麟同弟大虬葬秘阁公于东莱公兆域之左。秘阁长子右从事郎大凤，前葬绍兴府梅山本觉寺。先君之丧，与弟举其枢祔葬于秘阁虎山之侧。大虬妻薛氏，前葬于婺州兴教寺，亦改葬于明招主山之后垄下。是秋，仓部（按，即吕大器）长子祖谦乃葬其妇韩氏于驾部坟山之西。其年冬，

叔父提举公没，诸姪奉公之柩于本院虎山之末，公爱其子大兴，遗命殡于此，以近其墓焉。

隆兴元年，大麟葬其妻孺人薛氏于驾部坟山之西，与韩妇盖隔一垅。

乾隆（道）元年夏，大虬葬其继室张氏于东莱公兆域之次。

二年，仓部葬其宜人曾氏于驾坟山之东。

四年，朝奉（按，吕大伦）没，与许氏同穴。

七年春，大麟同大虬葬先妣太恭人韩氏与先君同穴。

八年夏，祖谦同弟祖俭葬仓部与宜人曾氏同穴。夫皆正穴也，妻为祔葬，居柩之西，而以石隔之。

九年秋，大虬病没，予举其丧葬于东莱公兆域之右，并迁其妻薛氏、张氏皆合祔焉。

明招山乃唐末德谦法师道场，谦结庐于山中，其徒数百人，亦皆斸庵以相近焉。故今之诸坟往往皆昔日庵居之地。图云经（按，应为"《图经》云"）：寺墓乃阮孚古宅，寺山门之东有土高起，故老相传云即遥集之墓，近处多姓阮者，乃遥集之后裔也。今详其始末以告来者，庶易以考焉。

淳熙元年二月十一日，大麟敬记[1]。

绍兴十六年（1146），吕弸中卒于次子吕大伦的武义县丞官

1.〔宋〕吕大麟：《婺州武义县来苏乡明招山吕氏坟域图志》，见民国《（鄞县）木阜吕氏宗谱》卷四《坟域图志》。

舍，不克归葬神崧里祖茔，临时葬于明招山，是为吕氏家族入葬明招山第一人。从明招山出土的《吕弸中圹志》看来，当时尚无将明招山作为永久性葬地的计划。绍兴二十三年，吕用中将吕好问棺柩自桂林迁来，成为明招山的祖坟，并正式改葬吕弸中。明招山家族墓地初具雏形。稍后，又有吕大兴等人埋入。绍兴三十一年，朝廷赐惠安院为吕好问功德坟寺，可视为明招山家族墓地真正形成的标志[1]。

需要说明的是，吕本中已在绍兴十五年（1145）七月先卒于信州[2]，当时尚无明招山墓地，吕本中犹如韩肖胄、韩磊等人"各适所寓之地而安厝焉"，葬于信州上饶县明远乡德源山德源寺之侧。淳熙三年（1176），吕本中子吕大同之妻方氏迁葬明招山，信州大房支成员亦融入明招山，上饶墓地逐渐弃用[3]，但吕本中墓并未迁来。

吕大麟记文截至淳熙元年（1174），当时的明招山只是部分三代家族成员的墓地，至宋末元初，吕氏四大房派的五代家族成员（包括少数第六代家族成员）悉数聚葬于此。明招山出土的吕好问、弸中、用中、忱中等第一、第二代成员，以及第三代成员吕大麟、第四代成员吕祖俭圹志，均在志文中追溯神崧里故事，以示不忘沦

1.《宋会要辑稿》道释二："（婺州惠安禅院）绍兴三十一年正月二十二日，右朝奉大夫、直秘阁、主管台州崇道观吕用中言：父好问昨为尚书右丞，除资政殿大学士，累赠太师，今葬婺州武义县惠安院之侧，乞充功德院，赐是额。"中华书局1957年版。
2.吕本中生于元丰七年，绍兴十五年七月卒于信州，参见王兆鹏：《两宋词人年谱·吕本中年谱》，台北文津出版社1994年版，第466页。
3.〔宋〕陆游《渭南文集》卷三六《吕从事（大同）夫人方氏墓志铭》。

图3-9　明招山出土的《吕好问圹志》

陷的中原祖茔[1]（图3-9）。正如方大琮《铁庵集》卷二四《与林提干进礼书》所谓："吕氏自南渡来，子孙虽分散四出，多归葬婺之明招山。"《吕祖俭圹志》亦曰："右丞公（吕好问）始葬婺州武义明招山，子孙皆族葬焉。"[2]

吕氏子孙，不分房派，不远百里千里，聚葬明招山，绝不可能是集体无意识的行为，而是体现了中原故家在徙居地建设家族墓地的良苦用心。鉴于江南此前并无族葬传

1.〔宋〕赵鼎《家训笔录》第七项："远忌供养饭僧追荐如平日，合族食素。"赵鼎遭国破家亡，故土解州闻喜的祖坟无法洒扫，只能在徙居地于先人忌日请僧侣为死者作功德邀福，要求族人吃素。明招山出土吕氏墓志，追溯神崧里故事，以示不忘祖宗之意，用心是相通的。

2.吕大麟支长期居住绍兴。据明招山出土《吕荣年圹志》，至吕祖宪时仍住绍兴。吕荣年卒于会稽官舍，其子叔骏早夭，亦葬于会稽近郊，稍后一并迁葬至明招山。无论生前居住婺州或绍兴，吕氏成员卒后均聚葬明招山，只有极个别人葬于所居地。如绍兴出土的《吕有年圹志》，吕有年，为吕本中次子吕大同孙、吕祖平之子，以"咸淳癸酉四月甲申日奉窆于绍兴府山阴县谢墅之原"，见绍兴市档案局（馆）、会稽金石博物馆编：《宋代墓志》，西泠印社出版社2018年版。但这一例外，不足以动摇吕好问家族"不分房派、四代家族成员悉数聚葬明招山"的整体立论。

统，加上东莱吕氏的文化影响力，其族葬行为就格外具有示范效应。

那么，明招山吕祖谦家族墓地的形态究竟如何？

经考古调查，确定了"祖坟"吕好问墓、第二代"中"字辈全部成员，第三、第四、第五代部分成员墓葬30余座。墓葬以功德坟寺惠安院（明招寺）为中心，初步判断相对集中分布于四个区域：大坑、小坑、沈宅岭头、明招寺东山。其中以大坑最重要，为吕好问、弸中、大器、大麟、祖谦等人坟墓所在；小坑，据出土《吕荣年圹志》等判断，除吕忱中墓外，可能有较多"年"字辈成员埋葬于此；沈宅岭头，发现有吕用中、大伦等人坟墓；明招寺东山，第六代家族成员《吕宜之圹志》出土于此。这四个区域分属于彼此互不相望的山坳（图3-10）。

为适应江南卑湿环境，自吕好问开始，墓室就已江南化，采用石（砖）椁石板顶墓室，坐落于山麓高地上；各墓凭山而建，各抱地势，朝向随山势向背而定，并无统一方向；墓穴位次排列也是江南式的，一改神崧里祖茔的形态，五音墓地记述位次多采用"葬西茔之甲穴""东茔之丁穴""居第一穴""第二穴"等术语，对应于墓园中是唯一确指的位次；而明招山出土墓志，记载方位只笼统说"葬于某墓之左""之右""之侧"等纯为江南式的模糊表述法。

由于南北方的巨大差异，若以中原族葬墓地的标准来衡量，明招山充其量算是较大地理空间的松散型家族墓地，相对于鄞县王瑞家族、瑞安县项公泽家族墓地，只是合葬人员更多、延续时间更长、约束性更强而已。

但东莱吕氏因其衣冠大族的世家背景，其影响力绝非寻常人家可比。方大琮《辞方广礼部及诸坟祝文》曰："山以方广名旧矣，

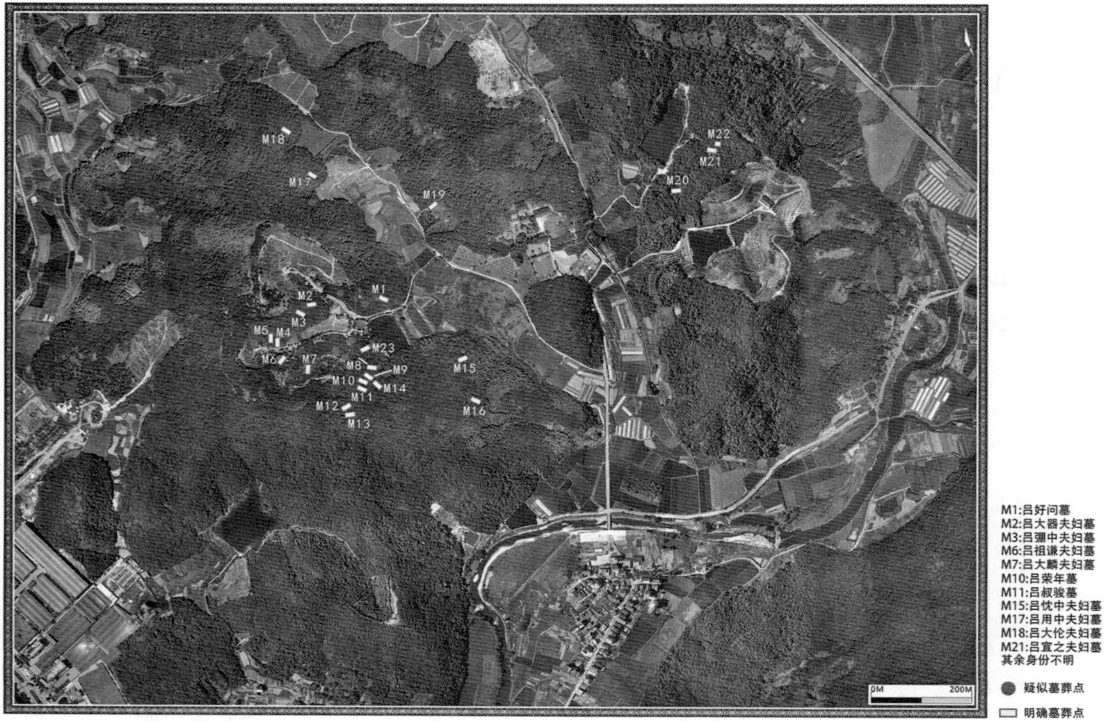
M18
M17
M19
M22
M21
M20
M1
M2
M3
M5
M4
M6
M7
M23
M8
M9
M10
M14
M11
M12
M13
M15
M16
0M
200M
M1:吕好问墓
M2:吕大器夫妇墓
M3:吕弸中夫妇墓
M6:吕祖谦夫妇墓
M7:吕大麟夫妇墓
M10:吕荣年墓
M11:吕叔骏墓
M15:吕忱中夫妇墓
M17:吕用中夫妇墓
M18:吕大伦夫妇墓
M21:吕宜之夫妇墓
其余身份不明
疑似墓葬点
明确墓葬点

图3-10　武义明招山南宋吕祖谦家族墓地墓葬分布图

仪曹公来宅九跳之正脉，面势宏阔，从而祔者五代，此某之宗派
也。每代之中，昭穆相从凡四十余。《周官》族坟墓之说，吕氏深
有取焉，此山宜与婺之明招等。"[1]方大琮在兴化军"方广山"家族
墓地，五代人共40余座墓，其布局"每代之中，昭穆相从者凡四
十余"，据说与明招山吕祖谦家族墓地一样效仿《周礼》"族坟墓"
之说，故言"此山宜与婺之明招等"。其实，明招山这种松散型的
族葬墓地，与《周礼》族坟墓和北宋蓝田吕氏墓园面貌相去甚远，
但方大琮竟然认为明招山就是符合儒家经典的昭穆葬。

四、昭穆葬的宋元明转型

方大琮认同东莱吕氏的族葬价值，在方广山有意仿效明招山建
造"昭穆相从"的墓地，但同时又有顾虑，在与友人的通信中说，
"然或者谓吕之子孙不甚寿，亦祖山掘凿太过也。惟朱文公最喜风
水，韦斋、祝氏皆别葬，文公又自葬唐石，门人执绋者数日乃至，
水心笑之，谓其多占风水"[2]。东莱吕氏多短寿，例如吕祖谦壮年
而逝，有谣言称为明招山掘凿太过之故，而朱熹多占风水，家人葬
地分散。这说明士人既有追求族葬的意愿，又不免为世俗风水
所惑。

南宋吕午《吴益谦（自牧）墓志铭》所附曹弘斋《溪南吴氏长
虹先祠记》，歙西溪南吴氏家族墓地在名叫"长虹"的地方，从南
宋嘉熙四年（1240）至元大德九年（1305）的60多年间，聚族而
葬，其墓地仿照"伊川《左昭右穆之图》、吕氏婺州明招山之例有

1.〔宋〕方大琮：《铁庵集》卷三八《辞方广礼部及诸坟祝文》。
2.〔宋〕方大琮：《铁庵集》卷二四《与林提干进礼书》。

相似者，同里赞之"[1]。时人将程颐"左昭右穆之图"与明招山吕氏家族墓地并列，程颐《葬说》"葬之穴，尊者居中，左昭右穆，而次后则或东或西，亦左右相对而启穴也"的昭穆葬，在宋代践行者不多，更多存在于士人的观念中。而明招山的松散型墓地，与程颐所指是完全不同的两种墓地形态，竟被时人视为同样的昭穆葬。这说明士人看重族葬在伦理层面的聚族意义，而非技术层面的墓地具体形态。

江南甚少族葬，更无中原类型的家族墓地，除去自然条件所限，更与江南的风水术有关。中原也讲风水，但五音墓地与族葬兼容，而江南形法墓地则与族葬冲突。

金华义乌元代儒医朱震亨（丹溪）墓地，三人合葬，朱震亨居中，二子袝葬左右[2]。元末明初方孝孺为其坟庵撰写《孝友庵记》曰："呜呼！古礼之废业久矣，葬之弊为尤甚。古之葬者，万民各以其族区分而序列之，惟有罪者则不入兆域。……今之人，儒衣冠而诵六艺者，皆以学孔子自名，至于葬其亲，则往往信俗巫冢师之说，为其身谋，或父子异处，或兄弟殊迁，使其魂魄不相接，形气不相依，与黜罚其亲何异乎？而犹以儒称于人，不亦安矣哉！若先

1.〔明〕程敏政编：《新安文献志》卷八十七引吕午《吴益谦（自牧）墓志铭》，"徽学研究辑刊"，黄山书社2004年版。
2.义乌赤岸朱丹溪墓为浙江省文物保护单位。2013年，笔者在义乌发掘双林寺遗址时，曾前往现场调查。朱震亨为元代儒医，一生未入仕，方孝孺《孝友庵记》谓其"以道德姓命之说教其乡人，人咸服之。先生娶戚氏，生二子衍、玉。尝择地东朱山之原，谓其子曰：'我死与而母俱藏此，若等宜袝其左右。'皆应日诺。已而，戚氏卒，衍亦卒。未几先生亦卒，玉奉先生及母夫人柩，窆于其中，奉兄柩窆墓右，又预治其左为二穴，他日将于其妻合葬"。

生父子者，可谓无愧于孔子。"[1]方孝孺以激烈的语言，抨击世俗风水观念，致使父子异处、兄弟殊迁。

宋濂亦曰："自世道既降，而相墓巫之说兴，谓枯骷足以覆焘乎后昆，谓祸福贵贱尽系于冈峦之离合、丘陵之偭向，一以此钳劫愚俗，而专窃墓大夫之政柄。世之欲葬其亲者，辄敛容屏气伺候巫之颜色。巫曰此可葬，虽逾都越邑亦匍匐而从事；巫曰不可葬，虽近在室之旁、百利之所集者，亦割忍而违去之。致使父子兄弟本一气也，一在天之南，以一在地之北，吾不知其何说也，安得卓识者出相与攻其缪妄也哉！"[2]方孝孺与宋濂均指出形势派风水泛滥所造成的骨肉分离的伦理灾难。

儒家不可能完全放任风水对伦常秩序的冲击，必须有所回应和抗衡。元代《居家必用事类全集》载赵昢《族葬图说》针对"葬者惑于流俗，困于拘忌，冢墓丛杂，昭穆混淆，使不可辨识。又或子孙丰显，耻葬下列，别建兆域，以远其祖"的现象，主张将风水因素从墓地中剔除，以儒家族葬价值主导墓地规划[3]。《居家必用事类全集》是指导士庶日常生活的小百科，该书乙集涉及丧葬礼的内容，几乎完全承袭司马光《书仪》和《朱子家礼》的内容，唯于末尾引述《季明赵氏族葬图》，并以图注、文字详细说明昭穆葬规划原理——"上北下南左西右东，祖墓居中，其东南为昭位，西南为穆位。以诸子、曾孙为昭，诸孙、玄孙为穆，皆序齿列葬。凡葬祖墓之后方者，东北为殇子位，西北为殇女及妾陪葬位"，完全可以

1.〔明〕方孝孺：《逊志斋集》卷十七《孝友庵记》，徐光大点校，宁波出版社2000年版。

2.〔明〕宋濂：《宋文宪公全集》卷四十三《慈孝庵记》。

3.〔元〕赵昢：《族葬图说》，《居家必用事类全集》乙集"行事第六"。

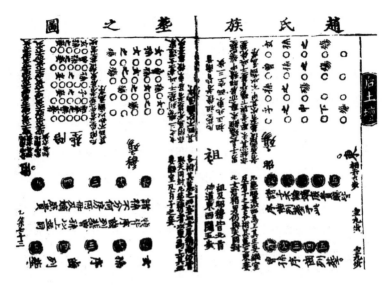

图3-11　元《居家必用事类全集》所附之《季明赵氏族葬图》

视为宋元之交的士人针对《书仪》《家礼》不记合葬、族葬内容的补缺，以对抗堪舆风水之流弊[1]（图3-11）。尽管按照《季明赵氏族葬图》图式规划的墓地，在江南尚未见考古实例，但其明确主张以昭穆葬规范人们的丧葬行为，即所谓"今取墓大夫、冢人之义，参酌时宜，为之图说，藏于祠堂以遗宗人，俾凡有丧，按图下葬，无事纷纷之说也"[2]。该现象在宋元之交的出现绝非偶然，因为儒家

1.《朱子家礼》对丧葬中的技术性问题规定较细致具体，但对昭穆、合葬、族葬只字未提。学术界公认《家礼》为朱熹本人所著，然非完本，只是稿本，《家礼》的内容存在前后矛盾之处，或者有所疏漏。但是，避免在合葬、族葬上作出具体规定，应该是朱熹编撰《家礼》时的既定方针，毕竟朱熹家族和本人亦不选择族葬。据刘未《赵居信〈族葬图〉考》一文考证，《族葬图说》本出于赵居信《礼经葬制》。赵居信编纂《礼经葬制》在大德年间以前的元代早期，目的是以墓地昭穆图以补《朱子家礼》此项内容之缺。

2.〔元〕佚名：《居家必用事类全集》，王云路等点校，浙江大学出版社2020年版。

伦理和个别家族对族葬有迫切的需求，正如清儒徐乾学《读礼通考》有感于族葬古制沦丧，呼吁以赵眆《族葬图说》矫正时弊："《周官》之法即不可复，而宋〔元〕赵季明族葬之图不可以不讲也。盖自族葬废，而人卜一丘，美地难得，且多阴阳禁忌，迁延岁月，恬不知怪。使季明之说行，则兆域素定，葬可如期"[1]。

江南元墓材料较少，更无元代家族墓地的考古发现，但从文献中依稀可见族葬发展的迹象。元至治三年（1323），福建建宁路崇安县彭炳家族，从彭炳曾祖父母、祖父母、父母、从兄弟及其子侄等人，"八防六封，左昭右穆，如中州法族葬之"[2]；宋濂《赵氏族葬兆域碑铭》所记衢州赵氏墓地："赵氏于宋有属籍，广陵康简王德雍实魏悼王之第四子。五传至太中大夫坚之，始自汴徙于衢，古愚七世祖也。特迁之于中穴，余则分左右而序列焉。右则高大父遂昌令盱夫，大父永济仓副使若磬，伯父嗣淇、嗣鸿，叔父嗣渊也。左则曾大父时尧，叔祖父若隆，父某州路学录嗣滋，及弟某县某处巡检古恒也。……八世之中，凡二十丧，昭穆惟叙，尊卑不乱，厉限有截，羡道中度，神灵载宁，人道咸顺。乡之大夫士过之者，咸相与慕咏而去。盖大江以南，拘泥于堪舆家，谓其水土浅薄，无有族葬之者。他未遑深论，虽以父子至亲，其兆域相去近或十里，所远乃至于逾百。……古愚兄弟一即乎义理之正，而弗蹈夫流俗之失，不亦行古之道哉！……其族葬之时则洪武戊申（1368）岁冬十月壬午日也"[3]。这种以"中州法"或比较严格遵循"左昭右穆"

1.〔清〕徐乾学：《读礼通考》卷八十二"葬考一"，光绪间刊本。

2.〔元〕同恕：《榘庵集》卷五《彭氏新茔石表》，文渊阁四库全书。

3.宋濂：《宋学士文集》卷三〇《赵氏族葬兆域碑铭》。

排列的昭穆葬墓地，可能是元代以来江南局部地区出现或正在发展中的新气象。

从现有的田野调查资料考察，大约在明代嘉靖年间或稍早，江南涌现出数量众多的昭穆葬实例，多代家族成员依照长幼之别，依次分排，秩序井然。温州乐清县北白象镇高岙盘谷明南京刑部尚书高友玑家族墓地，共有15座墓葬，从元末延续至明朝嘉靖年间，从盘谷始迁祖高友祥至高友玑父子共有九代人。在元末明初，这尚为一处松散型的墓地，众坟墓散落在高东、高中、高岙三村各处，各据形势，位次排列并无规律。但嘉靖二十六年（1547）朝廷赐葬高友玑后，墓地经重新规划，并改葬高友玑祖父和生父，与高友玑并排合葬，遂形成严格意义的昭穆葬。今高友玑墓地共7座坟墓，祖孙四代人，共7通墓碑，采用神位牌楼建筑样式排列：正中为高友玑祖父高久谱（竹庐公）墓；左一位为高友玑生父高如沔（述庵公）墓；右一位为高友玑（南屏公）本人墓；左二、左三位为高友玑长子廷伸（春岩公）、三子廷举（东野公）墓；右二、右三位为高友玑次子廷实（率斋公）、四子廷愉（西渠公）墓。墓地前方的坟坛，左立赐谥碑，右立严嵩撰文的高友玑墓志铭碑，并共用一组墓仪石刻。诸墓位次清晰，四代人排成一列，是以"尊者居中，先左后右"序次排列的昭穆葬[1]。需要注意的是，迟至嘉靖年间，昭穆葬才正式出现在高友玑家族墓地中，此前只

1.陈元友：《盘谷高氏家族墓地的调查与认识》，《东方博物（第四十五辑）》。高友玑墓四代人的位次排列次序，据本人2014年在现场考察时记录。此种尊者居中，依次分列左右的排列形式，与程颐"下穴昭穆图"类似，但与严格意义的昭穆概念并不完全相同，按理说，若以高久谱为祖坟，则子为昭、孙为穆、曾孙又为昭，但高久谱曾孙四人，却以长子、三子为昭位，二子、四子为穆位。可见，不同人对昭穆有不同的理解和处理方式，但其以位次的"中、左、右"排列规范长幼次序的原则是一致的。

图 3-12 高友玑四代成员坟墓以"尊者居中，先左后右"序次排列

是松散的聚葬（图 3-12）。

明代后期，江南地区昭穆葬实例显著增多，一改宋元时期乏善可陈的局面，再举两例。

金华义乌赤岸螃蟹形山冯氏家族墓，共有墓葬 16 座，以浩三十六冯伯达为祖坟，按浩、济、淇、汰、溢为序，共葬有九世，从明正德七年（1512）至崇祯年间，历经近 140 年，其墓地主体应以昭穆葬规划[1]（图 3-13）。

温州龙湾英桥王氏家族，始迁祖王惠自元末迁到永嘉县华盖乡英桥里，发展至第五代，子孙昌盛，分为七大房派。至第八代，在明嘉靖、万历年间，进士辈出，家业光大，堪称永嘉巨族。嘉靖三

1.黄美燕：《义乌螃蟹形山明代冯氏墓群考》，《东方博物（第二十五辑）》。冯氏墓地的局部区域应该采用昭穆葬形式，但仍需以族谱与墓碑文字作进一步比对，以确定其位次排列规律。

图3-13　义乌赤岸镇乔亭村螃蟹形山冯氏家族墓地主墓区立面

十八年（1559），王叔果、叔杲在家乡建起永昌堡以御倭寇，堡城规模宏大，至今犹存。英桥王氏家族墓地有三种类型：一是山地型家族墓地，在距离永昌堡15里外的瑶溪半山，英桥王氏七大房派聚葬，当地称为"七派坟"[1]。山地型墓地受地形制约，无法形成秩序井然的墓地，只能做到各墓相对集中；二是独立型墓地，进士出身的高级品官如王叔果、叔杲等人，均有独占风水的墓园，并不葬入家族墓地，墓园有专属的牌坊、石象生等[2]；三是平地型家族墓地，温州龙湾区永中街道上朱垟王德家族墓地。王德是英桥王氏

1.温州市第三次全国文物普查领导小组办公室编：《温州古墓葬》，"半山王氏墓群"，浙江古籍出版社2015年版，第146页。
2.王叔果墓，在今温州市龙湾区状元镇石坦村，旧有牌坊、华表、石象生，人称"官坟"；王叔杲墓，在今温州市瓯海区新桥街道阳岙，现存封土、石象生，山势环抱，是其生前自卜的墓地。

大派第九世祖，嘉靖十七年进士，后因抗倭殉难，墓地共有五代人、近20位成员，从王德生父王湜，中经王德，直至曾孙王名世、玄孙王成命等人，自嘉靖年间延续至清初。墓地位于环境宜人的大罗山侧，但墓地偏不葬于山坡之上，而选择于山脚下的低洼平地，如此反常规的选址，必然受到河流和地下水位的威胁。但只有在平地，才能规划长幼有序、分房支聚葬的昭穆墓地。考古揭示的上朱垟墓地，共分四排，整齐有序，虽然墓志多已不存，但可以判断其为昭穆葬[1]。上朱垟王德家族墓地东侧另有一处王氏墓地（系大派九世祖王梗一系），埋葬有第九至第十三世成员，共28座墓（其中，另有十六、十七世的零星坟墓祔葬于墓园以外）。2013年迁坟时，温州市文物考古研究所前往现场做记录工作，多数墓葬伴出有墓志，身份明确。墓地大致分为五排（A、B、C、D、E），四周缭以围墙，具有完整的墓园边界。第一排（A）辈分最高，为祖坟；依次递减，第五排辈分最低，同一排内又分左右。因为圹志缺失，墓园内未能辨别出第十二世成员，但D列正好处在第十二世位置。显然，此类平地型墓地正是出于规划昭穆葬的需要（图3-14）。[2]

综上所述，为抗衡堪舆风水，北宋程颐设计了"尊者居中，左昭右穆"的昭穆葬，但在两宋时期，很少有人践行此种理念；江南甚少族葬，更无严格意义的昭穆葬，南宋后期仅有如王洌、刘宰等个别人士在夫妻三人以上的合葬中践行过类似于昭穆葬的下穴次序；明招山吕祖谦家族墓地，是多房派、多代人聚葬的松散型墓

1.2016年浙江省文物考古研究所发掘资料。
2.2013年温州市文物考古研究所发掘资料，承蒙刘团徽先生惠示，谨致谢忱。

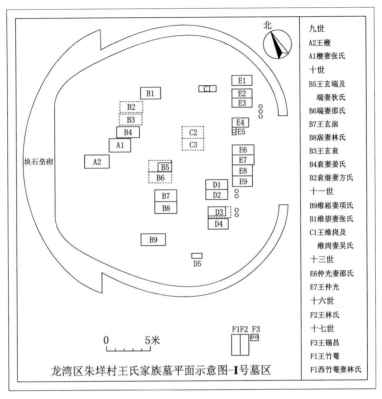

图3-14 温州市龙湾区上朱垟村英桥王氏大派九世祖王楗家族墓园平面图（温州市文物考古研究所刘团徽供图）

地，与昭穆葬本不相侔，但方大琮等人竟将其视同于程颐"左昭右穆之图"，可见昭穆葬在江南士人心中并无明晰的概念，只是推崇族葬的伦理价值而已；由《居家必用事类全集》所附赵㫤《族葬图说》以及元代个别家族的丧葬实践可知，昭穆葬作为理想化的族葬方式，在元代逐渐形成并发展；至明代中后期，尤其是在嘉靖年间以后，昭穆葬终于为更多家族所认同并践行，就考古材料所见，在金华、衢州、温州、嘉兴、上海等地，多有其例。显然，明嘉靖年间以后昭穆葬的流行，其重要原因是宗族社会的正式形成和壮大，与火葬习俗在江南地区逐渐衰亡的原因类似，强大的族权可以对家族成员的丧葬行为形成足够有力的引导性和约束力。而南宋时期，江南宗族社会尚在形成和发展的初期，昭穆葬只能是部分人士的个人选择，而对更广大的群体缺乏约束力。

这就是昭穆葬宋元明转型之荦荦大端。

第三节　南宋皇陵

南渡的中原移民，徙居江南之初，其埋葬习俗多因应江南实际情况，入乡随俗。唯绍兴南宋皇陵，无论择址标准、陵园形态，均尽量照搬河南巩县北宋皇陵的制度，是一大例外。

一、皇陵制度与角音昭穆葬

宋六陵位于绍兴市区东南约18千米的富盛镇赵家岙的宝山（雾连山）南麓，其地北有宝山（雾连山），南有上皇山（新妇尖），两山相望，略呈合抱之势。两山之间，为相对平旷的谷地。南宋时期，在谷地间先后为7位皇帝和7位皇后建有14座"攒宫"，依次为宋徽宗永祐陵、高宗永思陵、孝宗永阜陵、光宗永崇陵、宁宗永茂陵、理宗永穆陵和度宗永绍陵攒宫，和宋哲宗孟皇后、徽宗郑皇后、徽宗韦皇后、高宗邢皇后、高宗吴皇后、孝宗谢皇后、宁宗杨皇后攒宫，形成规模可观的陵区，总面积约2.5万平方米[1]。14座攒宫之陵地，在后世被约定俗成地称为"宋六陵"。

20世纪60年代兴建的平（水）陶（堰）公路，横贯陵地而过，将陵区分为南、北两区，今人又以南陵、北陵称之。宋六陵主体所在的南陵区，呈"东南仰高、西北低垂"地势，东南高山，西北流水，此乃赵姓"角音"所利之地。但在北陵区，愈靠近宝山，地势转为北高南低，与角音"大利向"地势似有相违（图3-15）。

元征服江南后，前至元十五年（1278）番僧杨琏真迦盗毁宋六陵，明洪武三年（1370）下诏访历代帝王陵寝，重葬理宗头骨于旧穴，并以绍兴府进呈《宋理宗永穆陵图》重建之。此后，明代官方文献再无记载其他帝后陵的重建情形，但明万历《绍兴府志》、清康熙《会稽县志》卷首所附《宋六陵图》（图3-16），显系经过明代重建后的状貌，正如万历《会稽县志》所言，"诸陵仅存封树，唯孝、理二陵献殿三间，缭以周垣，理宗陵有顶骨碑亭。宰牲房一所，斋宿房一所，其右为义士祠"[2]。墓穴虽经元代杨琏真迦盗毁，但上、下宫建筑基址想必当时尚可辨认，明代重新封竖立碑，必有所据，唯具体陵名和位次则难免错淆。今天只要稍加参考《宋会要

1."攒宫"之名，是南渡之初的变通叫法。绍兴元年（1131），宋哲宗遗孀昭慈孟皇后病故于绍兴，安厝于上皇山下，此为宋六陵营建之始。据王明清《挥麈录》卷一"绍兴帝后陵寝以攒宫为名"条，朝论欲为孟后建造正式"山陵"，后依修奉官曾纡之议："帝后陵寝，今存伊洛，不日复中原，即归祔矣，宜以攒宫为名"。当时中原尚不绝于人望，朝廷并无永久性陵园的规划，故称"攒宫"。

2.关于盗掘始末和众帝后遗骸的处理，众说纷纭，以及明代宋六陵的重建情形，主要参考刘毅：《南宋皇陵区的形成和变迁》，绍兴县文化发展中心、越国文化博物馆编：《宋六陵暨绍兴南宋历史文化学术研讨会论文集》，西泠印社出版社2012年版，第17—25页。

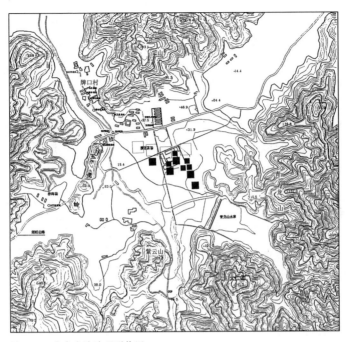

图 3-15　南宋皇陵地理形势图

图 3-16　康熙《会稽县志》卷首《宋六陵图》

辑稿》《中兴礼书》对高宗、孝宗、光宗、宁宗陵的方位记载，就能判断明清方志舆图中高宗、孝宗、光宗三陵位次之错讹。

经明代重建，宋六陵已不复原貌。今人欲复原南宋六陵制度，必须从北宋皇陵说起。

北宋皇陵位于巩义市（原巩县）西南部，诸陵南依嵩山北麓，北傍伊洛河水的黄土岗地上，共有7座帝陵（宋太祖永昌陵、太宗永熙陵、真宗永定陵、仁宗永昭陵、英宗永厚陵、神宗永裕陵、哲宗永泰陵）以及宋太祖赵匡胤之父赵弘殷永安陵，并祔葬有22位皇后，以及上千座皇室成员的陪葬墓，习称"七帝八陵"[1]。

北宋皇陵亦呈南高北低之势。北宋王洙编撰《地理新书》，将姓氏分成宫、商、角、徵、羽五音，并将五音与五行四方相联系，推断与其姓氏对应的阳宅、阴宅方位的吉凶，即所谓"大利向""小利向"。赵属"角音"，与木行对应，木主东方，阳气在东，阴宅地形宜"东南仰高、西北低垂"，此为角音墓地的大利向。南宋赵彦卫《云麓漫钞》卷九："永安诸陵（即北宋皇陵），皆东南地穹，西北地垂，东南有山，西北无山，角音所利如此。七陵皆在嵩少之北，洛水之南，虽有冈阜，不甚高，互为形势。自永安县西坡上观安、昌、熙三陵，在平川，柏林如织，万安山来朝，遥揖嵩少。三陵柏林相接，地平如掌，计一百一十三顷，方二十里云。今绍兴攒宫朝向，正与永安诸陵相似，盖取其协于音利。有上皇山新妇尖，隆祐（孟皇后）攒宫正在其下。"[2]

正如赵彦卫所言，绍兴南宋皇陵，凡是宋宁宗永茂陵以前的攒

1.河南文物考古研究所编：《北宋皇陵》，中州古籍出版社1997年版，第3—17页。

2.〔宋〕赵彦卫：《云麓漫钞》卷九，中华书局1996年版。

宫，均在"东南高、西北低"的南陵区，即拘忌于角音大利向之故。这不符合形法墓地的标准，绍熙五年（1194）因陵地卑下，宋孝宗永阜陵择址引发争议，朱熹上《山陵议状》，建议以形法墓地替代五音墓地。

关于五音昭穆贯鱼葬法，由于皇陵有"天子葬明堂"之说，与一般士庶有异，此处稍加重申。

五音墓地，以方形或矩形墓园作为基本规划单元。同一墓园内分七七四十九个方格（即四十九穴），以八干四维十二辰共二十四个汉字标识，墓园正中的穴位，名叫地心，即明堂。同一墓园内按不同姓氏所利方位，排列相应墓穴位次；而先后相继的不同墓园，又按照各姓所利方位斜向排列——就"角音"而言，则以"坐丙向壬"排列，先后墓园由东南向西北，依次斜行排列。

一般士庶的墓园，与角姓相关的适宜埋墓穴位为丙、壬、甲三穴（变通条件下，可以超过三穴）；墓园内部强调位次的长幼尊卑序次，丙、壬、甲三穴亦称尊、次、卑三穴。三穴略呈"品"字形，状如柳条贯鱼，故称昭穆贯鱼葬。墓园内一旦用足三穴（或稍多），墓园即告饱和，遂在已饱和的旧墓园（最初的墓园，即祖坟）之西北方向，斜向开辟新墓园，但不能低于旧墓园的东西轴线，此即《地理新书》"角姓祖坟下丙、壬、甲三穴葬毕，再向正西偏北辛地作一坟，谓之昭穆葬，不得过酉地，分位仿此"的含义（图3-17）。

在新辟的墓园，重复同一规则，待填满尊、次、卑三穴，又在新墓园之外，斜向开辟更新的墓园。如此往复，在角音墓地中，后起墓园均位于前一墓园的西北方向，越晚起者距离祖坟越远。但在实际丧葬中，不可能有土地可供无限排布，所以大型五音墓地多有

角姓祖坟下丙、壬、甲三穴葬毕，再向正西偏北辛地作一坟，谓之昭穆葬，不得过酉地，分位仿此。

图3-17 《重校正地理新书》墓园及昭穆葬图解（采自刘未《宋代皇陵布局与五音姓利说》）

分区，安阳韩琦家族墓地有新安茔、丰安茔两区，北宋皇陵则有四大陵区。

而墓园正中心的明堂，即《地理新书》"正中一分，名曰地心明堂，祭神之所"，是开辟墓地之初用来埋藏地券之所，所谓"斩草立券"，作为向山神、土地神购买葬地的凭证，绝不可以埋穴。唯有皇帝可以不循常规，即元张景文《大汉原陵秘葬经》所谓"天子葬明堂"是也。

宋代皇陵布局遵循角音墓地的一般规则，唯"天子葬明堂"一点绝不等同于一般士庶。皇陵的上宫，即为一完整墓园，陵台（封土、玄宫）居于墓园正中的明堂位。帝陵玄宫安穴于地心，无须像一般士庶按照丙、壬、甲三穴来规划。除此以外，后起帝陵位于前一帝陵的西偏北，皇后陵位于其所祔帝陵的北偏西，均符合角姓昭穆葬的通则[1]。

明乎此，北宋皇陵制度则昭然若揭，四大陵区：西村陵区，有宣祖永安陵、太祖永昌陵、太宗永熙陵；蔡庄陵区，仅有真宗永定陵；孝义陵区，有仁宗永昭陵、英宗永厚陵；八陵陵区，有神宗永裕陵和哲宗永泰陵。以年代最接近南宋的八陵陵区神宗陵、哲宗陵为例，具体说明宋陵制度（图3-18）。

宋神宗永裕陵，由上宫和下宫以及钦圣宪肃向皇后、钦慈陈皇后、钦成朱皇后、显恭王皇后等4座皇后陵组成。此外，还有若干皇室成员的陪葬墓。陵区南北长约2200米、东西宽约500米。永裕陵上宫前有神道，神道上设有望柱和52件石雕像；上宫围墙呈正方形（即前述墓园），边长约240米，覆斗状陵台位于上宫正中（即明堂位），底部边长约48米；下宫，位于上宫的西北，经勘探南北长约150米、东西宽约130米。

在上、下宫之间，祔葬有4座后陵，向皇后、陈皇后和朱皇后陵分布在上宫的西北，同样从东南向西北方向依次排列，王皇后陵则位于陈、朱皇后二陵的北部。陪葬墓一律分布于下宫的西北。

而继之而起的哲宗永泰陵，位于永裕陵上宫的西北方向，符合角音大利向，即上文分析的在旧墓园西北方向新辟墓园。永泰陵与永裕陵制度完全相同，亦由上、下宫和祔葬于上、下宫之间的昭怀

1.刘未：《宋代皇陵布局与五音姓利说》，《浙江大学艺术与考古研究》（第三辑），浙江大学出版社2018年版。本书关于角音昭穆葬、"天子葬明堂"和两宋皇陵位次排列的论述，均自刘未的相关研究和学术讲座中综述而成。

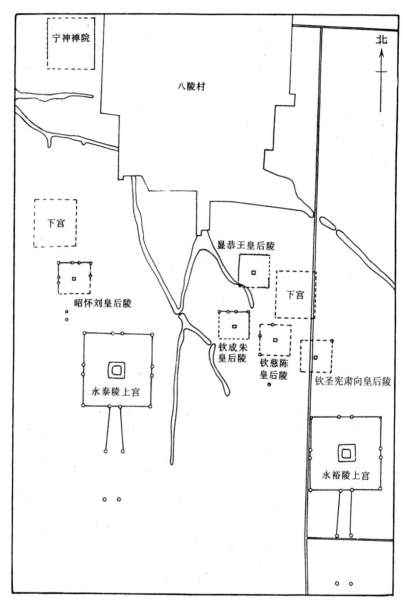

图 3-18　八陵陵区宋神宗、哲宗陵平面图（采自河南文物考古研究所编《北宋皇陵》）

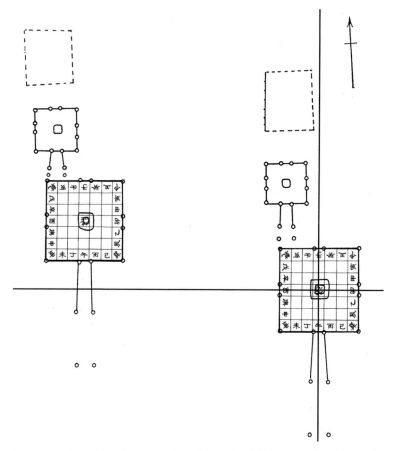

图 3-19　北宋皇陵布局与昭穆贯鱼葬关系图解（采自刘未《宋代皇陵布局与五音姓利说》）

刘皇后陵，以及下宫西北的陪葬墓组成[1]。就制度而言，犹如永裕陵在其西北方向复制、粘贴了一遍（图 3-19）。

1.该段文字系据河南省文物考古研究所编《北宋皇陵》（中州古籍出版社 1997 年版，第 209—280 页）中永裕陵、永泰陵相关章节综述。

要之，北宋晚期的皇陵制度高度定型，概括如下：

一、皇陵平面布局整齐划一，由上宫、下宫、皇后陵和陪葬墓组成。帝、后上宫，平面呈方形，以陵台为中心，覆斗状的陵台下方，就是玄宫（皇堂）；陵台前方，建有献殿，为举办上陵祭祀礼仪之所。

二、上、下宫分离，下宫位于上宫的西北，皇后陵、陪葬墓等均位于帝陵上宫的西北方向。下宫，是供奉御容并侍奉大行帝后起居之所，相当于寝宫。

三、同一陵区内，后起的帝陵位于前一帝陵的西北方向；同一帝陵兆域内，后起的皇后陵位于前一皇后陵的西北，均从东南（丙地）向西北（壬地）斜向依次排列。角音所利地势为"东南仰高，西北低垂"，愈往西北，地势愈低。

四、帝后采用"同茔异封"的合葬形式，即"同茔不同穴"，在同一帝陵兆域内，皇后另起陵园和陵台，并祔葬于上、下宫之间。

五、皇陵上宫，例设石像；陵区内专设寺院以荐享亡魂；陪葬墓均为皇族宗室，盖《宋史·礼志》所谓"皇子、皇孙、公主之未出阁者，及诸王夫人之早亡者"。

南渡以后，绍兴宋六陵完全承袭上述祖宗制度[1]。唯其为攒宫

1.绍兴市档案馆编《宋代墓志》收录近年在绍兴出土的《宋故武功大夫高州刺史冯公（冯邦正）墓志》，志主的父亲冯觌在北宋时期"主官陵，南渡以后，以其熟知典故，会稽攒陵复命守之"。冯邦正本人"世其职"，而其长子冯说亦世袭守陵事业，为"见任昭慈圣献皇后攒宫内外巡检"，《宋会要辑稿》礼三十七：乾道五年（1169）"十二月十五日诏，两浙东路兵马钤辖专一管干昭慈、永祐攒宫修造冯邦正，前后五任修奉攒宫，委有劳绩，可特与转遥郡刺史"，恰与出土墓志互证。南宋皇陵由南渡的北宋守陵官世袭管理，允为其承袭北宋制度的绝佳佐证。

性质，在规模与设置上较前有所减省：宋六陵不设石像；地面不起陵台（封土），只在献殿当心间后突出一间龟头屋，以覆盖石藏子（皇堂）；陵区空间局促，除去"七帝七后"14座攒宫，别无皇族宗室陪葬墓，凡先于皇帝去世的皇后，均不祔陵[1]。

除此，在南宋中期以前，宋六陵的上、下宫制度及其布局形态，与北宋皇陵完全一致，可谓照搬北宋旧制[2]。

2018年，浙江省文物考古研究所发掘的宋六陵一号陵园上宫遗址，揭示了上宫的垣墙、门殿、享殿（献殿）、享殿后龟头屋石藏等遗迹；建筑考古学者结合文献初步复原了南宋陵园上宫的建筑形态，并推测一号陵园遗址应为徽宗、孝宗、光宗三位皇帝攒宫中的某座上宫（图3-20、图3-21）[3]。这是宋六陵考古的突破性成果，预示着以田野考古手段复原南宋皇陵建筑形态和制度，大有可为。

1.凡是先于皇帝而卒的皇后，均不祔葬宋陵，孝宗郭后、夏后和光宗李后、宁宗韩后均别葬于临安府西湖南山。据《宋史》卷一百二十三《礼志·凶礼二》，吏部尚书陆峻在成肃皇后去世时说得清楚："伏观列圣在御，间有诸后上仙，缘无山陵可祔，是致别葬。若上仙在山陵已卜之后，无有不从葬者。其他诸后，葬在山陵之前，神灵既安，并不迁祔。"先卒之皇后尚且如此，其他人等则更不祔陵。

2.关于宋六陵上宫、下宫和石藏子制度，淳熙十五年（1188）建造宋高宗永思陵，右丞相周必大护卫梓官下葬，著有《思陵录》，对上、下宫布局及阁殿间架尺寸与彩画制度有详细记载；陈仲篪：《宋永思陵平面及石藏子之初步研究》（《中国营造学社汇刊》第6卷第3期，中国营造学社1936年印行）；郭黛姮主编：《中国古代建筑史·宋辽金西夏建筑》（中国建筑工业出版社2003年版）第五章《陵墓》对上下宫、玄宫制度均有复原研究，可资参考。

3.浙江省文物考古研究所、绍兴市文物考古研究所：《浙江省绍兴宋六陵陵园遗址2018年考古发掘简报》；李松阳等：《宋六陵一号陵园建筑复原研究》，《考古与文物》2021年第1期。

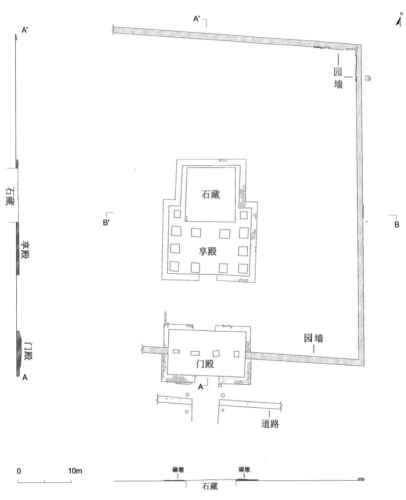

图3-20 宋六陵"一号陵"遗址平、剖面图

图3-21　宋六陵"一号陵"陵园遗址整体复原鸟瞰图

二、宋六陵的形成与位次复原

靖康二年（1127），金人俘掠徽、钦二帝及皇后、嫔妃、皇太子、亲王、公主、宗室和其他在京大臣北返，皇室成员中，唯宋哲宗孟皇后、宋徽宗第九子康王赵构幸免。

绍兴元年（1131）四月孟皇后崩于越州（绍兴府），六月攒于上皇山新妇尖下，并以泰宁寺为下宫。这是最先入葬宋六陵的成员，也是陵区规划的基准点。《嘉泰会稽志》载："泰宁寺，在（会稽）县东南四十里，周显德二年（955）建，初号化城院，又改为证道院。建中靖国元年，太师陆佃既拜尚书左丞，请以为功德院，改赐名证慈，米芾书额，寺门外筑亭曰显庆。绍兴初，诏卜昭慈圣献太后攒宫，遂以证慈视陵寺。而议者谓昭慈将归祔永泰陵，因赐名泰宁禅寺。"后来，泰宁寺成为南宋前期众攒宫的陵寺，《嘉泰会稽志》又曰："永祐、永思、永阜、永崇四陵修奉皆在其地，故泰宁寺益加崇葺云。"[1]

在实测地图上，复原"七帝七后"14 座攒宫的位次和平面布局，是宋六陵研究的基础，目前比较重要的成果有二：刘毅《南宋绍兴攒宫位次研究》[2]和刘未《宋代皇陵布局与五音姓利说》[3]。

依据年代先后顺序，将诸攒宫的形成过程罗列如下：

（1）孟皇后（昭慈圣献）攒宫

绍兴元年（1131）六月，孟皇后选择会稽县上皇村权攒，其地东南高山，西北流水，乃角姓大利之地。"神园方百步"，并改宝山证慈禅院为泰宁寺以"专奉香火"，为其下宫，两者距离仅"一里许"[4]。

（2）宋徽宗永祐陵（郑皇后、邢皇后、韦皇后祔）

绍兴十二年（1142），宋金和议成，徽宗、郑后（显肃）、邢后

1.〔宋〕施宿：《嘉泰会稽志》卷七《宫观寺院·泰宁寺》。后来，宋宁宗永茂陵卜址，南陵区无地可择，遂拆迁泰宁寺，负责选址的官员称其地距离"昭慈陵（孟皇后攒宫）侧一里许，往来最便"，可知原泰宁寺应在孟皇后陵的北面或北偏西一华里许。

2.刘毅：《南宋绍兴攒宫位次研究》，《考古与文物》2008 年 4 月。

3.刘未：《宋代皇陵布局与五音姓利说》，《浙江大学艺术与考古研究》（第三辑），浙江大学出版社 2018 年版。本文对宋六陵的位次复原意见主要参考刘毅、刘未两家观点。

4.《中兴礼书》卷二五六："绍兴元年四月二十九日，攒宫总护使李回言：按行使梁邦彦状，据太史局申于东南利方踏逐到越州会稽县上亭乡上许里上皋村姓韩、姓潜人地内堪作大行隆祐皇太后攒宫，依本局阴阳经书及与国音别无妨碍。……五月二日，……太史局状，今于所封穴处看详地段内，其地东南天柱寿山强盛，及阳气三男丰厚，子孙之位相连山冈地形滋荣，地土黄润，水出于西北远流，若用堪作殡宫及攒宫。……五月六日，攒宫总护使李回言：攒宫神围、献殿等修奉所影画到图本，神围步数窄小。太史局官供，先标定方二十五步，今来展作三十五步，庶合经法。诏：依次修奉。"

（宪节）梓宫南返，同年下葬。原拟在临安府或会稽山龙瑞宫安葬，然未果行。最后，永祐陵落址于孟皇后攒宫"西北地段"顺次择穴，距其"神园五十步外"，即孟皇后神园"近北偏西"的五十步稍外[1]。

依角音昭穆次序，郑皇后、邢皇后攒宫在徽宗攒宫北或正北偏西。孟皇后、徽宗、郑皇后、邢皇后四攒宫的神园、禁地合计用地"二百一十七亩五十七步"。

绍兴二十九年（1159）韦皇后崩，十一月掩攒宫，安穴在"永祐陵篱寨内显肃皇后神围正西约一十九步"[2]。

（3）宋高宗永思陵（吴皇后袝）

淳熙十四年（1187）高宗崩，次年三月下葬。永思陵上宫在永祐陵西北，在韦皇后攒宫的"正西向南"[3]位。

永思陵上宫方位，及其与永祐诸陵距离的数据，在《中兴礼书

1.《宋会要辑稿》礼三七之一八、一九："（绍兴十二年七月十三日）先是，御史中丞、兼侍读攒宫按行使万俟卨等言：奉旨前来按行攒宫，道士潘道璋所献会稽山龙瑞宫地，即与国音姓利相违。泰宁寺青山园地在昭慈圣献皇后攒宫之东，其地系天柱寿山低怯，亦不可用。臣等各别按视到昭慈圣献皇后攒宫西北地段，寿命主山三男子孙之位形势高大，林木郁茂，土色黄润，一带王气秀聚，宜于此地卜穴，修制攒宫。庶几山冈顺于国音，风水便于地理，乃为圣朝万世之利。……今来西北百步禁地之外地形低下，不可安穴，分立神围。欲近北壁偏西安穴，随地之所宜，分立神围，各立内外篱寨。"

2.《宋会要辑稿》礼三七之六九："（绍兴二十九年十月）十二日，按行使叶义问等言：今相视永祐陵显肃皇后攒殿正西有地一段，土色黄润，林木荣盛，宜于此地安穴，堪充大行皇太后攒宫。即与国音并阴阳经书并无妨碍。今来永祐陵篱寨内显肃皇后神围正西约一十九步以来安立大行皇太后神围内安穴，即无妨碍。"

3.《宋会要辑稿》礼三七之二三、二四："（淳熙十四年十月十一日，萧燧等言：相视到大行太上皇帝神穴地段系在徽宗皇帝攒殿篱围之外正西北，显仁皇后攒殿近上正西向南，乞差官覆按施行。"

续编》卷四二中有详细记载，永思陵穴心在永祐穴心之北9.75丈，即19.5步；在宪节穴心之南21.6丈，即43.2步。推得宪节、永祐穴心南北相距62.7步。前述永祐陵方35步，显肃、宪节攒宫各方25步，间距各5步，则穴心距离为65步。这是刘未《宋代皇陵布局与五音姓利说》复原"南陵区布局图"的重要依据。

永思陵下宫，位于上宫北偏西亥位[1]。

吴皇后（宪圣慈烈）晚10年卒，据《宋会要辑稿》载，祔攒于"永思陵正北偏西"，实在永思陵上、下宫之间，其地"委是高阜，依得昭穆次序"。

（4）宋孝宗永阜陵（谢皇后祔）

绍熙五年（1194）六月九日孝宗崩，同年十一月出殡，选址曾引起激烈争论，最终上宫定在"永祐陵下宫之西南，永思陵下宫之

1.《中兴礼书续编》卷四六：（淳熙十五年）二月七日，礼部太常寺言：……据杨源状，谨按经云：凡五音冢宅，若欲盖造屋舍寺院者，并于本音生气之地修盖。今来国音角姓属木，生气在亥，其下宫依经宜于正北偏西亥位修盖。谨将大行太上皇帝神穴已摽札角攒步数分八千四维十二辰，于亥位上摽攒心讫。乞行下按行，并覆按官众更宜审覆子细，庶几利便。据判太史局吴泽等九人状，恭诣大行太上皇帝神穴神围西北，相视到今来杨源已行摽札下宫去处方位。泽等覆审得委是国音利方，若行修盖下宫，依得经书，其地段系在大行太上皇帝神穴神围上宫之后西北长生亥位，即与国音并无妨碍。

东南那趋向南石板路上"修建[1]。

若依昭穆次序，永阜陵上宫应在永思陵之西北，但因"土肉浅薄"，太史局官员荆大声建议将墓地往南移，又经孙逢吉现场确认，最终安排在永思陵下宫与永祐陵下宫之间，遂突破了角音墓地的昭穆次序。

谢皇后（成肃）晚14年卒，祔葬永阜陵北。

（5）宋光宗永崇陵

庆元六年（1200）八月八日，宋光宗崩，次年三月出殡，安穴在"永阜陵西，永思陵下空闲地段"[2]。下宫，依例在其上宫之北偏西。

（6）宋宁宗永茂陵（杨皇后祔）

嘉定十七年（1224）宁宗崩，因永崇陵以西地势卑下，"相视迫溪"，无地可择。永茂陵上宫决定转移至泰宁寺山，并拆迁泰宁寺据以为陵。按行攒宫的官员以其地"素擅形势之区，……是乃天造地设，储之百年，以俟今日之用。……今此神穴，坐壬向丙，亦

1.《宋会要辑稿》礼三〇之一〇："（绍熙五年七月）十六日，按行使副孙逢吉、吴回言：荆大声等相视大行至尊皇圣帝神穴，在永祐陵下宫之西南，永思陵下宫之东南，那趋向南石板路上，乞差官覆按施行。诏，权工部侍郎兼侍讲黄艾充覆按使，入内侍省押班续康伯副之。先是，按行使赵彦逾言：判太史局荆大声等相视神穴，合在永思陵之西。缘其地土肉浅薄，虽民有献者，又皆窄狭，与国音相妨，乞于永思之西向南近上安建。朝廷未以为然。彦逾请别命官按行。于是，军器监簿、按行使司准备差使唤王恬被旨审度相视。乃言，乞就昭慈、永佑下宫安建，比之大声所定高六尺三寸。改命孙逢吉按行，乞那趋向南石板路上，比前所定增上一丈，委实高厚，可以安建。既而，艾等覆按为是，乃从之。"

2.宋光宗永崇陵上宫在永思下宫之北，《宋会要辑稿》礼三〇之六二：（庆元六年九月）二十四日，按行使副韩邈、黄鉴言：判太史局荆大声等相视得大行太上皇帝神穴系在永阜陵西，永思陵下空闲地段。委是国音王气聚秀之地，依得尊卑次序可以安建。……从之。

与国音为利。益伏望明饬有司，早严修奉"[1]。宝庆元年（1225）三月，泰宁寺西迁至颜家山，其地建为永茂陵。

永茂陵离开新妇尖的南陵区，新辟宝山的北陵区，不仅未遵循角音墓地昭穆次序，甚至突破了角音墓地的择址标准，向形法墓地转变。

绍定五年（1232）杨皇后（恭圣）崩，次年四月祔葬永茂陵。

（7）宋理宗永穆陵、宋度宗永绍陵

宋理宗葬于咸淳元年（1265）三月，度宗葬于德祐元年（1275）正月。二陵的营建信息，史无明文。

综上所述，南宋六陵分为南、北两陵区：南陵区，即新妇尖陵区；北陵区，即宝山陵区。

南陵区，以宋哲宗孟皇后攒宫为基准点，其西北为宋徽宗永祐陵，永祐陵北偏西为显肃郑皇后、宪节邢皇后、显仁韦皇后的三座攒宫；永祐陵西北为宋高宗永思陵，永思陵上宫北偏西为宪圣慈烈吴皇后攒宫；宋孝宗永阜陵上宫，在"永祐陵下宫之西南，永思陵下宫之东南"的位置；而宋光宗永崇陵，则位于永思陵上宫的西北位置。诸帝陵、哲宗孟皇后以及高宗吴皇后攒宫的上宫方35步、下宫约55步，其余诸皇后攒宫方25步（图3-22）。

1.《宋会要辑稿》礼三〇之八三、八四：（嘉定十七年十月）二十九日，按行使副杨烨、郑俣言：太史局周奕等相视得泰宁山形势起伏，龙虎掩抱，依经书于此创建大行皇帝神穴亦合。……先是，太史局周奕等于永崇陵之下相视，迫溪无地可择。继至泰宁寺山标建，故命使副覆按。既而，子述等言，恭惟大行皇帝迁驭上宾，神宫定卜，而有泰宁者，素擅形势之区，名为绝胜之境。冈峦怀抱，气脉隐藏，朝揖分明，落势特达。是乃天造地设，储之百年，以俟今日之用。……今此神穴，坐壬向丙，亦与国音为利。益伏望明饬有司，早严修奉。上谓使副曰：泰宁与昭慈相去多少？使副奏曰：昭慈陵侧仅一里许，往来最便。上曰：甚善。乃从之。

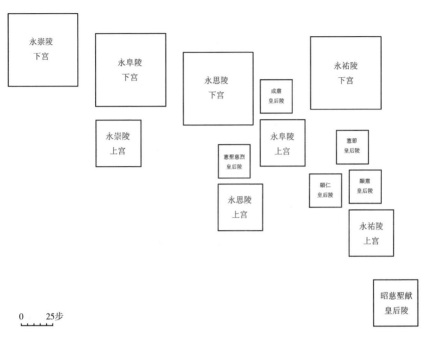

图3-22 南宋皇陵南陵区诸攒宫位次复原示意图（采自刘未《宋代皇陵布局与五音姓利》，一宋步，合今1.6米）

北陵区与南陵区分离，另以宋宁宗永茂陵为新基准点，其西北依次为恭圣仁烈杨皇后、宋理宗、度宗的三座攒宫（图3-23）[1]。

附带提及，南宋皇陵承袭北宋制度，生前不做寿陵，遵守

1.据周密《癸辛杂识》，杨琏真伽第一次盗陵，"遂先发宁宗、理宗、度宗、杨后四陵，劫取宝玉极多"，先从永茂陵下手，然后将北陵区盗掘殆遍。宁宗、杨皇后、理宗、度宗攒宫一并被盗，可见四者相距不远。康熙《宋六陵图》描绘南陵区攒宫位次严重错淆，但北陵区则基本准确。明初归葬宋理宗顶骨，重建永穆陵，并竖立《顶骨碑》，所定位置准确无误。永穆、永绍二陵，尽管不见于当时文献，但其位次在后世反而较无争议。

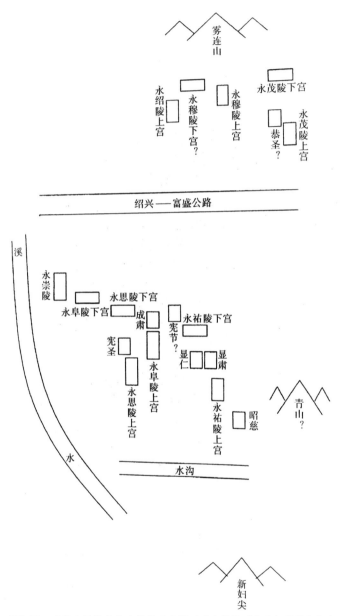

图3-23　南宋六陵攒宫位次复原示意图（采自刘毅《南宋绍兴攒宫位次研究》）

"七月而葬"的古制[1]。自皇帝驾崩至正式下葬，原则上不超过七个月，皇太后或皇后一般在薨后三个月至五个月内入土。考南宋六帝葬期，除耗时最长的宋宁宗永茂陵超出七天外，其余五帝，均未逾越七月葬期。

三、永阜陵与永茂陵：从五音墓地到形法墓地

绍熙五年（1194）六月九日，太上皇帝宋孝宗驾崩于重华宫。围绕其葬礼和山陵选址所引发的风波，是"庆元党禁"前夕的大事件。

宋孝宗重病期间，宋光宗拒绝过宫问疾。在孝宗驾崩后，又拒绝主持丧礼，一时人情汹汹。六月二十八日，始诏"少保、左丞相留正为攒宫总护使，缘机务繁冗，改差少保、大安军节度使、充万寿观使郭师禹、皇伯检校少保、兴宁军节度使、提举佑神观（赵）师夔为桥道顿递使，中大夫、试工部尚书赵彦逾为按行使"[2]。

七月三日，在孝宗"大祥"前夕，左丞相留正称疾遁去。七月五日，知枢密院事赵汝愚联合知阁门事韩侂胄、工部尚书赵彦逾，经太皇太后吴氏默许，扶立嘉王登基，是为宋宁宗，史称"绍熙内禅"。宁宗继位后，留正曾短暂复相，旋即被罢。八月十八日，有定策之功的枢密使赵汝愚升为右丞相。

同时，孝宗山陵正在宝山择址。七月十六日，"按行使副孙逢吉、吴回言：荆大声等相视大行至尊皇圣帝神穴，在永祐陵下宫之

1.《礼记·王制》："天子七日而殡，七月而葬；诸侯五日而殡，五月而葬；大夫、士、庶人三日而殡，三月而葬。"
2.《宋会要辑稿》礼三〇之九。

西南，永思陵下宫之东南，那趋向南石板路上，乞差官覆按施行。诏，权工部侍郎兼侍讲黄艾充覆按使，入内内侍省押班续康伯副之"。该位次与角音昭穆序次相违，按角音惯例，孝宗玄宫应该定于永思陵上宫之西北，因其地"土肉浅薄"，遂改卜永思陵西南。然而，朝廷又不以为然，按行使赵彦逾只好请人重定，建议改就昭慈、永祐下宫修建，位置比荆大声所定"高六尺三寸"，经孙逢吉复勘后，最终确定了前述位置。

尽管经过反复权衡，地下水位依然较高，所以营建石藏子格外坚固。八月二十五日，攒宫修奉司言："修奉攒宫故例，其石藏利害至重，缘二浙土薄地卑，易为见水，若不预行措置，窃虑谁脉津润，于久未便。乞于箱壁石藏外五尺，别置石壁一重，中间用胶土打筑，与石藏一平，虽工力倍增，恐可预湿。从之。"[1]

自永思陵以西，地势愈卑，水位愈高，不宜建陵，这是在江南照搬五音墓地无法克服的矛盾。

赵汝愚《论山陵利害乞付有司集议疏》明确反对该选址方案，认为巩县皇陵"制度崇深"，皇堂下深 57 尺，高 39 尺，陵台 3 层。南渡后，攒宫"实居浅土，蔽以上宫。本朝克复神京，奉迁灵驾，虽其志甚美，而其事实难，荏苒岁时，今已六十余载矣。东南诸郡，所至皆山，凡择地者，必依山为限，地势局促，不类中原"，若遵循五音，永思陵附近已无地可择，不如趁早"勿拘远近之分，毋惑阴阳之说，择平原高燥之地，为大行深固之藏，崇建陵台，悉遵旧制"[2]。赵汝愚建议，既然暂时无法恢复中原，就应该考虑江

1.《宋会要辑稿》礼三〇之一。

2.〔宋〕赵汝愚：《论山陵乞付有司集议疏》，《历代名臣奏议》卷一二五。

南实际，不必拘泥于角音，甚至可以放弃绍兴陵地，另觅他处。

但留正、刘德秀等人主张依例权攒于绍兴。据叶绍翁《四朝闻见录》载，赵汝愚、叶适、詹体仁等人主张放弃绍兴陵地，并建议让朱熹门生蔡元定重新选址，而刘德秀认为"山水之修，无如越地，盖甲于天下者也，宅梓宫为甚宜。且迁易山陵，大事也"，仍主张葬于绍兴[1]。

改迁山陵的主张遇阻后，赵汝愚似未再坚持。但在十月，朱熹来到临安后，上《山陵议状》，再次挑起争端[2]。

七月十一日，赵汝愚召时任潭州知州朱熹赴京论事。八月五日，任命朱熹为焕章阁待制兼侍讲。次日，朱熹离开潭州，启程前往临安。

九月十四日，朱熹行至衢州，致书蔡元定，招其同往临安。束景南《朱熹年谱长编》据《山陵议状》"臣窃见近年地理之学，出于江西、福建者为尤盛，……然亦岂无一人粗知梗概，大略平稳，优于一二台史者"，认为朱熹约蔡元定入都，应为改卜山陵之事。朱熹、蔡元定曾深度参与改卜山陵的讨论，《四朝闻见录》认为朱

1.〔宋〕叶绍翁：《四朝闻见录》丁集"庆元党·考异"。此事应该发生在孝宗驾崩的六月五日至留正出逃的七月三日之间或稍晚至八月间。议山陵，本是围绕永阜陵选址的技术性讨论，后来成为韩侂胄等人攻击朱熹、赵汝愚的重要口实。据《四朝闻见录》，在辩论中，刘德秀认为赵汝愚、叶适、詹体仁等人结党营私，"假山陵以行私意"。后来，刘德秀为御史大夫，作为"庆元党禁"时期攻击"伪学"的急先锋，"悉劾朱氏之学者而尽逐之"。

2.《朱子语类》卷一〇七："是夜雨甚，先生屡恻然忧叹，谓：'明日掩攒，雨势如此，奈何！'再三忧之。贺孙问：'绍兴山陵土甚卑，不知如何？'曰：'固是可虑。只这事，前日既在那里都说来，只满朝无一人可恃，卒为下面阴阳官占住了。'问：'闻赵丞相前亦入文字，说得甚好。'曰：'是说得煞好，后来一不从，也只住了。'"朱熹抱怨赵汝愚不坚持原则，可见道学家内部对山陵选址也有不同意见，唯朱熹的态度较为执着。

熹"信用蔡说，上书建议乞以武林山为孝宗皇堂，且谓会稽之穴浅粗而不利，愿博访草泽以决大议"。

蔡元定，一介布衣，人称西山先生，精通风水术数，朱熹本人在建阳的坟墓，即为蔡元定所卜。庆元党禁期间，蔡元定以"妖人"罪名，坐谪道州而死。朱熹就改卜山陵请教蔡元定，更拟将其召至朝廷，这就是《山陵议状》"博访草泽"之意。庆元二年（1196）党禁日酷，监察御史沈继祖"劾朱熹"十大罪，第三项罪名即"议山陵"。据称，当时朝廷一致认为应该依礼安葬绍兴，而朱熹以私意倡为异论，"乞召江西、福建草泽，别图改卜。其意盖欲借此以官其素厚善之妖人蔡元定，而附会赵汝愚改卜他处之说，不顾祖宗之典礼，不恤国家之利害。……熹之不忠于国，大罪三也"[1]。

十月初二日，朱熹至临安城；初五日，任焕章阁待制兼侍讲。十月十日，在朝供职第一事，便上《山陵议状》，可见朱熹对改卜山陵的深思熟虑和急迫心情。

在《山陵议状》中，朱熹明确反对五音，认为"国音坐丙向壬之穴"不合常理，祖宗以来世守其法，非但无福报，反而屡受其祸，可见"国音之说自为无用之谈"。在江南照搬国音之术，等同于"欲奉寿皇（宋孝宗）梓宫置之水中而略不顾忌"，不如广招术士，博访名山，"亦当且先泛求壮厚高平可葬之处，然后择其合于此法者。……但今偏信台史之言，固执绍兴之说，而不肯求耳。若欲求之，则臣窃见近年地理之学出于江西、福建者为尤盛，政

1.〔宋〕李心传：《道命录》卷七，沈继祖《劾朱熹状》，朱军点校，上海古籍出版社2017年版。

使未必皆精，然亦岂无一人粗知梗概，大略平稳，优于一二台史者？"[1]

《山陵议状》的实质是以形法墓地替代五音墓地。朱熹建议由江西、福建的术士（或即蔡元定）负责选址，即主张以江南民间术数取代官方地理系统的五音姓利。

朱熹言辞激烈，毫不顾及五音是承袭已久的祖制，迁徙山陵，兹事体大，必会延长葬期并滋生纷扰，朝廷正值多事之秋，不可能采纳朱熹的意见。后来，蔡元定瘐死于贬所，沈继祖弹劾朱熹妄议山陵"不顾祖宗之典礼，不恤国家之利害"，固然有上纲上线之嫌，但就事实本身而言，相差并不太远。

十月二十三日，朱熹在经筵留身时，再次向宋宁宗面陈四事，批评宋宁宗滥用内批和韩侂胄干政弄权，重申《山陵议状》的主张，认为改迁山陵是"今日最急之务"，原来的选址"既不为寿皇体魄安宁之虑，又不为宗社血食久远之图"，建议宋宁宗"先宽七月之期，次黜台史之说，别求草泽，以营新宫"[2]。

朱熹的建言等同于指控韩侂胄一党不以国家为念，将宋孝宗体魄"委之水泉沙砾之中"。假如朱熹要求改葬的理由可以成立，则必将重挫韩侂胄等人。明末学者王夫之《宋论》评论此事说："殡宫一议，足以倾动宫府，置诸不赦之罪。……今朱子之言曰：'不为宗社血食久远之计'，侂胄之夺魄寒心与朱子不并立之势成矣。"[3]这就注定了朱熹的主张非但不可能被采纳，更难逃被放逐

1.〔宋〕朱熹：《晦庵集》卷十五《山陵议状》。

2.〔宋〕朱熹：《晦庵集》卷十四《经筵留身面陈四事札》。

3.〔明〕王夫之：《宋论》卷一三《宁宗》，中华书局2019年版。

的命运。

如果说，永阜陵在昭穆序次上的调整，只是因应江南实际状况而采取的局部调整，那么宋宁宗永茂陵在北陵另辟新区，则是规划原则的更大变革。

嘉定十七年（1224）闰八月三日宋宁宗崩，按角音昭穆序次，本应选址于光宗永崇陵之西北。但永崇陵上宫以西，地势更低，并"相视迫溪"，确已无地可择。

同月二十六日，诏以参知政事宣缯为攒宫总护使，礼部侍郎杨烨为按行使；二十九日，按行使副杨烨、郑俣奏言：

> 判太史局周奕等相视得泰宁山形势起伏，龙虎掩抱，依经书于此创建大行皇帝神穴亦随合，乞差官覆按施行。诏宝谟阁直学士枢密都承旨聂子述充覆按使，昭庆军承宣使带御器械符宝郎、罗舜举副之。
>
> 先是，太史局周奕等于永崇陵之下相视，迫溪无地可择。继至泰宁寺山标建，故命使副覆按。既而，子述等言，恭惟大行皇帝迁驭上宾，神宫定卜，而有泰宁寺者，素擅形势之区，名为绝胜之境。冈峦怀抱，气脉隐藏，朝揖分明，落势特达。是乃天造地设，储之百年，以俟今日之用。非大臣阅历之久，主张之力，上以闻陈两宫，下以镇压群议，则僧徒宁保其不为动摇哉！今此神穴，坐壬向丙，亦与国音为利。益伏望明饬有司，早严修奉。上谓使副曰：泰宁与昭慈相去多少？使副奏曰：昭慈陵侧仅一里许，往来最便。上曰：甚

善。乃从之。[1]

南陵区无地可选，永茂陵遂改卜至泰宁寺所在的泰宁寺山，此处"形势起伏，龙虎掩抱，……素擅形势之区，名为绝胜之境。冈峦怀抱，气脉隐藏，朝揖分明，落势特达"，俨然已为形法派的术语。由"非大臣阅历之久，主张之力，上以闻陈两宫，下以镇压群议，则僧徒宁保其不为动摇哉"句判断，选址过程也曾引发巨大争议，毕竟"五音之术"承袭已久，改变必有阻力。

永茂陵系拆迁泰宁寺而建，宋理宗曾向覆按使使副聂子述等人询问："泰宁与昭慈相去多少？"当使副回答"昭慈陵侧仅一里许，往来最便"。泰宁寺在北陵区，嘉定十七年（1224）冬，攒宫按行使杨烨奏曰："独泰宁寺山，山冈特伟，五峰在前，直以上皇、青山之雄，翼以紫金、白鹿之秀，层峦朝拱，气象尊崇，有端门旌旗簇仗之势，加以左右怀抱，顾视有情，吉气丰盈，林木荣盛，以此知先帝弓剑之藏，盖在于此。寻令太史局卜格，至壬而后融结，宜于此矣。"[2]可知泰宁寺凭依宝山而建，故有"泰宁寺山"之说，而前景开阔，有上皇山、青山等"五峰"作为案山。杨烨对地形的描述，诸如"山冈特伟，五峰在前""左右怀抱，顾视有情"诸语，纯然形法墓地气象。

永茂陵离开南陵区，改卜至宝山下，既未遵循昭穆序次，甚至已突破五音墓地模式，向形法墓地转变。《宋会要辑稿》说永茂陵"今此神穴坐壬向丙"，一改国音大利向"坐丙向壬"，实由大利向

1.《宋会要辑稿》礼三〇之八三、八四。
2.《宝庆会稽续志》卷三《陵寝》。

转变为小利向，覆按使辩称"亦与国音为利"。

永茂陵新辟北陵区，其选址标准，形法墓地因素可能已占据主导，而角音降至从属地位。据周必大《思陵录》记载，早在永思陵选址时，人们就注意到泰宁寺有山陵气象，有人怀疑因为泰宁寺僧人贿赂太史局才得以幸免[1]。南渡以来，在太史局的技术传统中，五音似非绝对刚性的规定，只是祖制因循已久，变革不易，至于永茂陵选址，无地可择，不得已改弦更张。

行文至此，回顾当年围绕永阜陵择址的争议，南方背景的朱熹、赵汝愚、叶适、詹体仁等人的主张，固然有其合理性，但也需考虑皇陵祖制与南渡政权的特殊性，一般人士并无政治包袱，大可入乡随俗，而"国音"术数关乎皇室子嗣兴旺、政权合法性和国运兴衰，岂可轻易变更[2]！激进而不妥协的抗争，结果适得其反，朱熹的教训可谓深刻。而朱熹《山陵议状》"泛求壮厚高平可葬之处"的主张，三十年后在永茂陵得以部分实现，诚可谓此一时彼一时也。

从永阜陵到永茂陵，从五音墓地向形法墓地的过渡，可见南渡政权在中原与江南的传统和现实、在坚守祖制与在地化之间的摇摆

1.〔宋〕周必大：《庐陵周益国文忠公集·杂著述》卷一○《思陵录》。转引自潘晟：《知识、礼俗与政治：宋代地理术的知识社会史探》，江苏人民出版社2018年版。
2.非但南宋皇陵不可轻易变更"祖宗故事"，暂厝于杭州西湖南山的皇室成员，例如成穆、成恭、慈懿皇后，庄文、景献太子攒官，亦多采用角音墓地。《宋会要辑稿》礼四三之五："嘉定十三年八月九日，刑部尚书护丧葬事徐应龙等言：本所据判局刘居仁、天文官胡居中相视踏逐到庄文太子攒所之东空地一段，堪充皇太子攒官。……又据刘居仁等供到皇太子攒穴，用格盘南针定验得其地系高山，坐丙向壬。若将来开掘神穴，合深九丈，应得天星凤凰成吉祥。"知西湖赤山埠景献太子攒官由太史局选址，以角音"坐丙向壬"大利向为据。

和选择。南宋文化多承袭北宋而来，但在长期而复杂的发展过程中逐渐演变。南宋皇陵的历时性变化，是为一例。

第四节　明代皇陵的制度渊源

在宋元明转型的历史脉络中，南宋是承上启下的环节。这里试以明代皇陵制度渊源问题为例，考察在长时段的历史脉络中南宋墓葬可能蕴藏着的学术价值。

明代帝陵，从南京明太祖孝陵到北京明十三陵，均为沿中轴线分布的呈"前方后圆"的平面布局，主要建筑如祾恩殿、明楼、宝顶（圆形封土）串联在同一条中轴线上，宝顶和玄宫居于中轴线之末端。这是我国汉族政权帝陵的全新样式，明代以前无此先例（图3-24）。

若将明代帝陵和北宋皇陵加以比较，会发现两者的规划原则存在根本性差异，来自完全不同的文化系统：一是北宋皇陵分为上、下宫制度，两者分离，下宫（寝宫）位于上宫之西北；而明代帝陵废除下宫（寝宫），扩大享殿建筑，形成三进院落的陵园规模，并呈中轴线布局；二是北宋皇陵以"角音姓利"堪舆术择址，地势"东南仰高，西北低垂"，不同的皇陵之间按角音昭穆葬原则呈斜向排列，是典型的五音墓地；而明代帝陵，尤其是北京十三陵，以江西风水术士卜址，呈现形法墓地的特征，诸陵各抱地势，藏风纳气，陵园自前往后，以多级台地，逐级抬升，宝顶居于末端之高处，俯瞰前方；三是北宋皇陵的陵台（封土）呈覆斗状，

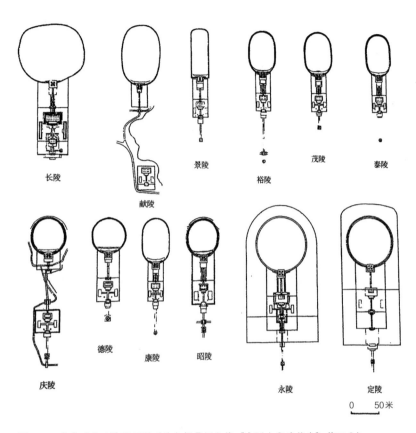

图3-24　北京明十三陵平面图（采自郭黛姮主编《中国古代建筑史》第四卷）

平面呈方形，居于上宫之中心；而明代帝陵封土，即宝顶，居于陵园末端，呈圆形馒首状[1]；四是在北宋皇陵中，皇后另起陵园和

1.安徽凤阳皇陵，系明太祖朱元璋父母之墓，主要是洪武八年至十二年之间新建的追封先人的陵墓，方形城垣、平面呈方形的覆斗状封土，刘毅认为凤阳皇陵规制直接脱胎自唐宋皇陵，特别是受河南巩义北宋皇陵的影响，但又有所变异。但稍后的明太祖孝陵，封土则改方为圆，采用宝顶形式。参见刘毅：《明代帝王陵墓制度研究》，人民出版社2006年版，第58页。

陵台，祔葬于相应帝陵之西北，帝后采用"同茔异封"的合葬形式；而明代帝陵，帝后同穴合葬，多具棺木露陈于玄宫之内的同一棺床上。

北宋皇陵和明代帝陵制度根本不同，但宋明之间，只有金、元等非汉族政权，那么明代帝陵的新制度渊源何在？

传统观点认为，明代帝陵制度来源于绍兴南宋皇陵。陈仲篪称"（宋六陵）诸帝攒宫虽大体遵奉唐来上、下宫制度，但亦参酌时宜，废象生、神墙及方上陵台，而藏梓宫于上宫献殿之后，为龟头屋覆之。自是以后，遂有明清方城明楼之制，故南宋攒宫，实为我国近代陵制变迁之枢纽"[1]。

刘敦桢主编的《中国古代建筑史》认为，宋明之间的转折点在于南宋皇陵："（宋六陵）虽有上、下宫，但无石象生，且将棺椁藏于上宫献殿后部的龟头屋内，以石条封闭，称为'攒宫'。这种权宜方式，把北宋时分离的上、下宫串联在同一轴线上。后来明、清陵墓的祾恩殿（相当下宫）和明楼宝顶（相当上宫）纳于同一组群内，即由此演变而成。"[2]

杨宽不同意刘敦桢的观点，他认为"陵园建筑格局的变化主要该是适应礼制改革的需要，不能单纯地从建筑排列形式的变化来分析。……把明清陵园祾恩殿和明楼宝顶的组合，看成是出于南宋陵园上下宫串联在一起的演变，显然是不确当的"，明代陵园

1.陈仲篪：《宋永思陵平面及石藏子之初步研究》，《中国营造学社汇刊》第6卷第3期，1936年。

2.刘敦桢：《中国古代建筑史》（第二版），中国建筑工业出版社1984年版。按，该段文字参考了刘毅《明代帝王陵墓制度研究》中"关于明代皇陵对于前代皇陵的继承问题"一章的论述。

把祓恩殿作为陵墓前建筑的主体，基本布局还是沿袭唐宋的，只是按照宫殿建筑扩展成三进的格局，用来增强皇帝的威严而已[1]。但杨宽并未解释明陵制度的来源问题，即未能解释明代帝陵和北宋皇陵的平面布局何以存在根本性差异。

其实，陈仲篪、刘敦桢二人将明代帝陵的明楼和中轴线布局的源头追溯至南宋皇陵的观点，并无确凿证据。该说法之所以流行，可能因为宋六陵遗迹无存，死无对证，前辈学者又无缘参考《宋会要辑稿》《中兴礼书》等典籍，遂将复杂难解的渊源问题推给了一个无法验证的对象。

前文已详细讨论南宋皇陵制度——至少在宋宁宗永茂陵以前，严格承袭北宋皇陵制度。宋六陵诸攒宫一如北宋皇陵，仍行上、下宫分离的制度，下宫位于上宫的正北偏西[2]，绝非如刘敦桢推测的"把北宋时分离的上、下宫串联在同一轴线上"。

明代皇陵的宝顶，即圆形封土，实相当于陵台，而宋六陵不起陵台，宝顶制度亦无从效法；明陵宝城的实用功能是封土的围墙或保护墙，明楼是宝顶的入口，并不叠压在墓穴（玄宫）之上，只是封土前方的附属物或装饰物，与宋六陵覆盖在石藏子之上的龟头屋性质不同；宋六陵不设石象生，明代帝陵的墓仪石刻则品类齐备。明代帝陵所有的主要特征，均无法在宋六陵中找到直接源头，刘毅

1.杨宽：《中国古代陵寝制度史》，上海人民出版社2008年版，第164页。
2.《中兴礼书续编》卷四六"永思陵修奉攒宫"条："据杨源状谨按，经云：凡五音冢宅，若欲盖造屋舍寺院者，并于本音生气之地修盖。今来国音角姓属木，生气在亥。其下宫依经宜于正北偏西亥位修盖"。下宫在上宫之后的"正北偏西亥位"，则可知位于上宫的西北方位。转引自刘未：《宋代皇陵布局与五音姓利说》，《青年考古学家》2009年总第21期。

《明代帝王陵墓制度研究》一书以明确态度否定了宋六陵与明陵之间的直接承袭关系，甚是[1]！

然而，传统的思维定式一旦否定南宋皇陵对明陵制度的直接影响，在某种程度上，明陵的平面布局、宝城明楼制度就成了"无源之水"。因为南宋以前的汉族政权皇陵无此先例，距离明代最近的北宋皇陵，制度迥然有别。元朝为少数民族政权，并无汉式帝陵，绝无为明陵效法的可能。从近年公布的调查发掘材料看，金代昌平诸陵在卜址、陵区布局、坟前竖碑等方面与明陵有某些类似之处，有学者认为"明陵可能受过金陵的启迪"[2]。西夏陵的个别做法与明陵也有些许相似，比如"西夏陵开始使用碑亭，也是明楼的一个渊源"[3]。

但是，明代帝陵制度未必会接受金陵或西夏陵的直接影响；金、西夏为少数民族政权，西夏更僻处边疆，在以恢复中华旧俗为号召的明初，向"非我族类"的制度效法的可能性甚小，至少名义上绝对不会，何况西夏陵的主要建筑如献殿、陵台并不在中轴线上[4]。所以，考察明陵制度的历史渊源，不能只考虑明陵相对于前朝帝陵的单向承袭关系，而更应该关注江南地区南宋以来品官和富裕平民墓园的通行做法及民间流行的埋葬习俗，这可能才是明陵制度赖以发生、发展的文化土壤。我们应该对明陵制度作整体性把

---

1. 从宋宁宗永茂陵开始，宋六陵的选址和规划发生了重大调整，逐渐从五音墓地演变为形法墓地。然而，永茂陵、永穆陵、永绍陵的平面布局形态，是否一改上、下宫分离形式为沿中轴线分布的陵园（这种可能性不大），文献既无记载，也无考古学证据，目前尚无任何证据表明宋六陵的后期变革直接影响或启发了明代帝陵制度的创新。
2. 刘毅：《明代帝王陵墓制度研究》，人民出版社2006年版，第342页。
3. 秦大树：《宋元明考古》，文物出版社2004年版，第264页。
4. 宁夏文物考古研究所编：《西夏陵》，东方出版社1995年版。

握，不能撷取明陵特征之一鳞半爪，以偏概全。

江南地区，从浙江的考古材料看来，平面格局呈"中轴线分布、多级台地逐级抬升、馒首状封土居于中轴线末端"的墓园制度，其主要建筑，自前而后依次有望柱（墓坊）—神道—石象生—墓祠—封土正立面的贴面建筑装饰—馒首状封土—同封土的夫妻合葬墓室—封土围墙（环墉）等，整体呈现"前方后圆"布局的墓园，在南宋时期高度成熟、普及。这些特征均与明陵制度高度类同（图3-25）。

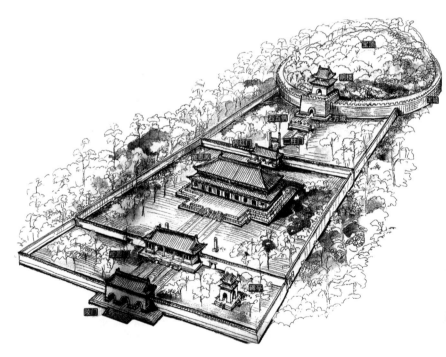

图3-25　明长陵配置鸟瞰图（采自李乾朗《穿墙透壁》，广西师范大学出版社2009年版，第292页）

馒首状封土是江南旧俗，而汉唐以来的帝陵多为覆斗状封土，此为中原传统，两种封土，形式有别；宝城的实用功能是封土的围墙或保护墙，浙江南宋墓葬的封土下半部的外围，多设有圆形或多边形的须弥座式样的封土基座；浙江南宋墓葬多在封土正前方的下级台地上建造墓祠，其规划意图与明陵祾恩殿一致；明陵的风水择址，以形势派为主流，亦同于江南传统风水观念；明陵神道坊制度等，至今可在浙东宋元品官墓地中见其祖型。凡此种种，可见明陵的基本特征不可能自以中原为中心的文化传统中来，而只能在江南文化传统中生长起来。

明太祖朱元璋是安徽凤阳人，其地隶属南宋旧境，在元朝四等人划分中属于"南人"。明朝建立前夕，朱元璋的活动重心在江南，即使建都南京，江浙地区始终是明朝的政治、经济和文化中心，在北方历经金、元长期统治的背景下，江南地区俨然已为华夏文化传统传承的重镇。朱元璋君临天下之初，久厌社会礼俗中的"胡化"现象，诏令恢复中华旧俗，以江南为代表的南宋物质文化、社会礼俗自然是其重要的效法对象。

更重要的是，在朱元璋发迹之初，尤其在至正十八年（1358）十二月朱元璋占领金华后，高举"统一中华、恢复大宋"的旗帜。次年攻取处州，网罗诸如宋濂、刘基、王祎、章溢等浙东学者，他们都是为朱元璋设计政治、文化制度的重要谋士或智囊，刘基以太史令的身份长期随侍于朱元璋身旁充当术士和阴阳家[1]。朱元璋恢

1.据杨讷《刘基事迹考》（上海古籍出版社2017年版，第108—116页），刘基主要以谋士、术士的身份随侍朱元璋，主要从事星象占卜、战争择日、拓建建康城的卜址、历数校定、律令制定等事宜。

复"华夏旧俗"的努力，在参考历代制度的基础上，更多从以两浙地区为中心的江南文化传统中取法，合情合理。[1]

刘敦桢在《明长陵》中称"明洪武营孝陵，坟之平面，改方为圆，若馒首形，殆因长江流域无方坟之习，洪武耳濡目染，受环境影响使然欤？永乐北迁，自长陵迄思陵，皆遵其法"，诚为真知灼见[2]。其实，非但馒首形封土如此，南宋以来的江南墓葬形态对明陵制度的影响是全方位的，甚至是决定性的。

明代帝陵制度，从江南的文化传统中生长出来，并可能在朱元璋及浙东学者的主导下，由民间坟墓形态上升为国家礼制。从此，明陵一改汉唐陵寝旧制，开启了明清帝陵制度的新气象。

否定南宋六陵与明代帝陵之间的直接渊源，并非否定宋六陵的重要性，唯有厘清事实，才能真正揭示南宋时期的江南墓葬对后世的影响程度。在宋元明转型的长时段考察中，需有广阔的视野来思考相关问题，在北宋中原墓葬的参照下，才能体认江南墓葬的特点和承上启下的特征，并有助于加深理解包括墓葬在内的南宋文化对后世的深远影响。史学家刘子健先生说，"中国近八百年来的历史，

1.宋辽金元时期的北方中原地区广泛流行壁画墓，但到明代以后，壁画墓传统骤然衰亡，艺术史家对此现象有多种解释。张佳：《图像、观念与仪俗：元明时期的族群文化变迁》第七章《以礼制俗：明初礼制与墓室壁画传统的骤衰》（商务印书馆2021年版，第227—247页）认为，这是明初房舍等级制度在地下"阴宅"的反映，严格的礼制规范与社会监控，是历史悠久的墓室壁画传统在明代衰亡的直接原因。笔者按，该观点有其合理性，但不能完全解释宋元时期的江南墓葬向无壁画装饰的现象。明洪武年间的礼制改革，是以江南为中心的南宋文化为主要标杆的，壁画墓传统在明初的衰亡，或应作如是观。

2.刘敦桢：《明长陵》，《刘敦桢文集》（一），中国建筑工业出版社1982年版。

是以南宋为领导的模式，江浙一带为重点的模式"[1]，若以南宋墓葬作为考察案例，庶几近之。

1.刘子健：《略论南宋的重要性》，《南宋史研究论集·代序》，台湾新文丰出版公司 1985 年版。

第四章 南宋的志墓碑刻

　　经过科学发掘并有系统资料发表的宋墓，数量不多。但多年来，在生产建设中各地出土了数目甚巨的南宋墓志碑刻，包括勋臣品官、士农工商、三教九流的墓铭碑碣，它们既是出土的新文献史料，也是研究墓葬制度、丧葬习俗的实物，亟须系统整理和研究。

第一节　圹志、墓志铭、神道碑、墓上小碑

　　南宋的志墓碑刻，指墓地中用以记述墓主人生平信息的碑刻。按其在墓地空间中的陈列位置及性质区分，主要有三类：地下随葬的圹志、墓志（铭），竖立于墓表、神道上的神道碑刻，封土前后的墓上小碑。

一、圹志、墓志铭与神道碑的合流

　　在地下墓圹内，或在墓圹外随葬的墓志，1949 年以来浙江各地出土甚多。

　　随葬于地下的墓志，严格说来，只是"纳诸幽堂"的"圹志"。今各地出土的圹志，称谓殊无一定，既有自题"圹志""圹记""埋铭""墓碣""幽堂记""窆记""岁月记"者，也有自题"墓志"

"墓记"或"墓志铭"的。当然，也有大量圹志不具标题，如丽水通济堰堰山出土的《何澹圹志》。除自称"墓志铭"者具有比较严格的文体特征，而圹志无论标明何种称谓，均不存在明显的体裁区别。

而圹志与"墓志铭"，则有严格的文体区别，二者绝不混同称呼。凡称"墓志铭"者，铭前有序，文末必具韵文，体例较完善，内容也较圹志为翔实，有更严格的文体要求，而圹志只是罗列墓主人姓名、世系、家庭成员、生卒年月、葬地等简单必要信息，诚如其自称为"岁月记"。一般来说，采用墓志铭的社会阶层通常较采用圹志的社会阶层更高。

南宋时期，随葬圹志之风极盛。采用的社会阶层覆盖士农工商，等级界限模糊。圹志之有无，与墓主的贵贱并无必然联系，而更多取决于墓主人的财力状况及孝子经办丧事的具体态度。据粗略统计，浙江的南宋圹志，平民或平民妇女约占一半以上，愈至后期，平民所占的比例愈高。平民墓葬尚且如此，所谓"上可以兼下"，官僚阶层采用圹志者，则更普遍[1]。

神道碑，本是竖立于墓表的石碑，仅限于帝王及少数显贵勋臣可用。无论内容或功能，神道碑与墓志（铭）有明显区别：前者重点宣扬墓主的功德，置于墓表；后者重点记述墓主的生平、卒葬信

1.圹志的形制，以长方形居多（或上端作两角斜杀圭首或圆首），正方形、扁方形者少。边长以 50—90 厘米为常见，高 120 厘米以上者，亦有所见。在南宋时期，圹志的规格大小与墓主人身份亦无必然联系。北宋中后期，随葬的墓志铭，尚多隋唐"古意"，凡配有志盖的，盖顶必有"篆盖"，多呈正方形。南宋的墓志铭，配备志盖者日益罕见，与此相适应，正方形墓志日少，原先的"篆盖"多改为更加便捷的"篆额"形式。

息，埋于地下，以备陵谷变迁。费衮《梁溪漫志》引司马光论碑志之语，所谓"碑犹立于墓道，人得见之；志乃藏于圹中，自非开发，莫之睹也"[1]。

北宋中期以降，墓志铭的内容日渐繁复，"圹中之铭"与"道旁之碑"的文体逐渐趋同。司马光、苏轼甚至认为，墓志与神道碑文既然内容类似、名异实同，则无须在墓地中重复设置[2]。

墓志铭与神道碑合流的趋势，可能是北宋中后期出现的新现象。将墓志铭替代神道碑的做法，在现实中可能早已付诸实践。但到南宋时期，二者合流的趋势更加明显，墓志铭不随葬地下而径直竖立于墓表的实例，所在多有。

清黄瑞《台州金石录》、李遇孙《栝苍金石志》、邹柏森《栝苍金石志补遗》、戴咸弼《东瓯金石志》，著录南宋墓志甚多，其中多为竖立于神道的碑刻[3]。例如《台州金石录》著录的仙居"吴芾神道碑"、临海《宋永州通判王公（诠）墓志铭》，《栝苍金石志》著录的丽水《王给事（信）墓志铭》、青田《宋顺斋先生王公（梦松）

1.〔宋〕费衮：《梁溪漫志》卷六《冷斋夜话·梁溪漫志》，李保民校点，上海古籍出版社2012年版。

2.〔宋〕司马光《书田谏议碑阴》（《温国文正公文集》卷七十九，四部丛刊本）："常怪世人论撰其祖祢之德业，圹中之铭，道旁之碑，必使二人为之。彼其德业一也，铭与碑奚以异？曷若刻大贤之言，既纳诸圹，又植于道，其为取信于永久，岂不无疑乎？"〔宋〕苏轼《答李方叔》谓"阡表与墓志异名而同实"（《苏轼文集》卷五十二，中华书局1986年版）。参见刘成国：《北宋党争与碑志初探》，《文学评论》2008年第3期。

3.清代发掘古墓的风气未开，深埋地下的墓志（圹志）并不常见，清代金石书所著录者，多为地面可见的墓表碑刻。金石书著录碑刻，多介绍其高广尺寸，至有高达丈余者，若将碑刻的规格大小与南宋通行的墓室大小稍加比较，可知这些"巨碑"多数无法纳入狭小的墓室内。这也可证明它们的神道碑刻属性。

墓志铭》，《栝苍金石志补遗》著录的青田《宋中书舍人赠光禄大夫陈公（希点）神道碑》，《东瓯金石志》的瑞安《楚国太夫人周氏（高世则妻）墓志铭》，均为竖立于墓表的神道之碑[1]。

上述神道之碑，少量自名"神道碑"，多数自称"墓志铭"，二者在文体、形态上差别甚微。这就充分证明，神道碑与墓志铭在南宋时期进一步合流，竖立于墓表的墓志铭，几乎已等同于此前的神道碑[2]。

南宋神道之碑实物，晚清时期存留尚多，个别保存至当代，如温州乐清县王十朋墓前的《宋龙图阁学士王公墓志铭》，汪应辰撰文、张栻书丹，在"文化大革命"期间毁去[3]。《台州金石录》卷九著录的嘉定八年（1215）临海《鹿昌运墓志铭》碑，至今矗立在临海县东乡大田村的竹岙墓地上（图4-1）。而神道碑的实物或其碑

1.本书所引《台州金石录》《栝苍金石志》《东瓯金石志》诸书，为"石刻史料新编"本，（台湾）新文丰出版公司印行。《台州金石录》卷九《宋永州通判王洤墓志铭》，江朝宗撰，旧在"临海县南乡白岩寺侧"；《栝苍金石志》卷六《王给事（信）墓志铭》，碑在丽水县西乡，高9尺5寸、广6尺，洪迈撰并书，楼钥篆额。《王给事（信）妻郭硕人墓碑》，碑高1丈2尺，广5尺5寸，题"硕人郭氏墓志铭"，"是碑离城有五十余里之远，穷乡僻壤，人迹罕到，久埋没于荒烟蔓草中"；《栝苍金石志补遗》卷二《陈中书舍人希点神道碑》，碑连额高6尺6寸，38行，行91字，碑在"青田县慈明寺左"；《东瓯金石志》著录《楚国太夫人周氏（高世则妻）墓志铭》，碑在"瑞安仙岩山高公墓前，碑高七尺一寸二分"。此类墓志铭均为"高远大过宽"的长方形巨碑，无法置于墓室之内。

2.墓道碑与墓志铭合流的趋势在明代有进一步发展。〔明〕吴讷《文章辨体序说》："凡碑碣表于外者，文则稍详。志铭埋于圹者，文则严谨。其书法则惟书其学行大节，其小善寸长则皆弗录"，同时批评"近世弗知者至将墓志亦刻墓前，斯失之矣"。可见明代亦多将墓志（铭）置于墓表，并自称"墓志铭"，例如嘉靖八年（1529）处州府景宁县的陈旭墓，墓表至今矗立有《陈坦庵墓志铭》。见项莉芳、郑嘉励：《景宁渤海坑——浙南明代银矿调查之二》，《东方博物（第二十九辑）》。

3.陈纬：《王十朋遗迹钩沉》，《石居山堂杂文》，线装书局2014年版。

图4-1 至今仍竖立于墓前的临海《鹿昌运墓志铭》碑（临海市文物保护管理所彭连生摄）

跌，宁波等地今日犹有存世者[1]（图4-2）。

除了碑志合流的事实，另有一事值得关注：在隋唐五代时期，墓上立碑竖碣本是帝王勋臣的专利，于民间关防甚严。但神道立碑的做法，逐渐为南宋中下层官僚或富裕平民所采纳，《台州金石录》著录的台州仙居县绍定四年（1231）郭磊卿撰并书《宋处士林君（宓）墓志铭》，"碑高八尺九寸，广四寸。……在仙居县东门外山麓"，是墓表碑刻，据篆额"处士"称谓和录文，知其为平民身

1.东钱湖史浩墓地的神道碑，龟跌座长5米，正面镌刻宋宁宗御书"纯诚厚德元老之碑"八字，碑阴文字即楼钥《攻媿集》卷九十三《太师保宁军节度使致仕魏国公谥文惠追封会稽郡王史公神道碑》，至今仍存现场；余姚汪大猷墓地前，犹存石龟跌；南宋史弥坚墓，神道碑龟跌尚存，并见杨古城、龚国荣：《南宋石雕》，宁波出版社2006年版；"薛朋龟墓铭"及妻王氏"墓铭"，石高约180厘米，也是神道碑而非随葬墓志，见章国庆编著：《宁波历代碑碣墓志汇编·唐、五代、宋、元卷》，上海古籍出版社2012年版。〔清〕董沛《鄞县志》卷五十九"金石上"亦有著录。

图4-2　余姚南宋汪大猷墓地前的石龟趺

份[1]。可知南宋中期以后，神道之碑存在着向中下层社会渗透的倾向，这也可视为宋代墓葬相对于此前愈加世俗化、平民化的发展趋势。

　　附带说明神道碑并非必定置于墓地上的开敞空间，而是通常置于墓前的墓祠建筑（享亭、墓亭、享堂）内[2]。

1.〔清〕黄瑞：《台州金石录》卷九《宋故处士林君墓志铭》，据黄瑞案语："碑立于绍定四年，距处士殁已十有九年。"林宓有子三人，"仍终于会稽郡文学，伋、份皆习进士"，应为业儒之地方有力之家。

2.江西婺源县《汪路妻张氏圹志》，张氏下葬于北宋靖康二年（1127），张氏卒后，其孤乞铭未果，姑且刻石于圹，寄望"它日植碑飨堂，垂示永久"，见陈柏泉编著：《江西出土墓志选编》，江西教育出版社1991年版，第111页；南宋庆元二年（1196），朝奉大夫前通判建康军府汪阐中妻魏氏墓前筑有享亭，"旧有志铭小石，柙于享亭壁间"，见章国庆编著：《天一阁明州碑林集录》，上海古籍出版社2008年版，第25页；元代同知东川路总管府事孙侯，"家富而身贵，年七十一而终"，由姚端大铭其墓，冯子振表其墓，吴澄又撰"墓隧之碑"，墓所"立屋于墓近，以诸人所撰碑志等文，刻石置于其间，扁之曰'致存之亭'"。见〔元〕吴澄：《吴文正集》卷四十三《致存亭记》。

二、圹志与神道碑的区别

明吴讷《文章辨体序说》总结前人志墓体例曰："凡碑碣表于外者，文则稍详。志铭埋于圹者，文则严谨。"清黄宗羲《金石要例·碑志繁简例》："志铭藏于圹中，宜简。神道碑立于墓上，宜详。"同为志墓之文，圹志"埋于圹"，神道碑"表于外"，因其陈设空间之不同，区别甚大。

衢州龙游县《余端礼圹志》，高107厘米、宽80厘米，文25行，满行36字，由余端礼弟端诚撰文[1]。而其墓志铭，又见杨万里《诚斋集》卷一二四《宋故少保左丞相观文殿大学士赠少师郇国余公墓铭》。

温州苍南出土的《黄石圹志》，高82厘米、宽63厘米、厚10厘米，凡14行，行22字，志文谓"其言行之详，已见于宫使林蘷之状、内翰周必大之志铭，姑述其出处之大概，而纳诸圹"[2]。其墓志铭，果然见存周必大《文忠集》卷三二《朝散大夫直显谟阁黄公墓志铭》。

处州松阳县出土的《潘好谦圹志》，高91厘米、宽74.4厘米、厚9.5厘米，据志文所述，圹志叙事简略的原因是"有迪功郎、隆兴府靖安县主簿陆九渊之状，□□□□□台州崇道观吕祖谦之铭在"[3]。其墓铭，又见吕祖谦《东莱集》卷十二《潘朝散墓志铭》。

处州丽水县王信夫妇神道碑，《栝苍金石志》卷六《王给事

1.衢州市博物馆编著：《衢州墓志碑刻集录》，浙江人民美术出版社2006年版，第31页。龙游灵山南宋余端礼墓，1997年浙江省文物考古研究所发掘资料。

2.杨思好：《苍南金石志》，浙江古籍出版社2010年版。本文引录的苍南墓志材料，俱见此书。

3.郑嘉励、梁晓华：《丽水宋元墓志集录》，浙江古籍出版社2013年版。本文引录的丽水地区墓志，俱见此书。

（信）墓志铭》，洪迈撰并书，楼钥篆额；《王给事妻郭硕人墓碑》，戴溪撰，何澹书丹，叶翥篆额。而1957年王信墓出土的圹志，系王信暨妻郭氏合志，由其子王骥撰文[1]。

比较圹志与名家文集中的墓志铭或神道碑实物，区别至为明显：首先，墓志铭叙事详细、体例完善，前为"序"，详列撰、书、篆额人信息，后有"铭"；而圹志简略，仅罗列名讳、世系、履历、丧葬年月、埋葬地点而已，无有铭文。其次，墓志铭多属名人撰书，而圹志多由孝子执笔，也有夫为妻撰，或父为子撰等，"书讳"者通常是志主的姻亲外戚，名前多冠以"亲末""忝戚"字样，诸暨应店街镇出土的《南宋武冈县令杨应元墓志》，文末署名为"集古帖书讳"，是为特例[2]，更有大量圹志竟完全不交代撰、书者信息。

既然墓室内已先有圹志随葬，那么名家文集中鸿篇巨制的墓志铭，就只能认为原本是计划刊诸碑刻、立于墓表的。圹志简便，而请人撰铭费时费力，但葬期紧迫，无法久等，故经常以圹志权宜替代墓志铭先行入土。出现这种状况，主要因为神道之碑是身份象征，且为观瞻所系，须求诸"名笔"，亲属"不敢称述"[3]；圹志是墓志铭的权宜代替品，且深埋地下，则不必费力请铭。

志墓必借名人以自重，时人甚至有"非请名家作铭为不肖子孙"的说法。但实际上人们多便宜行事，温州苍南县出土的嘉定十一

1.王信夫妇墓发掘简报，见牟永抗：《丽水古墓发掘报告》，《浙江省文物考古研究所学刊（第七辑）》，杭州出版社2005年版。但简报中未随文发表圹志材料，王信夫妇合志拓本藏浙江省文物考古研究所资料室。

2.阮建根、郦勇：《诸暨摩崖碑刻集成》，西泠印社出版社2017年版，第339页。

3.南宋郑刚中墓出土圹志，其子郑良嗣撰文时称，乃父的德行文章"须托名笔于神道，以信万世，良嗣不敢称述"，见浙江省文物考古研究所编著：《浙江宋墓·金华南宋郑刚中墓》，科学出版社2009年版。

年（1218）《林已千墓志》，其子林应龙称"应龙窃惟墓有志铭，必托诸闻望，以昭不朽，人子之至情也。委曲攀附以求之，卑辞恳请而得之，非其亲故之私，即其势利之交，其事或不核，其文只益欺，应龙非惟不暇，亦不敢也"——夫子自道，半为实情，半属无奈。

三、圹志与神道碑在墓地中并存

神道碑刻，需向名人请铭。先期准备志主行状，更要"委曲攀附以求之，卑辞恳请而得之"，不免耗时费力，遂屡与葬期冲突。在现实丧葬中，人们多以圹志权宜替代，待葬事底定，日后再行补立神道碑刻。

"葬日薄，未暇乞铭于当世立言君子，姑叙梗概，以纳诸圹"，这类在南宋圹志末尾常见的套话，正是此意。此类套话在社会各阶层的圹志中盛行，始见于南宋时期，其中大有深意，说明随葬圹志之外，又在墓表立碑的风气在南宋时期充分流行。

圹志随墓下葬，而神道碑的竖立则通常晚于下葬年月，甚至无果而终，亦不可知[1]。但是，二者可以明确在墓地中并存。

1.奉化溪口南宋魏杞墓，下葬于淳熙十一年（1184）。初，墓较简朴，数十年后，补立由郑清之撰文的神道碑。现实状况远较此复杂，圹志坦承只是埋入墓圹的权宜之物，日后将补立正式的墓志铭或神道碑，实际却常不果行。所以会出现这种现象：宋代出土墓志，少有千字以上的长文，而宋人文集中的墓志铭动辄四五千字。由于当时所见材料尚少，叶昌炽认为，"此则断难刻置墓中，……或当时刻之立于圹外，或横卧于柩旁，然何以终不传世。或竟撰文存集，而实未镌刻，皆不可知矣"（叶昌炽《语石》卷四"一曰墓志"条）。叶氏推测的"或竟撰文存集，而实未镌刻"，在现实中确有大概率发生的可能性，台州临海县双港乡保守寺（谢墓坟寺）南宋谢深甫墓，墓前原有神道碑，但无字。谢深甫逝后，由何澹撰铭，此铭是谢深甫孙女谢道清进位理宗皇后、谢深甫追赠鲁王后所作，目的在于表墓。但是，谢氏子孙宦游在外，一时迁延未刻，神道碑就只剩"无字碑"了，见丁伋：《堆沙集》，中国社会科学出版社2007年版，第451页。

前揭处州丽水县王信夫妇墓，就是神道碑、圹志并存的例证；婺州金华县王淮墓，出土圹志系"孤子王枢等泣血谨记并书"，而神道碑高390厘米，额题"宋左丞相鲁国公神道之碑"，系杨万里撰文，陆游书额，长期立于地表[1]；处州青田县《陈希点圹志》，现藏青田县文管会，而楼钥撰文的《陈中书舍人希点神道碑》全文又见《栝苍金石志补遗》，系清人根据当时地面所见的神道碑刻实物著录。

此类例子，不胜枚举。神道碑立于地表，标榜身份，圹志埋于地下，以备陵谷变迁。二者功能有别，故在墓地中既随葬圹志，而地表又立神道之碑，而不避重复。

如前所述，神道碑有向中下层社会渗透的趋势。二者在墓地并存的现象，并不限于少数高官勋臣。而"葬日薄，未暇乞铭于当世立言君子，姑叙梗概，以纳诸圹"之类套话在南宋的盛行，既说明简易通用的圹志主要盛兴于南宋以后，也从侧面反映了神道立碑风气的蔓延。

四、墓上小碑

除圹志、神道碑外，另有一类墓上小碑，向来不为学者注意。这类小碑一般竖立或贴嵌在墓葬封土的正前方或其后方。

封土前，竖立小碑，南宋时期不分士庶通行。司马光《书仪》载："坟高四尺，立小石碑于其前。……志石刻文云某官姓名，某

1.1957年，浙江省文物管理委员会发掘金华县章岭水库的王淮墓，出土有圹志，参见张永世：《金华王淮墓》，《文物参考资料》1957年第5期。据浙江省文物考古研究所资料室收藏张翔先生执笔的发掘记录，王淮墓前当时尚保存有神道碑的龟趺座。

州某县人，考讳某，某官，某氏，某封（小字注，无官封者，但云姓名或某氏）。……墓前更立小碑，可高二三尺许，大书曰某姓、名某，更不书官。"[1]

此处的"墓碑"是狭义的，指类似今日浙江各地习见的墓上小碑，即司马光所谓"高二三尺许"只书"某姓、名某"等简要信息的小碑，而非神道上的丰碑巨制。《书仪》载墓内有圹志，"墓前更立小碑"，一般平民亦可为之。世俗崇尚"封土立碑"的观瞻效果，当然不限于少数人。《书仪》的可贵，正在于不拘泥古制的规定，指出了现实丧葬中实际发生的情形。

唯墓碑立于地表，峣峣易折，甚少实物传世。但清代金石书于宋元墓前小碑，仍有著录，姑举几例。

《台州金石录》卷十《宋梅宣义墓碑》，碑在临海县，高4尺，广2尺4寸，二行，行四字，纪年题名二行，左右分书，文曰"有宋宣义梅公神墓，淳祐三年癸卯岁腊月十月八日，男天寿泣血立"；又，临海县《宋陈四二墓碑》，文曰"宋省元四二陈公墓"。

丁敬《武林金石志》卷七"墓碑"《郑处士墓碣》，文曰"有元竹隐郑处士墓，鄱阳周伯琦书"，碣纵3尺4寸，横2尺，篆书两行。

《栝苍金石志》卷八《潜说友篆王顺斋墓碑》，是青田县宋末名儒王梦松的墓前小碑，由潜说友题写，文作"有宋顺斋先生王公之墓，潜说友题"，"碑高五尺七寸，广三尺三寸，二行，行五字，篆书长七寸五分。末款四字，篆书长二寸，在青田县十八都浮福山"。

征之于实物。江西新余市竹山村孩子墓地M2，系竖穴土坑墓，

1.〔宋〕司马光：《书仪》卷七《丧仪》三"碑志"条。

地表墓碑上刻"大宋""张氏"等字[1]。广州河南简家岗宋元墓，1号墓的墓碑高47厘米、宽30厘米，中刻"宋故考君简公墓"七字，上款小字"维皇宋咸淳二年岁次丙寅十二月"，下款为"庚申安厝于简家岗之原男□□□"，其余三座墓碑规格、文字体例亦相类[2]。

上述墓碑，高不过数尺，内容仅为"某姓、名某"之类最小的必要信息，足证南宋墓前有竖立小碑的习俗。

墓上小碑是墓葬所在的空间标识，这是古人墓前立石的本意。小碑简便易行，遂为时人广泛采用。

在当时的墓地中，墓上小碑与神道碑亦可并存。今日所见的南宋墓地，地表遗迹多已荡然，有墓表碑刻留存的墓例百无一二，遑论墓上小碑与神道碑并存的实例。

但《栝苍金石志》同时著录《潜说友篆王顺斋墓碑》与《宋顺斋先生王公墓志铭》，为我们提供了绝佳的考察案例。处州青田县王梦松墓，下葬于咸淳九年（1273）。《潜说友篆王顺斋墓碑》，"碑高五尺七寸，广三尺三寸，二行，行五字，篆书长七寸五分。末款四字，篆书长二寸，在青田县十八都浮福山"。这是封土前的小碑；同卷著录的《宋顺斋先生王公墓志铭》，"高一丈，广五尺，凡二十四行，行四十七字"，为刘黼撰文，潜说友书丹，陈宜中篆盖。这是神道碑刻。

1.江西省文物考古研究所：《江西新余市钱家山西周遗址及竹山村三国墓与宋墓考古发掘简报》，《南方文物》2006年第2期。又及，四川华蓥南宋安丙家族墓地，也出土有宽62.8厘米、厚22.6厘米、残高100厘米的墓碑，正面隶书"宋故宜人……"，碑上有荷叶形碑帽，见四川文物考古研究院等编著《华蓥安丙墓》，文物出版社2008年版，图版三四。

2.转引自王宏理：《志墓金石源流》，中国文史出版社2002年版。

由此推测，墓上小碑与神道碑在同一墓地中并存，应为南宋后期较普遍发生的情形。只是文献不载、实物不传，今日难晓其详罢了。

综上所述，圹志（墓志、墓志铭）、神道碑、墓上小碑，三者各有传统，并非南宋时期新出现的事物，但在南宋表现出诸多的新特征：首先，使用圹志的社会阶层迅速扩大，内容、体例简略的圹志盛行，与唐代、北宋中前期只随葬体例严谨、内容繁复的墓志铭形成巨大反差；其次，墓志铭与神道碑合流，在内容、形式上日益趋同，墓志铭被当成神道碑立于墓表，并逐渐向中下层官僚及平民社会渗透；再次，墓上小碑广泛流行，作为墓地所在的简便标识。

这是南宋志墓碑刻发展的基本趋势，上述趋势并不始于南宋，通常继承北宋后期发展而来，但在南宋时期表现得更典型、集中且普遍，充分显示了丧葬习俗领域内日益明显的世俗化、平民化倾向，这也是南宋墓葬的厚葬表现形式，进一步从地下转移至地面的典型表征。

第二节　出土墓志概况及相关问题

墓志碑刻，历来是金石学家、文物工作者注意网罗的文物。清阮元《两浙金石志》对浙江全境金石碑刻的搜罗、著录和考订，至今足为楷式。其后，丁敬《武林金石记》之于杭州；杜春生《越中金石记》之于绍兴；邹柏森《严州金石录》之于严州（今淳安、建德、桐庐三县）；李遇孙《栝苍金石志》《栝苍金石续志》，邹柏森《栝苍金石志补遗》之于丽水地区；孙诒让《东瓯金石志》之于温州；黄瑞《台州金石录》之于台州；陆心源《吴兴金石录》之于湖州的明代以前墓志碑刻的著录，既是文人墨客的风雅事业、证经补史的学术事业，也是保存史料的名山事业。

金石专书以外，晚清民国地方志亦多辟有"金石"门。一府一县之地，明代以前碑刻，搜罗殆尽，并奠定今日学者整理、研究宋代墓志碑刻的基础。

然而，传统金石学家的著录方式，有其局限性：一是古人著录碑刻，以文字为主，多不附拓本图像，又无今日文物保护、科学记录的理念，唯以录文、刊书为务，许多碑刻一经文人收藏、传拓、买卖、品题、著录，便告散佚；二是清民时期，发掘古墓的风气未开，时人所见碑刻，多为当时竖立于地表者，而随葬地下的墓志，则犹未见。旧金石书中的南宋墓志碑刻，多为墓表文，而出土的圹志、墓志铭，数量极少。

1949年以来，随着大规模生产建设、考古工作的开展，近年又多有盗掘出土的，各地积累了数量不等的墓志碑刻。这些前人未见的材料，亟须全面调查、整理。当然，浙江各地区墓志的出土和整理状况是不平衡的，整体而言，其状况取决于两大因素：一是各地墓葬和墓志的实际资源量；二是墓志出土地的学术传统，尤其是当地文史工作者搜集、整理乡邦文献的文化传统。后文将分地区对南宋墓志资源稍作概述。

（1）绍兴地区

绍兴出土墓志的整理，已有较多成果。绍兴县文化中心编《绍兴摩崖碑版集成》，著录原绍兴市本级、绍兴县各文博单位收藏的墓志[1]；俞国樟《新昌历代碑刻》[2]，阮建根、郦勇《诸暨摩崖碑刻集成》搜集当地出土墓志，较为完善。但嵊州、上虞等地尚无墓志碑刻辑录专书。

绍兴出土墓志之大宗在于民间收藏，绍兴市档案局等编《宋代墓志》著录民间收藏绍兴（主要为南宋绍兴府山阴、会稽两个附郭县）及其邻近地区出土的南宋墓志，其中会稽县47种，山阴县50种，上虞县4种，诸暨县1种，材料丰富[3]。

2022年，由笔者主持的"浙江宋代墓志碑刻集成"研究课题启动，"绍兴墓志"分卷由慈溪市文物保护管理所厉祖浩负责，截至目前，绍兴各县（市、区）历年出土宋代墓志数量统计如下[4]：

绍兴县（即宋会稽、山阴县）：118通（北宋3通，南宋115通）

上虞：18通（北宋1通，南宋17通）

诸暨：27通（均为南宋）

新昌：16通（北宋1通，南宋15通）

嵊州：7通（北宋1通，南宋6通）

绍兴地区共有宋代墓志186通，其中北宋6通，南宋180通。

1.绍兴县文物保护管理所编：《绍兴摩崖碑版集成》，中华书局2006年版。

2.俞国樟：《新昌历代碑刻》，文物出版社2019年版。

3.绍兴市档案局（馆）、会稽金石博物馆编：《宋代墓志》，西泠印社出版社2018年版。

4."浙江宋代墓志碑刻集成"课题对宋代墓志的收录标准，主要有两条：一是据墓志实物或拓本收录，仅见于古人文集、族谱而无实物或拓本存世的墓志，一律不收；二是志主之卒葬年在北宋建隆元年（960）以后，或志主出生于南宋景炎三年（1278）以前，但卒年已入元者，也予以收录。在后文统计的南宋墓志中，包含了部分葬年已入元代的墓志。

（2）宁波地区

宁波，是南宋史研究领域最为人关注的地区之一。章国庆《天一阁明州碑林集录》[1]和《宁波历代碑碣墓志汇编·唐、五代、宋、元卷》[2]，整理2012年以前宁波各县市出土墓志，用力甚勤，是了不起的史料整理成果。厉祖浩《慈溪碑碣墓志汇编》[3]，在慈溪境内完成全面的碑刻调查和著录。

《北仑历代碑刻选注》[4]著录有一通收藏于镇海区文管会的《宋迪功郎胡大同墓志》，为他处不见。

2022年启动的《浙江宋代墓志碑刻集成·宁波卷》，由天一阁博物馆章国庆负责，截至目前，宁波各县（市、区）历年出土宋代墓志数量统计如下：

海曙区：60通（北宋17通，南宋43通）

江北区：5通（均为北宋）

鄞州区：31通（北宋8通，南宋23通）

北仑区：2通（均为南宋）

慈溪：31通（北宋8通，南宋23通）

余姚：67通（北宋18通，南宋49通）

奉化：22通（北宋5通，南宋17通）

宁海：5通（均为南宋）

1.章国庆编著：《天一阁明州碑林集录》，上海古籍出版社2008年版。

2.章国庆编著：《宁波历代碑碣墓志汇编·唐、五代、宋、元卷》，上海古籍出版社2012年版。鄞县《汪思齐墓志铭》《汪思齐妻丁氏墓志铭》《汪纬墓志》，余姚《刘述妻崔氏圹志》等少数墓志似未见著录。

3.慈溪市文物管理委员会办公室等编：《慈溪碑碣墓志汇编》，浙江古籍出版社2017年版。

4.北仑区地方志（年鉴）编纂委员会编：《北仑历代碑刻选注》，宁波出版社2019年版。

象山：7通（北宋2通，南宋5通）

舟山：2通（北宋1通，南宋1通）

宁波地区（包括舟山地区在内）出土宋代墓志凡232通，其中北宋64通，南宋168通。

（3）台州地区

台州，也是南宋墓志出土和整理的重镇。1986年，丁伋根据"台州地区第二次全国文物普查"成果编成《台州墓志集录》，这是浙江最早的出土墓志集录专书[1]。2002年，《临海墓志集录》于临海县出土墓志又有增补[2]。金渭迪《黄岩金石志》著录黄岩县域出土墓志，也有超出《台州墓志集录》内容者[3]。

《台州墓志集录》《临海墓志集录》录文严谨、准确，虽未附拓本，但仍可放心引用。尤其是丁伋《台州墓志集录》确立的出土墓志著录"凡例"，包括拟题、录文、标点、分段、按语编撰、目录编排的规范，简明、准确、合理，足为后辈取法[4]。墓志的著录，固以移录文字为主，而"按语"则应以说明墓志规格、收藏单位和出土信息为主，尤其是出土地点和相关墓葬的信息，如有可能必须详细记录，而人物、史事考订反而相对次要，因为文物出土信息一

1.台州地区文物管理委员会、台州地区文化局编：《台州墓志集录》，1988年内部编印。

2.丁伋点校：《临海墓志集录》，宗教文化出版社2002年版。

3.金渭迪：《黄岩金石志》，中国文史出版社2013年版。

4.丁伋的墓志著录，以实物碑刻和拓本为据，不杂入文集、方志、族谱文字，个别实物无存者，则参用旧目录文，具体来源在按语中具体说明；墓志拟题，统一先示志主姓名，后列该志所标之体裁，如圹志、圹记、墓记、岁月记、墓志、墓志铭等，如石本并无自标体裁，一律作圹志。志主若系女性，则于其前加其夫或子名，以便查考。志主姓名前，一律不用爵衔尊号美称；目录编排，以县为序，同一县区内，以撰志年代先后（或下葬年代）为序，如遇志主为同一家族成员，为使资料更具联系性，则按先后编排。

且丢失，事后是无法弥补的。《台州墓志集录》因故未收仙居县材料，而1986年至今30余年，各地陆续又有墓志出土，台州南宋墓志材料仍有较大的增补空间。

2022年启动的《浙江宋代墓志碑刻集成·台州卷》由临海市文物保护管理所彭连生等人负责，截至目前，台州地区各县（市、区）历年出土宋代墓志数量统计如下：

临海：81通（均为南宋）

椒江区：2通（均为南宋）

黄岩：21通（均为南宋）

温岭：20通（均为南宋）

仙居：20通（北宋1通，南宋19通）

天台：5通（均为南宋）

三门：4通（均为南宋）

玉环：1（南宋）

台州地区出土的宋代墓志凡154通，其中北宋1通，南宋153通。仙居的北宋墓志，实为僧人塔铭，严格说来，迄今为止台州发现的宋代墓志，全部为南宋墓志，这颇出人意表。

（4）温州地区

温州出土墓志的整理、出版状况，较有规模。吕溯《温州博物馆藏历代墓志辑录》，分上、中、下三辑，全面刊布了温州市博物馆收藏的墓志，多有早年永嘉、瑞安等地出土者[1]；金柏东《温州

1.吕溯：《温州博物馆藏历代墓志辑录》（上、中、下），温州市图书馆编：《温州历史文献集刊》（第一辑、第二辑），南京大学出版社2010年、2012年版。

历代碑刻集》[1]、吴明哲《温州历代碑刻二集》[2]，偶见早期墓志；杨思好《苍南金石志》之于苍南县[3]，永嘉县地方志编委办《永嘉金石志》之于永嘉县[4]，陈纬《乐清历代碑志选》之于乐清县[5]，瓯海文化丛书《瓯海金石志》，林伟昭《瓯海墓铭志》之于温州市瓯海区墓志碑刻，均有数量不等的著录[6]。

诸书体例各异，如《温州博物馆藏历代墓志辑录》《苍南金石志》以墓志碑刻的实物和拓本为主要收录依据，《苍南金石志》著录范围虽不限于墓志，但多取之于实物，鉴于地表的南宋碑刻存世极少，今日所见宋碑，多数也就是近几十年来出土的墓志。《乐清历代碑志选》《瓯海金石志》，则多据古人文集、方志、族谱辑录，实物反而不多。以上著作对各地的墓志资源，已有较好的初步整理。

2022年启动的《浙江宋代墓志碑刻集成·温州卷》由温州市博物馆董姝、郭欣等人负责，截至目前，温州地区各县（市、区）历年出土宋代墓志数量统计如下：

鹿城区：64通（北宋8通，南宋56通）

瓯海区：35通（北宋4通，南宋31通）

1.金柏东：《温州历代碑刻集》，上海社会科学院出版社2002年版。多收古人文集、方志所录碑文，并非严格以实物和拓本录文。

2.吴明哲：《温州历代碑刻二集》，上海社会科学院出版社2006年版。该书材料亦非严格以实物和拓本录文。

3.杨思好：《苍南金石志》，浙江古籍出版社2011年版。

4.永嘉县地方志编纂委员会办公室编、郑小小主编：《永嘉金石志》，中华书局2011年版。

5.陈纬：《乐清历代碑志选》，中国民族摄影艺术出版社2004年版。

6.黄舟松、林伟昭编著：《瓯海金石志》，中国戏剧出版社2011年版；林伟昭编校：《瓯海墓铭志》，上海印书馆2009年版。

龙湾区：9通（北宋2通，南宋7通）

永嘉县：10通（北宋1通，南宋9通）

乐清：10通（北宋1通，南宋9通）

瑞安：37通（北宋1通，南宋36通）

平阳：2通（均为南宋）

苍南：16通（均为南宋）

泰顺：4通（北宋1通，南宋3通）

文成：1通（南宋）

温州地区出土的宋代墓志凡188通，其中北宋18通，南宋170通。鹿城、瓯海、龙湾三区及永嘉县，大致相当于南宋永嘉县境域。

（5）丽水地区

丽水，即处州，地处浙南山区。南宋时期，处州人物众多，楼钥《攻媿集》至有"栝苍达官最盛"的说法[1]。《丽水宋元墓志集录》对当地出土墓志首次结集出版[2]；吴志华、吴志标《处州金石（上、下）》续有增补[3]，包括2014年庆元县出土的《胡纮墓志》等重要资料。丽水出土南宋墓志，可谓焕然大备。但吴伟民《松阳金石志》对松阳出土南宋墓志仍有一二补充[4]，可见墓志搜集和整理乃无止境的事业。

丽水南宋墓志，以通济堰堰山出土的何澹家族一组较为重要。研究宋代家族需要复原尽可能完整的家族世系和人际网络，除传统

1.〔宋〕楼钥：《攻媿集》卷一〇一《太府寺主簿周君墓志铭（周元卿）》。

2.郑嘉励、梁晓华：《丽水宋元墓志集录》，浙江古籍出版社2013年版。

3.吴志华、吴志标：《处州金石》（上），浙江古籍出版社2015年版；《处州金石》（下），浙江古籍出版社2017年版。

4.吴伟民：《松阳金石志》，中国文史出版社2016年版。

文献和出土墓志外，江南旧家尚多明、清、民国族谱可资利用。然而，时过境迁，近代族谱记载早期历史的可靠性，后人无法判断。而出土墓志具有激活族谱史料价值的潜在作用，丽水出土何俦、何澹、何处仁夫妇等人墓志，所载志主生卒年、月、日和葬地信息，多与后世《族谱》高度吻合，从而证明现存民国《屿湖何氏宗谱》《清源玉溪何氏宗谱》关于南宋何氏家族的记载是可靠的，可为南宋家族史研究开拓出广阔的史料空间。出土墓志，尤其是圹志，记事简略，貌似无当大道，但其潜在的学术价值，当作如是观。

2022年启动的《浙江宋代墓志碑刻集成·丽水卷》由吴志华等人负责，截至目前，丽水地区各县（市、区）历年出土宋代墓志数量统计如下：

莲都区（即原丽水县）：52通（北宋2通，南宋50通）

云和：1通（南宋）

龙泉：7通（均为南宋）

庆元：3通（北宋1通，南宋2通）

青田：10通（均为南宋）

缙云：15通（北宋6通，南宋9通）

遂昌：3通（均为南宋）

松阳：17通（北宋5通，南宋12通）

景宁：2通（均为南宋）

丽水地区出土宋代墓志凡110通，其中北宋14通、南宋96通。

（6）金华地区

金华地区的墓志，极少有系统整理的成果。其实，金华、东阳、浦江、兰溪等地有数量不等的墓志收藏，如金华《王淮圹志》、兰溪《范锺圹志》志主均为位居宰执的人物，永康出土《陈充圹志》，志主系"永康学派"代表人物陈亮之兄弟，亦不为外界所知。

　　该地区墓志调查最充分的只有武义县。2014年，我在武义明招山调查南宋吕祖谦家族墓地，乘工作余暇，全面搜集武义境内出土墓志，发现43通南宋墓志。这批墓志的分布状况有三类：馆藏墓志，即收藏于当地公办博物馆或文物保护机构之墓志；近年考古调查、发掘新出土之墓志，尤其以明招山吕祖谦家族墓地出土墓志较为重要；民间收藏，又可分两小类，其一为生产建设时自祖坟中出土并保存于民间祠堂之墓志，如藏于泉溪镇刘宅村刘氏宗祠内的南宋刘三戒夫妻墓志，其二是以实物或拓本的形式为民间收藏家拥有之墓志。上述墓志已结集为《武义宋元墓志集录》[1]。

　　2022年启动的《浙江宋代墓志碑刻集成·金衢卷》由金华市博物馆周凯、陈小龙等人负责，截至目前，金华地区各县（市、区）历年出土宋代墓志数量统计如下：

　　婺城区：23通（北宋3，南宋20通）

　　金东区：3通（均为南宋）

　　兰溪：12通（北宋2通，南宋10通）

　　义乌：6通（北宋2通，南宋4通）

　　浦江：4通（北宋2通，南宋2通）

　　永康：2通（均为南宋）

　　武义：43通（均为南宋）

　　东阳：7通（均为南宋）

1.傅毅强、郑嘉励主编：《武义宋元墓志集录》，浙江古籍出版社2019年版。该书搜集武义县出土南宋墓志堪称全面，唯有《吕大伦妻许氏墓志》因盗掘流往他地而未及编入，该拓本收入何新所编：《新出宋代碑刻墓志辑录·南宋卷》，文物出版社2020年版。

磐安：4通（均为南宋）

金华地区出土宋代墓志凡104通，其中北宋9通，南宋95通。

（7）衢州地区

衢州市博物馆编《衢州墓志碑刻集录》，著录衢州境内墓志，内容准确可靠[1]。2019年，常山县新出土《赵鼎自撰墓志》《赵洙圹志》《赵洙妻陆氏圹志》等3通墓志，值得关注。

2022年《浙江宋代墓志碑刻集成·金衢卷》启动后，截至目前，衢州地区各县（市、区）历年出土宋代墓志数量统计如下：

柯城区：6通（北宋1通，南宋5通）

衢江区：9通（北宋2通，南宋7通）

龙游：7通（均为南宋）

常山：4通（均为南宋）

开化：4通（北宋1通，南宋3通）

江山：1通（北宋）

衢州地区出土宋代墓志凡31通，其中北宋5通，南宋26通。

（8）嘉兴、湖州地区

嘉兴出土墓志较少，零星见于如《嘉兴历代碑刻集》所著录《陈璩圹记》《沈恣墓志》2通[2]；嘉善曾出土南宋陶达、陶大章、陶大甄3通墓志[3]；桐乡有赵伯泽及其家族墓志共5通[4]，以及《陆埈圹

1.衢州市博物馆编著：《衢州墓志碑刻集录》，浙江人民美术出版社2006年版。

2.嘉兴市文化广电新闻出版局编：《嘉兴历代碑刻集》，群言出版社2007年版。

3.1953年嘉善陶家池出土陶达等墓志，《文物参考资料》1954年第10期曾刊有简讯。后来，《陶达圹志》《陶大章圹志》因故运往杭州，今镶嵌于杭州孔庙碑林的墙壁上，《陶达圹志》拓本编入杜正贤主编《杭州孔庙》一书。

4.张梅坤：《赵伯泽家族的兴衰和史弥远废立之变——南宋安定郡王赵伯泽及其家族墓志考析》，《杭州大学学报》1986年第1期。

志》《陆垍圹志》等[1]；平湖有《鲁附翼墓志》《鲁附翼妻何氏墓志》；以及海宁博物馆收藏有平湖出土《宋故宗姬赵氏（鲁崇文妻）墓碣》和海宁本地出土的个别墓志[2]。

就墓志资源的客观存量而言，湖州地区墓志想必较嘉兴为丰富。张梦新等主编《湖州历代碑铭录考》[3]，收录德清县博物馆藏李熙、赵彦绾、吴奥墓志，以及湖州市博物馆《赵司户（与善）圹志》等4通南宋墓志，遗漏较多[4]。

2022年启动的《浙江宋代墓志碑刻集成·杭嘉湖卷》由杭州市社会科学院南宋史研究中心魏峰负责，截至目前，嘉兴、湖州各县（市、区）历年出土宋代墓志数量统计如下：

嘉兴：3通（均为南宋）

海宁：2通（均为南宋）

桐乡：7通（均为南宋）

嘉善：3通（均为南宋）

平湖：3通（均为南宋）

湖州（吴兴区）：7通（北宋2通，南宋5通）

长兴：3通（均为南宋）

安吉：1通（南宋）

1.张梅坤：《陆埈生平与道学崇黜——南宋秘书郎陆埈墓志考析》，《湖州师专学报（社会科学版）》1984年第2期。

2.海宁市档案局（馆）、海宁市史志办公室编：《海宁历代碑记》，浙江古籍出版社2016年版。

3.张梦新、任平主编：《湖州历代碑铭录考》，浙江大学出版社2011年版。

4.湖州市博物馆藏南宋嘉熙三年（1239）《陈君玉墓志》，见郑嘉励、郭勇：《一方刊有"鄮都山真形图"的南宋墓志》，《南方文物》2006年第4期；2007年湖州吴兴区妙西镇出土赵师垂夫妻圹志等，该书均失载。

德清：11通（北宋1通，南宋10通）

嘉兴、湖州地区出土宋代墓志凡40通，其中北宋3通，南宋37通。

（9）杭州地区

最令人意外的是，作为南宋政治、经济、文化中心所在地的杭州（临安府），以及原严州（即今杭州市淳安、建德、桐庐等县）境域，出土墓志极少。

杭州孔庙"碑林"以收藏"太学石经"著名，并兼收杭州及附近地区搬来的坟墓碑刻，但多为明清墓志碑刻，并无任何本地出土的南宋墓志[1]。政协富阳市委员会编《富阳石刻遗存》[2]、吴宏伟《桐庐石刻碑志精萃》[3]，所见南宋墓志亦不多。叶欣《严州金石》[4]在体例上虽为旧严州全境的金石总录，而著录南宋墓志仅限陈列于桐庐桐君山碑廊的原分水县出土的《郎汉卿墓志铭》而已。

2022年启动的《浙江宋代墓志碑刻集成·杭嘉湖卷》，截至目前，杭州地区各县（市、区）历年出土宋代墓志数量统计如下：

杭州市区：6通（北宋1通，南宋5通）

临安：5通（均为南宋）

富阳：3通（均为南宋）

桐庐：1通（南宋）

1.杜正贤编：《杭州孔庙》，西泠印社出版社2009年版。

2.政协富阳市委员会编：《富阳石刻遗存》，西泠印社出版社2015年版。收录新登镇出土的《梁端礼墓志》《诸葛俏墓记》等。富阳市文物馆2002年"浙江省历史文化遗产普查"资料中，有一通出土于富阳市常绿镇白石村的《章洙墓铭》，但该书未录。

3.吴宏伟：《桐庐石刻碑志精萃》，西泠印社出版社2017年版。

4.叶欣：《严州金石》，天津古籍出版社2012年版。

建德：1通（南宋）

杭州地区出土宋代墓志凡16通，其中北宋1通，南宋15通。值得注意者，宋代杭州下辖的钱塘、仁和两县，仅有6通墓志；萧山、余杭、临平诸县（市）各大博物馆及民间藏家竟无出土墓志收藏；偌大的严州，区区2通南宋墓志，与宁波、绍兴、台州、温州等地相比，完全不成比例。

第三节　墓志分布时代和地区不平衡的原因

杭州、嘉兴、湖州、绍兴、宁波、台州、温州、处州（丽水）、婺州、衢州、严州等十一州（府），自然环境、人文传统存在差异。

明王士性《广志绎》："杭、嘉、湖平原水乡，是为泽国之民；金、衢、严、处丘陵险阻，是为山谷之民；宁、绍、台、温连山大海，是为海滨之民。三民各自为俗：泽国之民，舟楫为居，百货所聚，间阎易于富贵，俗尚奢侈，缙绅气势大而众庶小；山谷之民，石气所钟，猛烈鸷悍，轻犯刑法，喜习俭素，然豪民颇负气，聚党与而傲缙绅；海滨之民，餐风宿水，百死一生，以有海利为生不甚穷，以不通商贩不甚富，间阎与缙绅相安，官民得贵贱之中，俗尚居奢俭之半。"[1]

这是王士性对明代浙江各地区文化差异的著名论述，姑且不论其正确与否，或是否符合南宋实际，但"泽国之民""海滨之民"

1.〔明〕王士性：《广志绎》卷四《江南诸省》，周振鹤点校，中华书局2006年版。

"山谷之民"的三分法，则符合浙江十一州（府）自然人文地理之实际状况。

由前文可知，各地区宋代墓志的数量排序，从多到少，依次为宁波、温州、绍兴、台州、金衢、丽水、杭嘉湖，即使充分考虑到墓志出土和发现的偶然性，也不难得出结论：论宋代墓志数量，"海滨之民"多于"山谷之民"，而"山谷之民"多于"泽国之民"。这一规律，真实存在。

所有地区的南宋墓志数量，均远多于北宋，例如绍兴地区共有宋代墓志186通，其中南宋占180通；更极端的例子如台州地区宋代墓志凡154通，除1通外，全为南宋，武义县宋代墓志43通，亦均为南宋。北宋、南宋墓志数量如此悬殊，完全不成比例，并不符合一般的历史常识，这可能确实与不同地区墓志出土、发现和整理的偶然性有关。宁波地区的墓志，因为有章国庆的长期关注和辛勤搜集，宋代墓志凡232通，其中北宋64通，南宋168通，比例关系便较绍兴、台州等地更加合理。

当然，南宋墓志远多于北宋的结论是可以成立的：首先，它勾勒出两宋之间基层社会整体发展的趋势，即南宋时期浙江各地的开发程度远甚于北宋；其次，我们在第一章"火葬"一节中曾经讨论过，北宋时期民间社会的佛教风气较南宋为浓厚，而儒学和科举成就较南宋为落后，地方儒学传统的消长可能会影响随葬墓志的普遍程度；再次，则与丧葬习俗有关，即随葬由孝子或亲人执笔、内容简略、只记姓名岁月的圹志，主要是从南宋以后开始在社会各阶层中流行，北宋时期仍以随葬体例较为严谨、仅限于官僚阶层使用的墓志铭为主，而今出土的所谓南宋墓志多为圹志。

在同一地区内部，墓志的整体性分布规律，与自然环境和历史开发进程的关系较为明显。以处州为例，南宋墓志凡93通，丽水、松阳、缙云三县占71通，主要在河谷、平原、丘陵地区，而龙泉、庆元、景宁等深山地区尚有待开发。温州墓志，大多集中在永嘉、瑞安两地，台州墓志大多集中在临海、黄岩（温岭在宋代隶属黄岩）两地，均符合一般性的历史规律。

即使在同一县域内部，墓志的分布规律同样与县境内不同区域的自然环境、历史开发进程密切相关。以绍兴山阴、会稽两县为例，115通南宋墓志，主要分布于山阴、会稽两县的丘陵和平原地区。会稽、山阴两县大致以府城为中分，东境为会稽县，西境属山阴县，两县南为会稽山脉，北濒杭州湾，中间为丘陵、平原地区。自南而北，可分为四级地形，依次为：南部山区，即今稽东镇片区；山区与平原交接的丘陵地带，即今平水至兰亭镇一带；以鉴湖为中心的山会湖田地区；濒临杭州湾的滩涂地。南宋墓志，十之八九，出土于以平水、鉴湖为中心的山会丘陵、湖田地区，因为南部山区和北部滩涂地的开发年代相对较晚[1]。

以上分析，比较符合我们对区域历史的传统认识。当然，墓志的出土和发现有偶然性，例如婺州武义县有43通南宋墓志，而自然条件、人文传统接近的邻县永康仅有2通，与当地是否开展过系统考古工作和墓志碑刻专项调查有关，武义南宋墓志数量众多，首先归功于当地文物工作者的长期搜集，以及2014年笔者在明招山

1.2007年，"浙江省第三次全国文物普查"试点在绍兴县举行，笔者参与绍兴县的地下文物调查，绍兴文物分布较有规律：先秦时期的越国贵族墓，主要分布在平水、兰亭、府城附近等山地、丘陵地区；平水以南的稽东山区几乎不存在南宋以前的墓葬和遗址；北部滩涂地的围垦和开发年代则更晚；而以鉴湖为中心的山会平原湖田地区，开发于东汉，唐宋明清时期则成为绍兴经济和文化的中心区域。

吕祖谦家族墓地调查期间对全县进行的墓志调查。

最让人困惑的是，杭嘉湖地域如此广阔，又是南宋政治、经济、文化的中心地区之一，而墓志数量畸少，亟须合理的解释。

湖州、嘉兴地区的墓志远较浙东的宁波、绍兴、台州、温州为少，可能与南宋时期的浙西浸淫佛风，儒学传统和科举成就远不及浙东，儒学和家族势力对地方社会的影响力亦不如浙东地区显著有关[1]。而嘉兴地区的墓志又格外稀少，此又与当地自然条件有关，该问题在第一章"火葬"一节，分析平江府、秀州（嘉兴府）等地区火葬盛行的原因时曾已涉及，此处稍加强调。

嘉兴地处水乡泽国，境内殊少自然高地，既无"山环水抱、藏风聚气"的好葬地，湿地埋墓又存在诸多实际技术难题。地择高阜，既少洪水、犁耕诸患，又有较完善的山水形势。但江南湿地，天然缺山，则徒呼奈何。明代嘉兴府嘉善县人陈龙正感叹道："古名贤诸墓大抵在山。顷阅余杭邑志，其安堵可历数者，以十百计，其为年以千百计，且不必皆名墓也。近观吾邑累累畎亩中，曾有宋元墓乎？葬平原不如葬山，非为地理，为人事也。"[2]将嘉兴缺少宋元墓葬直接归因于境内无山。南宋时期海盐、嘉兴等地权贵，因本土无形势可择，遂多远葬至湖州乌程、德清等县。江南水乡，火葬特盛，屡禁不止，除了佛教因素，主要原因乃自然环境。

嘉兴少墓，自然亦少墓志。非唯墓志实物少，宋元文集中的嘉

1.宋元时期，浙西地区儒学学者数量远少于浙东地区，从统计结果看，浙西儒学学者仅占同期浙江学者总数的6%，而浙东学者占94%；南宋时期的科举成就和进士数量方面，温州、台州、宁波、处州的进士人数远超过浙西的杭嘉湖地区。参见朱海滨：《近世浙江文化地理研究》，复旦大学出版社2011年版，第36、59页。
2.〔明〕陈龙正：《几亭全书》卷二十一《政书·家载》。

兴人士墓志也少。嘉兴市地方志办公室编《嘉禾宋文钞》是今嘉兴市辖境内的宋文汇编，取材于《全宋文》或地方志的"艺文"[1]。通览全书，收录嘉兴籍人士的墓志铭，区区四五篇而已，据海盐县鲁寿宁长子鲁詹、次子左朝请大夫鲁詧、三子直敷文阁鲁訔三人墓志，他们生前均居住在嘉兴，而死后都选择葬于湖州境内。嘉兴地区的出土墓志加上宋人文集中的墓志总数，尚不及温州、台州之零头。"泽国之民"是嘉兴墓志格外稀少的决定性因素，而不能说当地的社会经济发展状况与宁波、温州、台州、处州等"海滨之民""山谷之民"的州府相差如此悬殊。

但是，杭州墓志稀少，则难以解释！杭州环湖诸山，多有南宋权贵、臣僚坟墓，碑传所见南宋临安府葬地，多在钱塘县履泰、钦贤两乡，除了履泰乡的赤山埠等地"其山正系行宫大内储祥发源形胜之地，又系成穆皇后、成恭皇后、慈懿皇后、庄文太子、景献太子攒宫"，南宋后期逐渐成为禁地[2]，其余地方均可为一般臣僚葬地，但明清以来却几乎没有南宋墓志出土的记录。如果清代有大规模的毁墓行动致使墓志出土，阮元《两浙金石志》、丁敬《武林金石记》和当代文物工作者，必不至于只字不提。所以，笔者推测杭州大规模的毁墓行为，可能发生在元代。元前至元十五年（1278）杨琏真迦盗毁绍兴宋六陵，见于周密《癸辛杂识》、陶宗仪《南村辍耕录》诸书，为人周知。《元史》卷二百二《释老·必兰纳识里传》："有杨琏真加者，世祖用为江南释教总

---

1. 嘉兴市地方志办公室编：《嘉禾宋文钞》，上海古籍出版社2015年版。
2. 魏峰：《碑传所载南宋临安地区移民研究》，杭州文史研究会等编：《南宋史和都城临安研究论文集》，杭州出版社2021年版，第370页。

统，发掘故宋赵氏诸陵之在钱唐、绍兴者及其大臣冢墓凡一百一所。"过去学术界几乎不把将杨琏真迦在杭州大规模盗毁墓葬当成严肃史料看待。现在看来，杨琏真迦等蒙元征服者的盗墓恶行可能真实发生过。宋元鼎革之际，随着杭州地方秩序的瓦解和重组，前朝的旧官僚势力和南宋皇城、郊坛、太庙、攒宫等前朝象征物在短期内遭到摧毁，致使大量坟墓被毁，就像西夏王陵曾被蒙古征服者盗毁的情形一样，因为是"灭国之灾"，文献无载，仅在杨琏真迦的诸多恶行中保留了若干传闻。

又，宁波、台州、温州等地宋代墓志均在200通左右，而严州地区则近乎空白。地下资源存量固然有多寡，但相差如此悬殊，是极不正常的。有一点需要说明，出土墓志少，并不等于坟墓少，无墓志出土，并不等于该地区无墓葬。也许，制作和随葬墓志作为丧葬习俗的一部分，本来就存在地区差异。这可能是相对于宁绍温台地区而言，严州随葬墓志的风气不盛之故。

关于杭州、严州等地墓志畸少的原因，以上意见纯属推测，仅供参考。

第四节　墓志的物质性信息

墓志的物质性信息，指墓志碑刻在文本以外可能存在的历史信息。

墓志，主要有四种物质存在形态：田野中的实物、馆藏的实物、拓本（或图像）、录文。

原本随葬或竖立于墓地中的墓志碑刻实物，经考古发掘或生产建设出土后，搬离现场，转化为博物馆或私人收藏的馆藏实物，继而由碑刻实物转化为拓本，并由拓本转化为出版物中的录文。经此四变，墓志由田野中的实物转化为纯文本的录文。在此过程中，墓志会丧失许多的历史信息。

田野中的实物、馆藏实物、拓本、录文——这四种形态蕴含的历史信息量依次递减，所以，墓志"物质性信息"问题讨论的实质，就是如何将墓志还原到田野场景中。

一、墓志作为随葬品在墓室中的陈列位置

南宋圹志，不分士庶通用。据《朱子家礼·丧礼》"刻志石"条，无论生前有无官职均用墓志，唯书法有所区别："用石二片，其一为盖，刻云'有宋某官某公之墓'，无官者则书其字曰'某公某甫'。其一为底，刻云'有宋某官某公讳某字某'。"

墓志在墓地中的陈列位置，首先指志石在墓室中的位置。《朱子家礼》曰："葬之日，以二石字面相向，而以铁束束之，埋之圹前近地面三四尺间，盖虑异时陵谷变迁，或误为人所动，而此石先见，则人有知其姓名者，庶能为掩之也。"随葬圹志的本意，是备陵谷变迁，合理的做法，应将圹志随葬于墓室以外，而非墓室之内。

临安洪起畏、郎氏夫妻合葬墓，《洪起畏圹志》长80.5厘米、宽80厘米、厚13.5厘米，出土时紧贴右室封门石条放置，背面朝外，正面（字口）朝内，正对右室中部，底面和上端边缘以白灰黏合固定，下端中部再横放一块大砾石加固；《洪起畏妻郎氏圹志》下葬于景定二年（1261），平放于左室前方，志盖长92.5厘米、宽

图4-3　陈设在各自墓室前的洪起畏夫妻墓志

69厘米、厚16.5厘米，志石长90厘米、宽70.2—70.5厘米、厚16—16.5厘米，志盖、志石上下扣合，圹志上堆砌一层小砾石，与后方的左室前壁（封门）相连，志盖中题"有宋淑妇孺人郎氏之墓"，两侧题写"千岁之下，陵谷变迁，仁人君子，幸为掩之"字样[1]（图4-3、图4-4）。温岭新河戴氏家族墓地，墓志均贴嵌或倚靠在墓室前壁外侧。这也是《朱子家礼》墓志掩埋法的忠实呈现，其好处正如朱熹所谓"盖虑异时陵谷变迁，或误为人所动，而此石先见，则人有知其姓名者，庶能为掩之也"。

1.杭州市文物考古研究所：《洪起畏夫妇合葬墓》。圹志既标识身份，兼备陵谷变迁。铭文墓砖，也有类似功能。太尉、开府仪同三司曹勋，南渡后徙居台州临海，墓在临海张家渡镇大峇，并以显明寺为坟寺，以奉香火，其母亲、兄嫂均葬于附近（曹勋编著：《松隐集·显恩院记》）。曹勋墓砖是特制的，两侧模印文字，一侧为"大宋太尉曹公之墓"，另一侧为"贪者不取，有咎无鉴"，意在警告后人不拆坟茔，今临海市博物馆藏有曹勋墓砖。参见丁伋：《堆沙集·曹勋和曹太尉墓》，中国社会科学出版社2007年版，第503页。

图4-4　洪起畏妻郎氏墓志盖

除将墓志埋之圹前，也有将墓志置于圹顶的。朱熹葬长子朱塾采用砖（石）椁石板顶墓室，"先生葬长子丧仪：铭旌、埋铭、魂轿、枢止用紫盖，尽去繁文。埋铭石二片，各长四尺，阔二尺许，止记姓名岁月居里。刻讫，以字面相合，以铁束之，置于圹上"；武义南宋徐谓礼夫妻、余姚史嵩之夫妻合葬墓，圹志出土时，均为字口朝下，覆盖于各自墓椁的石板盖顶上。

在"后世君子"的犁锄触及墓室内部结构之前，先见圹志，心生恻隐，"幸而掩之"，从而规避墓室整体遭毁的风险。南宋袁燮墓在鄞县十一都穆公岭，墓圹内随葬袁燮子袁乔所撰圹志，而杨简所撰墓志铭则在椁顶板上。晚清徐时栋《烟屿楼笔记》记袁燮后裔袁世恒父子重修、发掘先祖坟墓及出土墓志情况甚详："墓中有男乔所撰圹志，墓上有杨公简所撰墓志，父子大喜，按其丈尺掘之，见砖结小桥，发之，得慈湖（杨简）墓志，遂录其文而还置之，结砖如旧而封之。……宋人往往一墓两志，既有墓志，又有圹志。圹志多子孙所作，墓志多出自名人。始吾疑之，以为圹志既在穴中，而复置墓志，一穴宽广曾有几何，可容此重叠耶？一志已足，两志又安置耶？岂圹志固置穴中，而墓志不过求名人撰著，为传世计，不置于墓耶？后闻袁氏修正献公（袁燮）墓，墓上得杨慈湖所作墓志，而后知圹志在穴中，墓志则在椁上，又结砖如桥覆之，而后封土者也。按此法甚善，盖年久之墓，夷为平地，误掘者必自上而下，一见墓志，即知古墓，可无开圹之患矣。"[1]所谓"墓志在椁上，又结砖如桥覆之，而后封土者也"，其情形即如史嵩之夫妇圹志，字口朝下，覆盖在石椁顶板上，又如黄岩赵伯澐墓在石顶板上加筑一重状如小桥的拱券顶。看来，这种形式确能有效规避后世的发掘之患。

但更多的情形则真如多数圹志末尾所称"纳石圹中"，即将圹志随葬于椁室内部。据考古实例，既有将圹志立于墓椁后壁正中的，如富阳新登南宋梁端礼墓[2]，也有将圹志立于前壁如金华南宋郑继道墓者，还有将圹志随意倚靠于两侧壁者。总之，墓志在椁室中的陈设位置，灵活多样，并无定规。

在双室或多室并列的夫妻合葬墓中，"同坟异穴"的夫妻合葬墓，不同墓室之间以隔墙分开，圹志的陈设位置必与墓室位次严格对应，随葬在各自墓室内部、前方或墓顶，与夫妻的墓穴位次严格对应，绝不混淆。

而北方中原地区的仿木构砖室墓，多用"同穴合葬"的形态，圹志随葬在墓圹内或墓门外，并不与夫妻棺柩严格对应。土洞墓，墓前设斜坡墓道或竖井式墓道，地下为单墓室或多墓室，若为单室

1.〔清〕徐时栋：《烟屿楼笔记》卷三，续四库全书本，上海古籍出版社2002年版。
2.杭州市文物考古研究所：《浙江杭州富阳新登南宋梁端礼发掘简报》，《文物》2017年第5期。

土洞墓，通常为共用一棺的迁葬夫妻合葬墓[1]。在陕西蓝田吕氏家族墓地中，土洞墓穴若分前后室，前室一般为丈夫，后室为妻，若先后有两任妻子，则遵婚嫁前后顺序，依"左"为尚原则分别袝葬于前室后方左右。人死有先后，多室土洞墓的营建，往往并非一次性开挖。墓葬营造一般始于男主人卒后，若妻子先亡，棺柩则存于寺院或暂厝于他处，待丈夫故后一并依礼合葬，若还有未亡人，则预留空间以备后用。所以，两个或两个以上的土洞墓室，往往并非一次性开挖，墓室各自独立，墓底也有高差之别[2]。但墓志通常却集中置于竖井式墓道的龛室中，不与各自墓室对应。一经盗扰，不同墓室的墓主人位次和身份判断就容易误判，甚至无法准确判断其最终有无正式下葬。《蓝田吕氏家族墓园》考古报告对墓地第四排个别"山"字辈家族成员的身份判断可能存在争议，就因为墓志与墓室（棺柩）并不严格对应。

如果是多人合葬一室的单室土洞墓或单穴仿木构砖室墓，夫妻多人甚至多代人行同穴合葬，据说可按照辈分排列尸骸。金元时期张景文《大汉原陵秘葬经》曰："凡掩闭骨殖，先从卑者下，尊者末后，时辰正，方可下也。孝子亲自入墓堂内安葬骨殖，依其次第。如或有四妻、五妻者，头妻在左肩下，次妻在右肩下，次三在左腋下，次四在右腋下，次五在左腋下，次六在右腋下，如有幼

1.陕西省考古研究院：《陕西西安马腾空北宋墓发掘简报》，《考古与文物》2021年第3期。墓葬为斜坡带台阶墓道的单室土洞墓，即为迁葬夫妻合葬墓，一人骨架完整，另一人骨骼散乱合葬其侧。北宋蓝田吕氏家族墓地A型单室墓也与之相近。

2.陕西省考古研究院等：《蓝田吕氏家族墓园》，文物出版社2018年版，第1122页。

孙，孙男女安左右。"[1]金元时期流行于北方中原地区的合葬法，若无随葬墓志与棺枢、遗骸逐一对应，考古工作者就无法判断众多墓主人的性别和身份，这是在浙江南宋合葬墓中不可能出现的情形[2]。

二、墓志作为随葬品在家族墓地中的陈列位置

墓志作为随葬品的出土信息，还有更进一层的意义。即在家族墓地中，不同身份的家族成员在墓地中的埋葬位次是重要的历史信息，由于生产建设和盗掘的破坏，武义明招山南宋吕祖谦家族墓地早年出土了吕祖俭、吕祖忞、吕康年妻刘氏等人圹志，因未能留下出土信息的记录，一旦出土，就意味着永远失去了其在家族墓地中的位次信息。脱离家族墓地的墓志，只是单纯的文本，遂由重要史料降格为一般性史料。而吕好问、吕弸中、吕大器等人圹志，由科学发掘所得，可以准确还原到墓地的三维空间中，对分析东莱吕氏

1.〔元〕张景文：《大汉原陵秘葬经·辨掩闭骨殖篇》，《永乐大典》卷八一九九，中华书局1986年版。

2.明代帝陵和藩王墓，地面墓园的风水择址和平面布局，多采用江南传统形式，但地下玄宫，帝后、藩王和藩王妃，则通常行"同穴合葬"，即将多具棺木露陈于棺床之上，放弃了江南地区的夫妻"异穴合葬"的做法，更与两宋皇陵中帝后"异封异穴"制度不同。在中原地区，便于实施"同穴合葬"，但江南卑湿之地，地下水位高，大空间的玄宫必受地下水的影响，"同穴合葬"除了缺乏文化传统，更多一重自然环境的制约。例如江西南城益藩王墓，本采纳夫妻"同穴合葬"形式，故葬后死之人，孝子见到先人棺枢为地下水浸染、腐朽的惨状，每每伤心，故又在棺床上给不同的棺枢分别筑起三合土灰隔，如益庄王朱厚烨卒于嘉靖三十五年（1556），与元妃王氏、继妃万氏合葬，墓室正中为棺床，棺床上面铺砖，四周围以1.2米高的墙，墙内填满石灰，三具棺木均在石灰之中，遂形成"整体同穴、局部异穴"的独特合葬形态（参见刘毅：《中国古代陵墓研究中的资料选择与利用问题》，《南方文物》2009年第4期）。由此可知，人们固然有追求夫妻"死同穴"的理想，但受具体条件制约，多在"死同穴"与"异穴合葬"之间作折中处理。

家族墓地的规划与形态意义重大。

在昭穆墓地中，墓志的位次信息更加重要。2013年温州市龙湾区上朱垟明代英桥王氏家族墓地，为英桥王氏大派九世祖王楩一系的房支墓地，埋葬有第九至第十三世成员共20余座坟墓。墓地缭以石墙，形成独立的墓园，园内按长幼尊卑，分为五排，秩序井然。明代后期温州府永嘉县英桥王氏有按房支规划昭穆墓地的做法，若结合墓志出土的具体位次分析，对认识王氏家族思想观念、墓地规划不无小补。如果著录墓志时，不结合墓地平面图测绘，只做孤立之记录，其价值就大为降低，因为上述志主的传记多见于民国甲申（1944）《英桥王氏族谱》中，其文本信息只是重复性史料而已。

武义南宋徐邦宪、徐谓礼父子墓均有圹志出土。《徐谓礼妻林氏圹志》载其于"淳祐戊申（1248）十一月二十九日壬申葬于长安乡祖陇之侧龙檀原"，虽曰"祖陇之侧"，实际上，徐谓礼墓在武义县城东，墓地附近别无同期墓葬，而乃父徐邦宪墓在城西，直线距离遥远。徐谓礼所谓"祖陇"，即其家族墓地的概念，是个相当松散的大地理空间。易言之，南宋人普遍具有父子、家族合葬的观念，但在实际丧葬中，通常又多占风水，并不真正追求合葬的形态[1]。

如果不关注墓志在墓地中的随葬和出土信息，就不会有这样的认知，所以在《宁波历代碑碣墓志汇编：唐、五代、宋、元卷》《台州墓志集录》《武义宋元墓志集录》等墓志资料汇编著作中，若

1.浙江省文物考古研究所等：《武义南宋徐邦宪墓的发掘》，《东方博物（第七十四辑）》。

遇到一组多人以上的同一家族成员墓志，以文本结合其在墓地中的空间分布形态进行综合分析，大有必要。

三、墓志的形态、材质与"可视性"问题

前文已述，南宋时期墓志铭与神道碑逐渐合流，同一墓地之内，圹志和立于墓表的墓志铭（神道碑）并存。

清代发掘古墓的风气未开，当时金石书著录的"墓志铭"，多为墓表碑刻。例如《台州金石录》卷九著录《宋永州通判王淓墓志铭》（江朝宗撰），《栝苍金石志》卷六《王给事（信）墓志铭》（洪迈撰并书）等，介绍其高广尺寸，多有高达丈余者，将碑刻的规格大小与南宋流行墓室的尺度加以比较，可知这些"巨碑"多数无法纳入狭小的墓室，而只能竖立于墓表。

这些立于地面的墓志铭，为"高大过广"的长方形巨碑，名为"某某墓志铭"的篆书碑题，必为"篆额"形式，不可能是"篆盖"，但南宋实物碑刻上多不自称"篆额"，而依然套用唐代传统署为"篆盖"。唐代墓志铭，多呈正方形，配有相应的墓志盖，故曰"篆盖"。而长方形巨碑，无法配备志盖。然而，宋人撰书墓志铭碑，依然将"篆额"称为"篆盖"。其实，此类立于地表的碑刻，绝无配备志盖的可能性。这是南宋墓志与神道碑合流过程中有意味的细节。

宋元之交周密《癸辛杂识》曰："赵松雪云：北方多唐以前古冢，所谓墓志者，皆在墓中，正方而上有盖，盖丰下杀上，上书某朝某官某人墓志，此所谓书盖者。盖、底两段，用铁局拘之。后人立碑于墓道，其上篆额，止谓之额，后讹为盖，非也。今世'岁月

志'，乃其家子孙为之，非所谓墓碑也。古者初无岁月志之石。"[1]
赵孟頫指出时人将"篆额"与"篆盖"混为一谈，又说当时盛行的
"岁月志"，即南宋以来流行的记事简略的圹志，这都是唐代所无之
新现象。

墓志由碑刻实物，转化为拓本；拓本、"装裱本"可能经过剪
裁，从而失去旧碑形态；或者将碑刻径直转化为录文，而不具图
像，其在美术史、书法史层面的信息遗失，不言而喻。这里重点谈
谈墓志的形态和装饰。

唐代墓志并盖，多呈正方形，多有精美的纹饰，尤其是志盖上
的线刻花纹或采用减地凸刻结合线刻手法刻成的花纹作为装饰，题
材有花卉类、缠枝类、仙人鸾兽类、云气纹类和几何纹类，其豪
华精美者，堪称艺术珍品。墓志的规格大小，亦与身份等级相
关，唐代墓志较北朝隋代的尺寸有所增大，高级品官的等级意味
更加明显，"一般三品以上官员的墓志边长在0.8米以上，予以特
殊埋葬待遇的王子、公主和功勋卓著的一二品高官墓志边长可以
达到1米以上，即唐尺三尺二寸以上；五品以上官员的墓志边长
应该规定在0.54米或0.6米以上，即唐尺一尺八寸或二尺以上；
九品以上官员的墓志边长应该规定在0.42米或0.48米以上，即唐
尺一尺四寸或一尺六寸以上"，具有较为明确的等级意味[2]。

北宋时期随葬的墓志铭，古意尚存，凡配志盖者，多作正方
形。南宋以后，配备志盖者日稀，与此相对应，正方形墓志日渐
减少，原先的"篆盖"改为便捷的"篆额"形式，甚至有以碑题

1.周密：《癸辛杂识·续集》卷上"碑盖"，中华书局1997年版。
2.赵超：《中国古代石刻概论（增订本）》，中华书局2019年版，第242—244页。

居中排布，或者根本不署碑题。南宋墓志以长方形居多，或作圭首，或作圆首，或作长方形碑，正方形、扁方形者较少，绝大多数不施装饰。这些都是便宜行事的结果，但也有个别士大夫可能出于审美趣味，力求简古，摒弃花草界栏[1]。南宋墓志的边长多在50—90厘米之间，高120厘米以上者，亦有所见，但与唐五代不同，圹志的规格大小与墓主人的身份并无关联。

一言以蔽之，南宋墓志平民化、简易化、多元化的发展趋势，至为明显。但个别墓志又有追求复古的审美趣味，例如武义庆元元年（1195）刘三戒妻阮氏墓志、嘉泰三年（1203）刘觉墓志、嘉定十年（1217）刘三戒墓志，在碑首模拟汉碑的"穿""晕"形态[2]（图4-5、图4-6）。各地出土的墓志，均有少量用篆书、古文书丹的情形，前述诸暨应店街镇出土《南宋武冈县令杨应元墓志》以"集古帖书讳"，揆其本质，都是文人追求碑刻的复古趣味。南宋文化既有世俗化、平民化的基本特征，又有文人士大夫追求复古趣味的雅致文化的一面。这种趣味即使在随葬地下的墓志中，亦可窥其一斑。

墓志的材质，一般为就地取材。浙西理想的碑材是太湖石；宁

1.〔宋〕苏轼《与子安兄·六》："墓表又于行状外寻访得好事，皆参验的实。石上除字外，幸不用花草及栏界之类，才著栏界，便不古，花草尤俗状也。唐以前碑文皆无。告照管模刻仔细为佳。不罪不罪！"见曾枣庄、舒大刚主编《苏东坡全集·文集·卷七十二》，中华书局2021年版，第2179页；苏轼《与孙正孺二》："入石时，莫用编花栏界之类，古碑惟石上有书字耳，少着花草栏界，便俗状也，不罪不罪！"见《苏东坡全集·文集·卷六十七》，第2109页。

2.刘未：《鸡冠壶：历史考古札记》，上海古籍出版社2019年版，第440页。刘未认为南渡以来，汉碑旧拓流传范围渐小，而洪适《隶续》的刊印，对江浙地区墓志碑刻"仿汉"趣味的形成影响较大。

图 4-6　刘三戒妻阮氏圹志

图 4-5　刘觉墓志

波鄞县则惯用梅园石，宁波鄞州区彰圣寺水库的楼钥墓地，墓仪石刻、神道碑，均用梅园石，唯独《楼钥妻王氏圹志》使用太湖石，显然是从外地运来的石材（图4-7、图4-8）[1]。南宋绍兴元年（1131），吕好问卒葬桂林，绍兴二十三年迁葬至武义明招山，今明招山出土的《吕好问圹志》系红砂岩质，与当地出土的其他吕氏墓志材质不同，本地亦无此种石材，故可推知其圹志也自桂林迁来。诸如此类特殊材质的墓志，其背后可能深藏着不为人知的故事。

至于墓志的"可视性"问题，尤其重要。今日出土的墓志，在地下受水土浸染，仅以"毛石"的面目示人，字迹模糊，只有制作

图4-7　鄞县楼钥墓地残存的墓仪石刻和墓志（宁波天一阁博物馆章国庆供图）

1.2010年章国庆先生至楼钥墓地的调查资料，另据章先生告知，《楼钥妻王氏圹志》是鄞县出土南宋墓志中唯一使用太湖石者。

图4-8　幸存于墓地上的《楼钥妻王氏圹志》系太湖石质

成黑底白字的拓本，方能充分观赏、轻松阅读。其实，有些墓志在入葬之初，本来是黑白分明、清晰可读的。余姚牟山镇出土绍兴二十九年（1159）《李光墓志》，志石仍有一部分表面保留了黑底白字且平整光滑的外观，说明碑石镌刻完成后，又经上墨、嵌白灰、打磨等多道保装饰的工序；台州临海小芝镇梨岙村出土的淳熙十五年（1188）《宋故孺人何氏（余焕妻）墓志》，其底衬也留有上墨的残迹（图4-9）[1]；永嘉县花坦镇吕公山出土南宋淳熙十六年《宋故孺人刘氏（朱德真妻）墓志》（图4-10），松阳县博物馆藏淳熙三年《潘好谦圹志》（图4-11）在刊刻完工后，亦有字迹内填嵌白灰、在底衬上墨等工序，出土之初，黑底白字，字迹明晰，无须传拓，墓

1.章国庆编著：《宁波历代碑碣墓志汇编》，第177页。《余焕妻何氏墓志》照片由临海市文保所彭连生先生提供。

志亦具备"可读
性"[1]。这在南宋墓
志中并非孤例，无
非是今日所见的墓
志，因为年代久远，
字迹内填嵌白灰、
底涂黑墨的痕迹大
都已褪去而已，其
实墓志在随葬之初，
字迹黑白分明，纤
毫毕露，清晰可读。

　　从随葬地下的
墓志尚且清晰可读
可以反推，当年竖
立在地表的碑刻更
应该追求可读性。
这是宋代碑刻工艺

图4-9　临海《宋故孺人何氏墓志》（临海市文物保护
管理所彭连生供图）

研究的重要发现，我们原先单知道石匠刊碑经过采石、搬运、切
割、打磨、磨勒上石、刊刻、修整定稿等工序，殊不知末尾更有两

1.温州市第三次全国文物普查领导小组办公室等编：《温州古墓葬》，浙江古籍出版社
2015年版，第122页。该墓志出土于永嘉县花坦廊下村吕公山南宋朱直清家族墓地
（朱德真为朱直清祖父），今藏永嘉县博物馆，2015年6月笔者在永嘉发掘龟山窑址时
考察所见。墓志虽经清洗，但勾填白灰、底衬上墨的工序保存较好，殊为难得。2014
年，笔者在武义明招山吕祖谦家族墓地工作时，清洗新出土的墓志，一盆清水经常黑
如墨汁，可能也是这个原因。

图4-10 宋故孺人刘氏墓志（永嘉县博物馆藏）

图4-11 潘好谦圹志（松阳县博物馆藏）

道长期被遮蔽的关键工序——碑底上墨和字口嵌灰。正是这两道工序，确保了墓志碑刻的可读性和宣教功能。

后 记

1995年，我入职浙江省文物考古研究所，先做史前时期的河姆渡、良渚文化考古发掘，1998年后改行从事青瓷考古，奔走于温州、慈溪、德清、上虞、龙泉等地，2006年上虞三国西晋时期尼姑婆山窑址是我主持发掘的最后一个青瓷考古项目。十多年光阴，倏忽而过。

河姆渡、良渚文化和以越窑、龙泉窑为代表的青瓷窑址，素有浙江考古"三朵金花"之称，是浙江省较有学术和公众影响力的三大考古品牌。前述工作简历，实在是一个年轻考古工作者稳妥而正常的选择。

但我儿时的理想，先是想做文学家，后来喜欢中国古代史，想做历史学家。史前考古的研究对象，缺乏具体人物和具体的历史事件，于我终有隔膜。我对瓷窑址考古有点兴趣，但太过专门化的器物研究，又不能充分释放个人的关怀和性情。曾经在幽幽暗暗、反反复复中追问，2004年前后我开始更多地关注以南宋为中心的文物考古领域，发掘古墓葬，查阅地方文献，搜集金石碑刻，近年则更多关心城市遗址、石窟造像等地面文物，倒不是说这些工作有何特殊重要之处，实在是因为南宋的墓葬和城市考古更容易与广阔的史学议题对接，比较贴近本人的天性。坦率地说，我是有文史情结的，否则怎么可能会去抄录墓志呢。

我曾经想，如果当初在大学念历史系，不知现在能否成为一名入流的史学家，但既然做了考古工作者，就只好尝试以田野考古的方式做史学。南京大学张学锋老师说"上考古的船，下历史的海"，大概也是这个意思吧。

古墓葬，是配合基本建设的考古调查和发掘项目中最常见的文物类型，于是我首先从南宋墓葬入手，尝试以田野考古的工作方式回归历史学的初心。2004年主持发掘桐庐象山桥南宋墓，2005年发掘湖州埭溪风车口墓地，2004年至2005年发掘龙游寺底袁墓地，2007年发掘云和正屏山南宋墓。2009年这些工作结集为《浙江宋墓》，我对浙江南宋墓葬的思考初具雏形，算是新世纪前十年的阶段性成果。

2012年，南宋六陵的调查，武义徐谓礼文书的发现和徐谓礼夫妻合葬墓的发掘，及在此前后，河南富弼、韩琦、陕西蓝田吕氏家族墓等考古材料陆续被披露出来，由此刺激出若干新的议题。2014年在调查武义明招山吕祖谦家族墓地期间，我对南宋墓葬逐渐形成长时段、多维度的思考框架。从此，我对多发掘一座墓，或者少发掘一座墓，即便是2016年黄岩赵伯澐墓这样有影响的"挖宝"项目，也不再像过去那么在乎了。我更加在意如何建构具有引领性的、成体系的研究框架，我甚至认为，为那些价值并不显性的普通墓葬和遗迹赋予较重要的学术意义，才是对今日考古工作者智商的挑战。

对考古工作者而言，田野调查、发掘和整理工作，当然是研究的基础。除此，还需要广泛的阅读，唯有阅读，可以削尖我们的思维，帮助我们从材料中提炼出符合历史本身发展逻辑的议题，将支离的材料还原到古代的知识框架和思想观念背景中去考察。然而，一个人读书行路，闭门造车，犹有不足，可能还需要一群志同道合的朋友，是的，需要同道师友的批评、辩难、启发和鼓励。

2010年，我开始参加由包伟民先生主持的"宋史读书会"，每年不定期聚会，就大家感兴趣的议题集中讨论，一个读书会，六七个素心人，坚持十余年不懈，这是我个人至今珍惜的缘分，也是滚滚红尘中不大不小的奇迹。这些年，正是在与包伟民、魏峰、刘成国、王宇、何兆泉、杜正贞、陈志坚、吴铮强、李晖达诸君的讨论和辩难中，我逐渐认识到自身的优点和局限，框架体系和论述层次的构建才有可能通过自我调整并逐渐完善起来。

想必是我一贯勇于表达的缘故，虽然很少写"纯正"的学术论著，但我在北京大学、中国人民大学、复旦大学、上海师范大学、武汉大学、华中师范大学、浙江大学、厦门大学、苏州大学、河南大学、台湾大学、杭州师范大学的历史系或考古文博院系（专业）做过多场以南宋墓葬为主题的学术讲座或报告。由衷感谢邓小南、黄宽重、苗书梅、仇鹿鸣、张侃、钟翀、刘未、古丽巍、林岩、丁义珏等先生的厚爱与邀请，让我有机会展示自己的工作和思考，并在不断的讲述和辩难中，以南宋墓葬为主题构建"以田野考古的方式做史学"的想法逐渐明晰起来。西哲有云："给我一个支点，我能撬动整个地球。"即使在最自信的时候，我也不曾有过这般雄心壮志，但我确实在努力寻找一两个合适的角度或题材，以此为支点，撬动田野和文献、考古学与历史学在局部领域整合的可能性。

在这里，尤其要感谢北京大学历史学系邓小南老师，她鼓励并邀请我去北京大学人文社会科学研究院驻访，借文研院一席安静的书桌，将平日所思记录下来，虽然因故未能成行，但这种信任和鼓励，我没齿难忘；北京大学考古文博学院刘未先生，他的学术成果以及私下的观点分享，对我启发很大，他更是个净友，提醒我坚持学术理想，别在迎来送往的虚荣中迷失自我。

我时常惶惶不可终日。2010年我被聘为文博研究馆员，这是一个基层文物考古工作者所能得到的最高职称。我供职的单位，以考古调查、发掘（尤其是抢救性考古发掘）和文物保护为主要职责，一般不以论文、专著的数量和质量来考核工作。有一段时间，因无职称评聘的外在压力，更缺乏论著撰述的内驱动力，我逐渐"放飞"自我，业余写作以在报刊上开专栏为主，间有学术观点，也以自己喜欢的方式表达，不愿为学术论文的格套所囿，一度更曾有意创作一部关于家乡和自我成长的小说。然而，我的学术理想从未泯灭，准确地说，我要成为一名干考古的史学家——在无数个夜晚，我曾下定决心要首先完成这部书稿，立过无数次的flag，最终都不了了之。

我经常用一两个PPT变着花样宣讲对南宋墓葬的认识，却从未将"随感"和PPT转化为真正完整而严肃的文字。我似乎正在成为自己曾经所反对的人，一个游谈无根的江湖术士。每念及此，如坐针毡。

我当然相信，无论有没有"浙江考古与中华文明"的课题项目，这本名叫《读墓：南宋的墓葬与礼俗》的小书是我迟早要完成的使命，只是不知何时开笔而已。今天在课题的倒逼下，我抓住了在脑中盘旋已久的各种漂浮的想法，将其固定为白纸黑字的成果，由衷感谢刘斌、方向明先生的策划和催促，终于让我摆脱了由于一再拖延所致的心灵煎熬。

此刻，看着眼前的书稿，我舒了一口气，如释重负，但在轻微的满足感之余，又伴随着少许的疲倦和虚无感。南宋墓葬研究告一段落，接下来，我应该做点什么？是执行宋代城市、宋塔、宋桥、宋代墓志碑刻的调查研究计划呢，还是随性一点，想读什么就读什么，想怎样写就怎样写。

郑嘉励

壬寅初夏于杭州